Zürcher Geographische Schriften

Dietmar Grebner

Heft 59

Klimatologie und Regionalisierung starker Gebietsniederschläge in der nordalpinen Schweiz

Zürich 1995
Geographisches Institut ETH

Herausgeber der Reihe:	Herbert Lang, Atsumu Ohmura, Dieter Steiner
Redaktion:	Dietmar Grebner

1995

ISBN 3 906 148 07 6

Vorwort

Das zentrale Thema der vorliegenden Arbeit ist die Regionalisierung von Starkniederschlägen im nördlich des Alpenkamms gelegenen Teil der Schweiz. Ein besonderer Aspekt dieser Dissertation ist die objektive Charakterisierung dieser extremen Ereignisse in Zeit und Raum. Die Bearbeitung basiert auf täglichen und stündlichen Intensitäten, die zu synoptischen Bedingungen in Bezug gebracht werden.

Dr. Dietmar Grebner, Autor dieses Bandes, ist ein erfahrener synoptischer Meteorologe, mit einer langjährigen Praxis in quantitativer Niederschlagsvorhersage u.a. für Abflussprognosen für den Alpen- und Hochrhein. Die im vorliegenden Band gezeigte Analyse der Extremereignisse geht stets vom Zentrum der Niederschlagsfelder aus und ist damit innerhalb des jeweiligen Gebietes transponierbar und ergibt einen Einblick in die Struktur intensiver Niederschläge sowie in die Effizienz der Atmosphäre über Gebieten bis 5000 km^2. Diese Darstellungen sind nicht nur ein wesentlicher Beitrag zur Klimatologie über orographisch stark beeinflusstem Gebiet, sondern sind ebenso von praktischer Bedeutung als Bemessungsgrundlage für Hochwasserabschätzungen. Dr. Grebner bereitet gegenwärtig einen weiteren Band vor, der sich mit den physikalischen Prozessen befasst, die im schweizerischen Alpenraum zu Starkniederschlägen führen. Die Leser werden in beiden Bänden der profunden Erfahrung in synoptischen Zusammenhängen in der durch die ausgedehnte Topographie stark beeinflussten Atmosphäre begegnen.

Prof. Dr. Atsumu Ohmura

Bedankung

Wie jedes Projekt, so war auch die vorliegende Arbeit nicht möglich, ohne in einen breiten Hintergrund eingebettet zu sein. In vorrangiger Weise wird natürlich dieser 'Hintergrund' durch die beiden Fachbereichsleiter meines Institutes, in Klimatologie Prof. Dr. A. Ohmura und in Hydrologie Prof. Dr. H. Lang, dargestellt. Für die erforderlichen sachlichen Möglichkeiten, Gespräche, das gezielte Interesse speziell auch in der Niederschlagsforschung, zahlreiche Hilfe und besonders auch den begleitenden, freundschaftlichen Rat, neben dem täglich anstehenden Aufgabensprektrum nicht den persönlichen Rahmen zu vergessen, danke ich ihnen beiden mit besonderer Herzlichkeit.

Bezüglich der Durchführung der umfassenden EDV-Arbeiten danke ich Dr. K.G. Richter für seine Kompetenz und als Partner vieler Gespräche ganz besonders. In diesem Zusammenhang richtet sich mein Dank ebenso an die verschiedenen Mitarbeiter des Rechenzentrums der ETHZ für ihr stets entgegenkommendes Verständnis gegenüber den im Laufe des Projektes wachsenden Anforderungen. Im Wandel der Entwicklung mag letzteres heute schon fast normal erscheinen, was vor kurzer Zeit noch Bedeutung hatte.

Das Gesamtprojekt "Ursachenanalyse der Hochwasser 1987" stand seitens der beiden verantwortlichen Ämter, Bundesamt für Wasserwirtschaft (BWW) und Landeshydrologie und -geologie (LHG), unter der Leitung von Dr. A. Petrascheck und Dr. M. Spreafico. Dr. Petrascheck war gleichzeitig zusammen mit Dr. B. Schädler (LHG) Begleiter meines Projektes. Das besondere Interesse am vorliegenden Thema und ihre fachliche wie berufliche Herkunft machten sie mir zu wertvollen Gesprächspartnern, wobei aufgrund meiner weiteren Aufgaben im Gesamtprojekt eine ungezwungene Spontanität der Gespräche möglich war. Mein beidseitiger Dank bezieht sich bei Dr. Schädler auch auf die Bereitschaft für die Beurteilung Diskussion der vorliegenden Arbeit .

In gleicher Hinsicht richtet sich mein besonderer Dank für die zahlreichen Anregungen auch an Prof. Dr. R. Roth vom Institut für Meteorologie und Klimatologie der Universität Hannover.

Auch meinem Mitarbeiter, dipl. Phys. Th. Roesch, danke ich sehr herzlich für die kritische Durchsicht der vorliegenden Arbeit. Erfahrungsgemäss geht die Anzahl Erklärungs- und anderer Schwächen leider nur asymptotisch gegen Null. Dank Thomas hat das Delta nocheinmal beruhigend abgenommen.

Mein Dank richtet sich schliesslich ebenso an die Bundesregierung. Aus dem freigestellten Budget (Bundesrat, 1987) für das von ihr in Auftrag gegebene Gesamtprojekt war eine Teilfinanzierung der von mir geleiteten Untersuchungen, die aus zwei Abschnitten bestand, möglich. Der zweite Abschnitt ist Inhalt des nachfolgenden Berichtes.

Zusammenfassung

Flächen-Mengen-Dauer-Analysen sind einerseits ein wesentlichet Aspekt der Niederschlagsklimatologie als auch eine Grundlage für anwendungsorientierte Fragestellungen der Hydrologie. Im Rahmen der laufenden Klimadiskussion bilden integrierende Variablen, wie z.B. der Gebietsniederschlag aufgrund ihrer geringen Empfindlichkeit gegenüber zufälligen und lokalen Variabilitäten eine hilfreiche Vergleichsbasis zur Quantifizierung von Trends. Gleichzeitig verschaffen die Analysen einerseits eine realistische Kenntnis über Gebietsüberregnungen und bilden anderseits für die Beurteilung von Unwettern neben den Stationsstatistiken einen erforderlichen Bewertungsmassstab.

Die Analyse bezieht sich auf den nordalpinen Teil der Schweiz. Die verwendbare Referenzperiode umfasst die Jahre 1981 - 1988 und ist bei dieser Kürze natürlich eine spürbare Einschränkung für die Analysenresultate. Deshalb werden in einem Nachfolgeprojekt mit dem vorgestellten Vorgehen die Charakteristiken mit einer bis 1993 auf total 13 Jahre erweiterten Referenzperiode und gleichzeitig auch für alle übrigen Regionen der Schweiz neu bearbeitet. Jahreszeitlich wurden zunächst nur die Monate Mai bis Oktober untersucht. Die Referenzperiode ist dadurch festgelegt, dass erst ab 1981 neben dem Tagesniederschlagsmessnetz der Schweizerischen Meteorologischen Anstalt ein ausreichendes Netz mit hochauflösenden Stationen zur Verfügung steht.

Im Detail sind die grundlegenden Eigenschaften der Analyse: a) die betrachteten Niederschlagsfelder von ihrem jeweiligen absoluten Zentrum aus und ihre atmosphärisch bestimmten Ausdehnungen zu erfassen, und b) eine Abhängigkeit der resultierenden Abminderungskurven von regional unterschiedlichen Klimabedingungen zu überprüfen, anstatt diese durch vorgängige Annahmen zu eliminieren. Da sowohl die relativen als auch die absoluten Niederschlagscharakteristiken angestrebt wurden, war die Beachtung einer möglichen Klima-Abhängigkeit unerlässlich. Die nordalpine Schweiz als untersuchtes Gebiet wurde demzufolge in die Regionen West, Mitte und Ost unterteilt. Für die Region Ost drängte sich eine weitere, in diesem Fall zu den Alpen parallele Aufspaltung in eine voralpine und eine inneralpine Zone auf. Diese Gliederung dient jedoch nur der Gruppierung von Ereignissen, die klimatisch und damit u.a. auch orographisch ähnliche Randbedingungen besitzen. Die regionale Zuordnung der einzelnen Ereignisse ist durch die jeweilige Position der Ereigniszentren festgelegt. Für die Erfassung der Feldausdehnungen existieren jedoch diese Grenzen nicht. Grenzen des gesamten Untersuchungsgebietes werden hingegen – klimatisch begründet – durch die Alpen sowie – für Niederschlagsfelder willkürlich – durch die Landesgrenze gebildet.

Die ermittelten Flächen-Mengen-Dauer-Beziehungen sind Hüllkurven über die individuellen Abminderungsverläufe der extremen Niederschlagsereignisse für die 8 Dauerstufen 3, 6, 12, 24, 36, 48, 60 und 72 Stunden. Diese vom Niederschlagsmesstag losgelösten Intervalle setzten voraus, dass die definitive Auswahl von Tagesereignissen in mehr- und vielstündige Fälle transformiert werden mussten. Für die Zuordnung eines Ereignisses zu einem der Dauertypen war ein dementsprechend unterbrechungsfreier Niederschlag Bedingung.

Die in Stundenschritte aufgelösten Ereignisniederschlagsmengen der definitiven, dauerbezogenen Stichproben wurden schliesslich auf ein regelmässiges Gitter von 2 km Maschenweite interpoliert. Die Gitterpunktswerte dienten zur Integration der Flächen und der Gebietsniederschläge.

Eigenschaften der ermittelten Abminderungscharakteristiken sind u.a. ihre Dauerabhängigkeiten und insbesondere die regionsbezogenen, d.h. klimatologischen Unterschiede. Die Resultate beschreiben in diesem Zusammenhang pro Region die flächenabhängige Niederschlagszunahme mit zunehmender Dauer sowie die dauerabhängigen Steigungsänderungen der relativen und absoluten Abminderungsfunktionen. Markant ist dabei die Abminderungsänderung über Flächen bis 500 km^2 von der 3- zur 12stündigen Dauerstufe, da der kurzfristige, kleinräumige Scale durch Schauer definiert ist. Für Dauern über 6 Stunden und Flächen über 500 km^2 sind hingegen Dauerniederschläge und deren Flächen-Mengen-Verhältnisse massgebend.

Mengenunterschiede pro Dauerstufe zwischen den untersuchten Gebieten drücken unterschiedliche klimatische Eigenschaften aus. Diesbezüglich grenzen sich die beiden Regionen West und Ost sowie in der Region Ost die inneralpine und die voralpine Zone deutlich voneinander ab. Diese Unterschiede gehen letztlich auf die thermodynamischen Eigenschaften nordalpin und südalpin zentrierter Zirkulationssysteme extremer Niederschläge zurück. In den kurzen Dauerstufen von 3 und 6 Stunden sind über kleinen Flächen die inneralpinen den vor- und ausseralpinen Schauerergiebigkeiten unterlegen. Im Dauerniederschlagsbereich grösserer Flächen und vor allem längerer Dauerstufen sind die südalpin zentrierten alpenübergreifenden Niederschlagsfelder, d.h. für die Alpennordseite inneralpine Ereignisse, deutlich am ergiebigsten. Bei Gebietsniederschlagsfeldern über 5000 km^2 nähern sich jedoch die Abminderungskurven der verschiedenen Gebiete einander weitgehend an. Dies bedeutet gleichzeitig, dass die Änderung der Gebietsniederschläge mit der Fläche bei vor- und ausseralpinen Ereignissen deutlich geringer ist. Im weiteren zu beobachtende schwächere Effekte sind aufgrund der kurzen Referenzperiode mit einer gewissen Unsicherheit behaftet und werden an dieser Stelle nicht erwähnt.

In einer Erweiterung der Analyse wurden für die Abminderungskurven Frequenzdiagramme hergeleitet. Um eine ausreichende Stichprobe zur Verfügung zu haben, wurden die ausschliesslich als Tagesniederschläge vorliegenden Extremereignisse der Periode 1969-1980 in die erwähnten Dauerschritte umgerechnet. Ein interessantes Zwischenergebnis stellen dabei die ermittelten Umrechnungsfaktoren für Gebietsniederschläge dar. Sie wurden auf ihre Abhängigkeit von der Fläche, der Dauer und der Niederschlagsmenge untersucht. Die Faktoren als Verhältnisse zwischen den Niederschlägen von 1 Tag und 3, 6 sowie 12 Stunden zeigen sich über kleineren Flächen bis 500 km^2 flächenabhängig. Bei den grösseren Ausdehnungen der Niederschlagsfelder und in allen anderen Dauerkombinationen zwischen 1, 2 und 3 Tagen und 24 bis 72 Stunden verschwindet diese Eigenschaft. Im Fall dauergleicher Niederschlagsintervalle beträgt der Unterschied zwischen 1 Tag und 24 Stunden 13 bis 17 % (Verhältnisfaktor: 1.13 bis 1.17). Mit zunehmender Niederschlagsdauer sinkt dieser Unterschied z.B. zwischen 3 Tagen und 72 Stunden auf ca. 2 % ab (Verhältnisfaktor: 1.02).

Abstract

Depth-area-duration analyses are an essential part of precipitation climatology as well as a basis for operational hydrological tasks. Within the context of the current discussion about the climate, integrating variables, such as areal precipitation, are a useful comparative element for quantification of trends, because of their robustness against random or lokal variabilities. The analyses also provide direct knowledge of precipitation volumes and are, in addition to point statistics, a criterion for the assessment of storms.

The analysis presented refers to the area of Switzerland north of the Alps during the years 1981 - 1988. This short reference period is of course a noticeable restriction for the results, but the period is defined by the fact that a sufficient network density of high resolution gauges in addition to the standard daily measering network of the Swiss Meteorological Institute was not available before 1981. From this period, only the precipitation events of the summer season (May to October) are considered. The characteristics will be recalculated in a succeeding project with the reference period extended by 5 years up to 1993, which means a total interval of 13 years. In addition the remaining parts of Switzerland will also be treated.

One of the basic properties of the analysis is the storm centred treatment of the precipitation fields not restricted to hydrological basins. The dependence of the depletion curves on regional climate is examined and not assumed. Being interested not only in the relative but also in the absolute precipitation characteristics, the consideration of possible influences from regional climate conditions is essential. Therefore the analysed North Alpine part of Switzerland has been subdivided in the regions West, Middle and East. For the region East a further subdivision, in this case parallel to the Alps, in a Prealpine and an Alpine zone was deemed necessary. This concept, however, served only for grouping of the events which are subjected to similar climatic and hence orographic boundary conditions. The regional or zonal classification of each storm is given by its absolut field centre. However, the regional and zonal boundaries did not exist for scanning the extensions of the precipitation fields. But the boundaries of the complete analysis area are formed partly on climatic grounds by the crest of the Alps and partly by the national border.

The depth-area-duration relationships determined are constructed as envelopes over the individual depletion curves of the extreme precipitation events detected for the 8 duration classes: 3, 6, 12, 24, 36, 48, 60 and 72 hours. These intervals required data sets of the events independent from the standard daily time step. This was achieved by a gradual selection of the events on the basis of the daily network and by transforming them to hourly time series. For each duration interval only continuous precipitation events were considered.

The precipitation amounts of the resulting hourly resoluted and classified sample events still represented by the network stations were interpolated onto a 2x2 km^2 regular grid. The field areas and areal precipitations were determined on the basis of these grid point amounts.

Two properties of the depletion characteristics are: the duration dependence on hourly resoluted events and particularly the region related, that is the climatological differences. In this context, the results for each region show the degree of area depending precipitation increases with increasing duration as well as the duration depending gradient change of both the relative and absolute depletion curves. Striking depletion gradients up to area sizes of 500 km^2 in the duration classes of 3 to 12 hours are to be seen, caused by the dominating role of thunderstorms. For durations longer than 6 hours and areas of more than 500 km^2 however, the curves are governed by synoptic scale precipitation and its depth-area regime.

Quantity differences within each duration class between the analysed regions express climatic properties. The results show a clear separation of the two regions West and East and of the two Alpine and Prelpine zones in the region East. These differences originate from the different thermodynamic conditions of the North Alpine and South Alpine centred atmospheric circulation systems of heavy precipitations. The productivity of short, that is convective Alpine events of the duration classes 3 and 6 hours are defeated by Prealpine thunderstorms. In contrast, in the classes of synoptic scale precipitation systems, the Alpine events are clearly more efficient: the reason being that part of South Alpine centred precipitation fields crosses the Alps. However the absolute depletion curves of the different zones and regions get closer for precipitation fields increasing to more than 5000 km^2. This means, the gradient of the area depending precipitation amounts in Prealpine and other parts are clearly less than in the Alpine zone. Further, but discernible effects, shall not be mentioned here because of uncertainties due to the short reference period.

In an extended version of the analysis frequency diagrams have been derived. For this purpose main events from the period 1969 - 1980, containing standard daily precipitation amounts only, have been taken and transformed into the duration of the class intervals using relation factors. These factors are interesting interim findings. Their dependence on area, duration and amount of the precipitation have been examined. The relation factors combining 1 day and 3, 6 as well as 12 hour precipitation amounts obviously are depending on the area up to 500 km^2. This property disappears for precipitation fields with larger extensions and in all other duration combinations between 1, 2 and 3 days to 24 up to 72 hours. In cases of identical duration intervals the difference between 1 day and 24 hours precipitation area amount respectively is 13 to 17 % (relation factor: 1.13 to 1.17). This difference decreases with increasing duration to about 2 % for 3 days and 72 hours (relation factor: 1.02).

Inhalt

1 Einleitung

Eine grundlegende Frage der Igenieurhydrologie, Hydrometeorologie und Klimatologie betrifft das Flächen-Mengen-Verhalten von Niederschlag. Extreme Niederschlag-Abfluss-Ereignisse in verschiedenen Gebieten der Schweiz, im Jahr 1987, gaben den Anstoss zu einer Untersuchung dieser Art. Ziel der Arbeit ist es, zu den umfassenden Starkniederschlags-statistiken für Punktmessungen in der Schweiz (Zeller et al., 1976-1983, Geiger et al., 1991, Röthlisberger et al., 1991, 1992), Beurteilungsgrundlagen für Niederschläge im Flächenbezug zu schaffen, ohne die ein Vergleich und eine Bewertung von besonderen Ereignissen nicht vollständig möglich ist. Eine erste Anwendung fand die Analyse als Bewertungsgrundlage hinsichtlich Fläche und Menge der 3 schadenreichsten Ereignisse im Sommer und Frühherbst 1987. In der nachfolgenden Darstellung wird auf diese spezifische Betrachtung jedoch nicht Bezug genommen, dies ist vor allem Gegenstand einer vorgängigen Ereignisanalyse (Grebner und Richter, 1991 a).

Erste Ansätze, den in Raum und Zeit sowie von Fall zu Fall sehr variablen Niederschlag in Masszahlen zu fassen, wurden bereits vor rund 100 Jahren (Frühling, 1894) eingeführt. Im Mittelpunkt steht bis heute die Generalisierung der Abnahme des Gebietsniederschlages vom Zentrum mit zunehmender Fläche bei individuellen Ereignissen, d.h. sogenannte Flächen-reduktionsfaktoren (engl. ARF: areal reduction factor, gelegentlich auch als areal correction factor, ACF, (Nguyen, 1983) bezeichnet). Wie im weiteren deutlich wird, ist dieses relative Darstellungskonzept der Abhängigkeit des Gebietsniederschlags von der Fläche nur ein Teilaspekt des im nachfolgenden Bericht untersuchten Abminderungsverhaltens von Gebiets-niederschlägen. Die umfassende und fortgesetzte, d.h. auch vielfach aktualisierte Untersu-chung von Flächenreduktionsfaktoren beschränkt sich nach Frühling im wesentlichen auf die USA, angeführt von Horton (1924). – Dieser Autor ist auch bekannt durch seine Methode zur Bestimmung der Gewichte im Thiessen-Verfahren zur Ermittlung des Gebietsniederschlags (Horton, 1923). – Eine aufschlussreiche Zusammenfassung dieser Bestrebungen ist bei Court (1961) zu finden. Die späteren Arbeiten wurden teils zur besseren Signifikanz mit gewach-senen Messreihen und teils zur Diskussion mit neuen statistischen Analysen oder in neuen Gebieten (z.B. England) unternommen (z.B. Bell, 1969 und 1976; Myers and Zehr, 1980; Omolayo, 1993). Insgesamt setzt sich keine dieser Arbeiten über die engere Aufgabenstellung hinaus systematisch mit der Problematik auseinander.

Auch in der umfangreichen Niederschlagsforschung in der Schweiz wurde dieses Thema in Form von Herleitungen von Regenintensitätsgleichungen für Stadtentwässerungen etwas tangiert, aber nicht explizit aufgegriffen. Als Schlüsselliteratur seien dazu die Arbeiten von Hörler (1960), Hörler und Rhein (1962) und Hörler (1977) erwähnt. Im weiteren wurden zahlreiche räumliche Niederschlagsverteilungen in Form von Isohyetenkarten analysiert. Diese Untersuchungen beschränken sich aber jeweils auf einzelne Zeitschritte, im Fall von Mittel-karten auf Jahre, Monate und andere. Eine Aufzählung der in der Schweiz vorliegenden Mittelkarten sowie einiger Einzelfälle haben Mäder (1985) und Schädler (1985) zusammenge-

Mittelkarten sowie einiger Einzelfälle haben Mäder (1985) und Schädler (1985) zusammengestellt; weiteres Kartenmaterial findet sich auch bei Fliri (1974) und im Klimatlas der Schweiz (Kirchhofer et al., 1984). Die verschiedenen Untersuchungen von Einzelereignissen stellen aber einerseits keine repräsentative Auswahl aus einer Referenzperiode dar und sind anderseits meist nur auf Tagesniederschläge bezogen. Ein systematischer Einblick in den Zusammenhang zwischen Fläche, Dauer und Menge von Niederschlägen ist damit nicht ableitbar.

Neuere den Raum Schweiz betreffende Arbeiten beschäftigen sich mit der Regionalisierung von Niederschlägen, d.h. von Niederschlagsfrequenzen und ihrer räumlichen Verteilung (Geiger et al., 1986; Jensen, 1986 und 1993; Geiger et al., 1990). Die Isohyeten–Darstellungen sind dabei räumliche Interpolationen auf der Basis von Stationswerten bestimmter Jährlichkeit. Räumliche Gleichzeitigkeit der Stationswerte ist bei diesen Analysen keine Bedingung. Die Karten bieten zwischen den Messstellen für jeden beliebigen Ort und für eine vorgegebene Wiederkehrperiode eine Mengenaussage. Sie ist jedoch nur isoliert für diesen Ort gültig; Gebietsniederschläge über eine geringe Ortsumgebung hinaus dürfen nicht davon abgeleitet werden. Sie würden für eine bestimmte Jährlichkeit im Vergleich zu im zeitlichen Sinn echten Gebietsniederschlagsanalysen zu hoch ausfallen. Damit unterscheidet sich der Informationsgehalt auf Punktniederschlagsbasis grundlegend von dem der nachfolgend hergeleiteten relativen und absoluten Flächen-Mengen-Dauer-Beziehungen.

Da eine Untersuchung in der vorliegenden Art in der Schweiz und in den klimatisch vergleichbaren Umgebungsländern erstmals durchgeführt wurde, ist neben den Resultaten, insbesondere aufgrund der Datenlage, in verschiedenen Punkten auch die Methodik von Bedeutung. Eine der anstehenden Aufgaben ergibt sich aus den Zeitschrittunterschieden zwischen dem zur Ereignisauswahl sich aufdrängenden Tages-Datensatz und demjenigen der angestrebten Resultate. Um einerseits alle massgebenden Ereignisse der Referenzperiode zu erfassen, war die Auswahl anhand des dichtesten Netzes, d.h. des Tagesmessnetzes (Schweizerische Meteorologische Anstalt: SMA) vorzunehmen. Um anderseits auf eine repräsentative Stichprobe für mehr- bis vielstündige Intervalle, ohne fixierten Messzeitpunkt, zu kommen, waren die Tages- und mehrtägigen Ereignisse wiederholt auszusortieren und schliesslich mit Hilfe des zeitlich hochauflösenden automatischen Messnetzes (ANETZ) in Stundenschritte zu überführen.

Im weiteren legten sowohl die kurze Referenzperiode der ANETZ-Reihen als auch das Projektziel, – Extremfälle, wie 1987, absolut einstufen zu können –, nahe, die Analyse nicht auf bestimmte Einzugsgebiete begrenzt, d.h. 'ortsbezogen', sondern auf die meteorologischen Niederschlagsfelder, 'systembezogen', auszurichten. Die Niederschläge werden also ausser durch die Landesgrenzen nicht durch künstliche Stichprobenflächen (z.B. Bell, 1976) oder durch Einschränkungen bezüglich der Feldform begrenzt, sondern in ihrer natürlichen Feldausdehnung betrachtet. Damit besteht eine gewisse Flexibilität hinsichtlich der vergleichenden Anwendung der resultierenden relativen und absoluten Flächen-Mengen-Dauer-Beziehungen, auch als Abminderungskurven bezeichnet. Ausserdem sichert dieses Vorgehen einen höheren Grad an Repräsentativität der Resultate, insbesondere auch im meteorologischen Sinn.

Schliesslich war für die zur Beurteilung der Ereignisse von 1987 angestrebte Frequenzanalyse der Abminderungskurven der Versuch erforderlich, die durch die ANETZ-Messreihen abgedeckte Periode rückwärts zu verlängern. Diese 'sekundäre Periode' umfasst die Messjahre, in denen die Anzahl der auf der Datenbank der SMA verfügbaren Stationstagesmessreihen näherungsweise konstant ist. Das Vorgehen basiert auf den von Punktniederschlägen bekannten Verhältnisfaktoren zwischen 1- bis 3tägigen und mehr- bis vielstündigen (3 – 72h) Niederschlagswerten. Die Faktoren waren auf ihre Abhängigkeit ausser von der Dauer auch von der Menge und von der Fläche zu überprüfen.

Die klimatischen Unterschiede zwischen der nordalpinen West- und Südwestregion einerseits und der Nordost- bis Ostregion anderseits setzen eine getrennte Untersuchung dieser Gebiete voraus. Innerhalb dieser Gliederung drängt sich in der östlichen Region noch eine weitere Aufteilung mit einer alpenparallelen Grenzlinie auf. Die vom Alpenkamm südlich des Hinterrheins bis etwa zum nördlichen Alpenrand reichende Zone ist im Fall von Starkniederschlägen durch Niederschlagsfelder dominiert, die aus Gründen der atmosphärischen Zirkulation ihr Zentrum auf der Alpensüdseite haben, aber über den Alpenkamm hinweg nach Norden reichen und mit erheblichen Mengen die alpennahe Zone der Nordseite betreffen (Grebner, 1993). Die daran anschliessende Zone des Mittellandes vom Alpenrand bis zum Bodensee und Hochrhein ist bezüglich Dauerniederschlägen von weniger ergiebigen Ereignissen und weniger häufig betroffen. Bei kurzzeitigen, konvektiven Fällen kehren sich die Ergiebigkeiten über beiden Zonen um.

Die Untersuchung beschäftigt sich wie erwähnt nicht mit einem bevorzugten Test- oder Forschungsgebiet, sondern mit dem gesamten nordalpinen Landesteil der Schweiz. Daraus ergeben sich verschiedene Anforderungen an die Datensätze, bzw. an die ihnen zugrunde liegenden Messnetze. Um vom Tagesschritt der Standard-Niederschlagsmessstationen auf nicht zeitpunktgebunde Betrachtungen übergehen zu können, waren digitalisierte Niederschlagsreihen zumindest mit stündlicher Auflösung von einem ausreichend dichten Stationsnetz mit möglichst konstanter Stationszahl erforderlich. Seit der Einführung des automatischen Messnetzes (ANETZ) der Schweizerischen Meteorologischen Anstalt, Mitte der siebziger Jahre, sind grundsätzlich die Voraussetzungen dafür geschaffen. Allerdings ist erst seit etwa 1981 mit annähernd erreichtem Ausbauziel die Messnetzdichte ausreichend gross und die Zunahme der Stationszahl nur noch gering. Von diesen Anforderungen an die Daten aus beurteilt, wurde die Analyse zum frühest möglichen Zeitpunkt ausgeführt.

Die vorliegende Analyse deckt zwar prinzipiell alle Skalenbereiche der Niederschlagsflächen ab, vom Punkt bis zu Flächen von 10^3 bzw. in einer hier nicht abgebildeten Variante bis 10^4 km^2. Aufgrund der Bedingungen der verfügbaren Messnetze sind jedoch die kleinräumigen Verhältnisse gegenüber denen grössrer Flächen mit erhöhter Unsicherheit behaftet. Grund dafür ist u.a., dass für kleinere Flächen oder auch Einzugsgebiete der dominierende Einfluss von extremen Konvektionsniederschlägen ausgeht. Wie die nachfolgende Beschreibung noch näher zeigen wird, sind gerade in dieser Beziehung wegen der Auflösung der Tagesniederschlags- in Stundenwerte insbesondere zeitlich Grenzen gesetzt. Die spezifischen Fragestellungen für kleine Flächen machen die umfassende Aufbereitung der Niederschlagsregistrierungen von in Einzelfällen sehr dichten kommunalen Messnetzen erforderlich.

Auf eine der Grenzen des Flächen-Mengen-Dauer-Konzeptes bzw. der Flächen-Reduktions-Faktoren bei der Charakterisierung von Gebietsniederschlägen sei bereits an dieser Stelle hingewiesen. Möglicherweise wird durch seine Plausibilität zunächst leicht übersehen, dass auch diese Beschreibungsform nur einen Teil des Eigenschaftsspektrums von Niederschlagsfeldern abdecken kann. Unberücksichtigt bleibt z.B. die Niederschlagsdynamik. Die Flächen-Mengen-Dauer-Beziehungen beruhen auf über die jeweils betrachtete Gebietsfläche und für eine bestimmte Dauer gemittelten Niederschlagsmengen. Besonders über urbanen Flächen kann jedoch die räumliche Fluktuation zeitlich subscaliger Niederschlagszentren während der Gesamtdauer eine wesentliche Rolle spielen. Die Bedeutung ist neben dem kleinen Scale dieser Einzugsgebiete primär im spontanen Abflussverhalten und in der Struktur und den Randbedingungen von urbanen Entwässerungsnetzen zu sehen.

Eine weitere Schnittstelle solcher 'lokalen' zu den nachfolgend behandelten Zielsetzungen ist schliesslich, dass die kleinräumigen Analysen aus Gründen der Messnetzverfügbarkeit zwangsläufig nur am Ort und nicht aber in Bezug auf das jeweilige meteorologische Niederschlagszentrum durchgeführt werden können (siehe dazu Kapitel 2.2).

Im Aufbau der nachfolgenden Arbeit schien anlässlich der verschiedenen Untersuchungsansätze in der Literatur deren Besprechung und Gegenüberstellung mit den in diesem Bericht gewählten Entscheidungen und Vorgehen in einem eigenen Kapitel angebracht (Kap. 3: Methodologie) . Ihm folgen dann die Verfahrensgrundlagen (Kap. 4) und soweit erforderlich detailliert die Beschreibung der einzelnen durchgeführten Arbeitsschritte.

Eine naheliegende Fortsetzung der besprochenen Thematik ist die Frage nach den massgebenden synoptischen Entwicklungen für starke Gebietsniederschläge am Beispiel der dominierenden Ereignisse. In Kapitel 2 wird dieser Aspekt teilweise etwas tangiert. Von einer expliziten Diskussion wurde jedoch hier abgesehen. Einerseits kann diesbezüglich bereits auf bestehende Beschreibungen verwiesen werden (z.B. Grebner,1980; Grebner und Richter, 1989; Grebner, 1993; Grebner, 1994), anderseits ist eine umfassende Darstellung im Rahmen des Nationalen Forschungsprogramms 31 vorgesehen (NFP 31: Grebner, 1992; siehe auch Kap. 7).

Abschliessend ist zu erwähnen, dass die vorliegende Arbeit nicht zur Verwendung in der Praxis gedacht ist. Eine entsprechende Version wird nach Abschluss der hier noch nicht behandelten Gebiete der Schweiz aufbereitet werden (NFP 31: Grebner, 1992; siehe auch Kap. 7).

2 Theorie

Eine explizite Theorie zur Herleitung von Flächen-Mengen-Dauer-Beziehungen liegt nicht vor, wenn man vom theoretischen Hintergrund der zur Analyse verwendeten Hilfsverfahren absieht. Dazu zählen statistische Ansätze zur Approximation des Gebietsniederschlages (Rodriguez-Iturbe, 1974; Myers and Zehr, 1980), die räumliche und in der vorliegenden Arbeit auch zeitliche Interpolation sowie die extremwertstatistische Auswertung der Stichproben. Diesbezüglich wird weitgehend auf Bekanntes zurückgegriffen.

Abminderungsanalysen bestehen immer aus den 3 Elementen: Voraussetzung der Abminderungseigenschaft im Niederschlagsfeld, Wahl des Auswertungsgebietes in Bezug auf die Niederschlagsfelder und Wahl der Abminderungsstützstellen. Da diese Aspekte bisher nicht oder nur sehr am Rande beachtet wurden, scheint eine eingehendere Diskussion dazu angebracht.

2.1 Räumlich-zeitliche Niederschlagsvariabilität

Alle Arbeiten setzen implizit voraus, dass bei einer bestimmten Niederschlagsdauer der über einer Gebietsfläche gemittelte Niederschlag mit der Zunahme der betrachteten Fläche abnimmt. Dies bedeutet, Niederschlagsfelder besitzen ein Zentrum mit einer pro Feld grössten Niederschlagsmenge. Die Betrachtung des mit der Fläche abnehmenden Gebietsniederschlags geht von diesem Zentrum aus. Eine systematische Diskussion dieser Umstände wurde möglicherweise durch die Plausibilität gewohnter Isohyetenbilder und durch das suggestive dementsprechende Postulat der ersten einschlägigen Arbeiten (z.B. Frühling, 1894; siehe Kap. 3) unterdrückt. Nachfolgend soll versucht werden, die flächenabhängige Abminderung des Gebietsniederschlags oder, damit gleichbedeutend, auch die radiale Abminderung der Punktniederschläge phänomenologisch zu erklären. Die auf das Wesentliche beschränkte Darstellung bezieht sich vor allem auf die Verhältnisse von Starkniederschlägen.

Zusammenfassend lässt sich die Abminderungseigenschaft des Starkniederschlagsfeldes als Teil der räumlich-zeitlichen, primär atmosphärisch bedingten Variabilität bezeichnen. Ihr liegen alle an der Niederschlagsproduktion beteiligten Prozesse und Scale-Bereiche sowie die überlagerten und übergeordneten Steuerungsmechanismen der atmosphärischen Bewegungen zugrunde.

Niederschlag ist, abgesehen von seinen schwächsten Formen, an die vertikale Komponente der adiabatisch- bis pseudoadiabatisch-geostrophischen und -ageostrophischen Strömung oder konvektiven Umlagerungen der Atmosphäre gekoppelt. Das Spektrum von adiabatischen bis pseudoadiabatischen Zustandsänderungen soll die natürlichen reversiblen und irreversiblen Abläufe umschreiben. Die Struktur derartiger Hebungsbewegungen legt bereits wesentliche Eigenschaften im Niederschlagsgeschehen fest: Die Hebung findet nie isoliert über einem Punkt statt, sondern über einer Fläche mit einer vom atmosphärischen Zirkulations- und Bewegungszustand abhängigen Mindestausdehnung sowie mit einer vom Hebungstyp und der Zirkulationsverteilung abhängigen, d.h. energetisch und schliesslich aus Gründen der atmosphärischen Massenerhaltung erklärten Höchstausdehnung. Zunächst Atmosphären-intern ('systembezogen') betrachtet ergibt sich dann das Niederschlagsfeld als Grundriss eines ausreichend wirkungsvollen Hebungsbereiches.

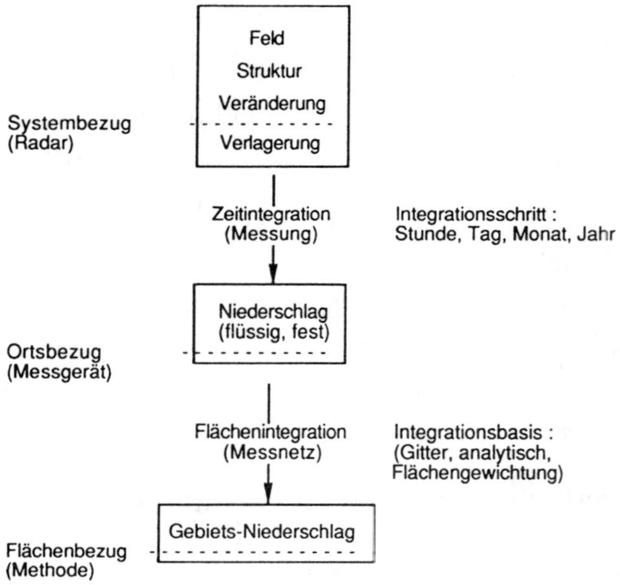

Abb. 2.1: Schema der Ursachen für die räumliche Variabilität von Niederschlagsfeldern und Bezugsvarianten – System und Ort – für die Abminderungsanalyse.

Die Reihenfolge der hinzukommenden räumlichen und zeitlichen Strukturierungseinflüsse, die letztlich zu der mit dem Niederschlagsmessnetz erfassten räumlichen Variabilität führen, kann subjektiv unterschiedlich gewichtet werden. Vollzieht man zunächst den Übergang vom Atmosphären-internen zum Erdboden-festen Beobachtungsstandort, d.h. zum Niederschlagsmessnetz, so ist dort ein zumindest deckungsgleiches oder ein von der horizontalen Bewegung des Hebungsbereiches abhängig ausgedehnteres Niederschlagsfeld zu erwarten. Für den Rückschluss von den lokal aufgefangenen Mengen auf die von der Atmosphäre gebildeten Niederschlags-Intensitäten ist die Dichte eines überregneten Messnetzes von wesentlicher Bedeutung. Mit grobmaschigen Messnetzen ist eine Unterschätzung in der Menge und auch der tatsächlich beregneten Fläche wahrscheinlich. Bei horizontal wanderndem Hebungsprozess besteht die Tendenz zur Verwischung von Mengenvariabilitäten im Niederschlagsfeld und damit vor allem zur Abnahme der Mengen-Unterschätzung (Abb. 2.2).

Niederschlagsfelder sind also im Gegensatz zu anderen Feldeigenschaften der Atmosphäre, wie beispielsweise Temperatur oder Wasserdampfgehalt, keine global existente, sondern räumlich und zeitlich begrenzte, isolierte Erscheinungen, unabhängig davon, ob das Bezugssystem Atmosphären-intern oder an der Eroberfläche fixiert ist.

Die nachfolgende Beschreibung sei prinzipiell nur noch auf das gemessene Niederschlagsfeld bezogen. Nach der generellen Glättungswirkung durch die horizontale Bewegung des Hebungsbereiches bestimmen die verschiedenen Grössenordnungen der gleichförmigen und stochastisch turbulenten Zirkulation die Mengenvariabilität im Niederschlagsfeld.

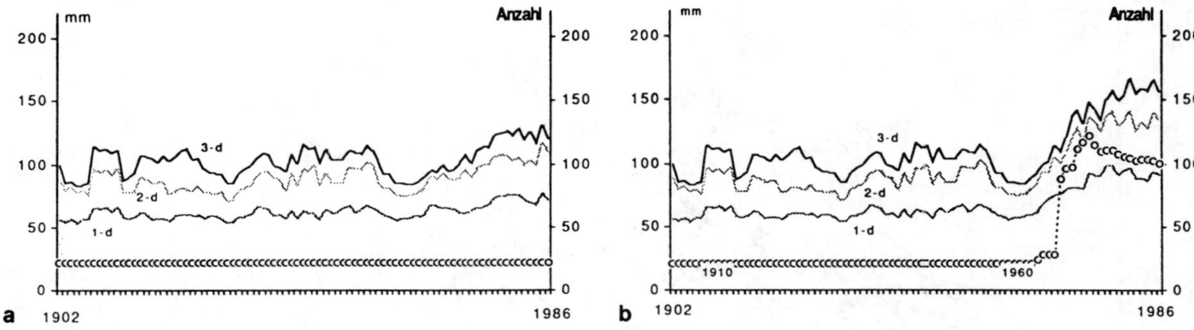

Abb. 2.2: Dreijährige gleitende Mittel der jährlich höchsten über 3 beliebige Stationen in der Region West gemittelter Wert für 1-, 2- und 3tägige Niederschlagssummen a) bei konstant gehaltener Anzahl Stationen (22), b) bei Verwendung aller ab dem Jahr 1969 wesentlich erweitert verfügbaren Anzahl Stationen (Linie mit Kreissignatur, Skala rechts). Periode: 1901 - 1987.

Für die grundsätzliche Mengenverteilung, mit einem Zentrum und Abnahme zum Rand, ist der die Hebung verursachende advektiv-geostrophisch-ageostrophische Hebungsvorgang oder die konvektive Umlagerung in der Atmosphäre verantwortlich. Im ersten Fall wird die Hebung aufgrund hydrodynamischer Instabilität in einem baroklinen Bereich der Atmosphäre oder aufgrund orographischer Einflüsse erzeugt. Im weiteren soll dazu die verbreitete Bezeichung 'advektiver Niederschlag' verwendet werden. Da der Grad der Baroklinität vom horizontalen Temperaturgradienten zwischen zwei aneinandergrenzenden Luftmassen sowie dessen vertikaler Ausdehnung innerhalb der Troposphäre abhängt, tritt die stärkste Ausprägung in einer horizontal schmalen auf den Luftmassenübergang begrenzten Zone auf, die mehr oder weniger hoch reichend sein kann.

In dieser Zone weisen die isentropen bis pseudoisentropen Flächen als quasimaterielle Gleitflächen der Atmosphäre die steilste Lage auf. Die Hebungsintensität wird dann durch die Relativbewegung beider Luftmassen zueinander festgelegt. Nach dem Konzept des 'warm conveyor belt' (Browning, 1990) tritt das Maximum z.B. im Bereich des Zentrums einer entstehenden frontalen Welle oder später im Okklusionspunkt auf. Da im warm conveyor belt auch das im jeweiligen Fall relativ höchste Wasserdampfangebot vorliegt, erklärt sich die übliche, glockenförmige räumliche Mengenverteilung im Niederschlagsfeld (Abb. 2.3).

Nicht oder nicht primär frontalzyklogenetische Hebungsprozesse und die räumliche Verteilung ihrer resultierenden Niederschlagsmengen wie z.B. in Trogachsen, kalten Höhentiefs (Kaltlufttropfen), durch Tropopausenfalten ausgelösten Wirbeln oder auch an orographischen Hindernissen lassen sich ähnlich beschreiben. Bei orographisch bedingten Niederschlagsfeldern sind jedoch Ort und Orientierung entscheidend durch die Ausdehnung des Hindernisses beeinflusst. Atmosphären-intern ausgelöste Niederschläge hängen bezüglich Ort und Orientierung primär von ausschlussfreien Zuständen der Zirkulation und der Schichtung ab. Allerdings können dabei orographische Einflüsse durch eine gewisse Fernwirkung auf die grossräumigeren Entwicklungsprozesse der Atmosphäre durchaus beteiligt sein. Eine sichtbare Beteiligung tritt auf, wenn ein Atmosphären-internes Niederschlagssystem während seines Ver-

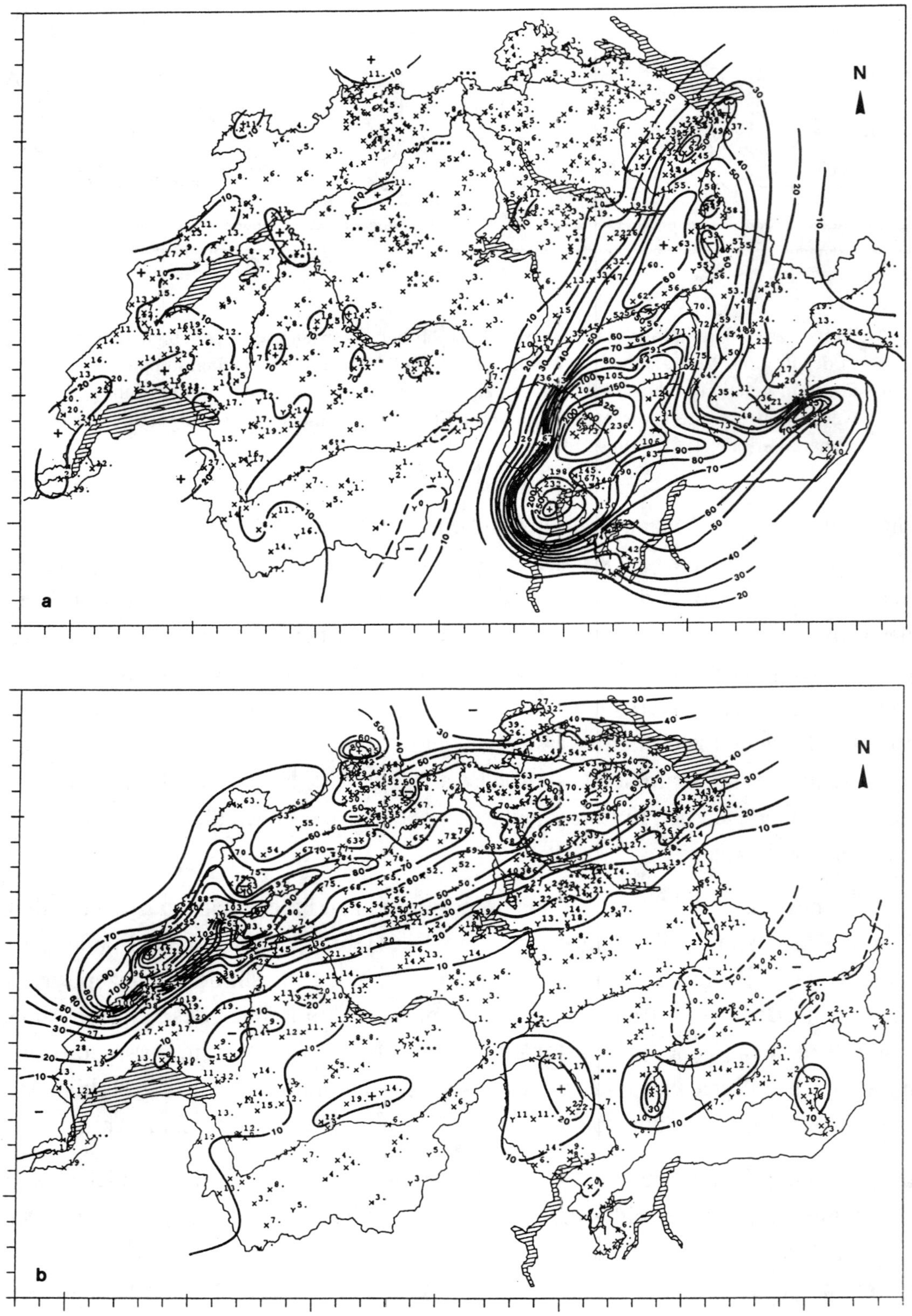

Abb. 2.3: Niederschlagsverteilungen mit deutlichen Zentren und stark richtungsabhängigen Gradienten zum Rand. Tagessummen (a) des 17. Juli 1987, mit südalpinen Zentrum, (b) des 25. September 1987, mit nordalpinem Zentrum: Randskalierung: 10 km (Grebner und Richter, 1991 b).

laufs ein orographisches Hindernis erreicht oder der Niederschlagsprozess durch die Anwesenheit der Orographie ausgelöst wird (Abb. 2.4).

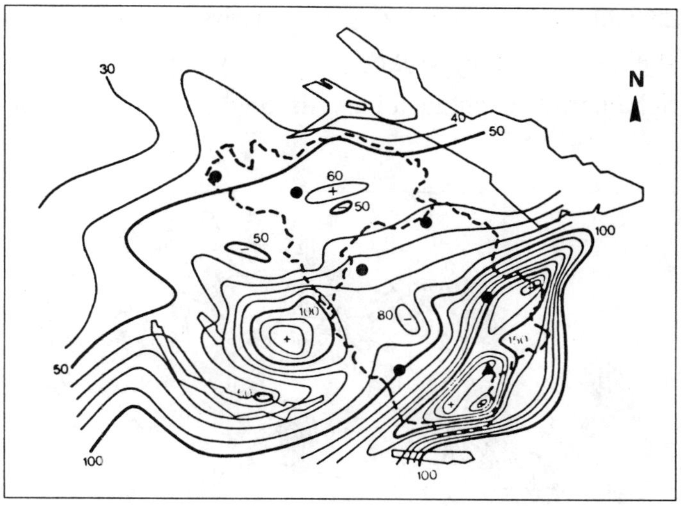

Abb. 2.4: Beispiel einer überwiegend orographisch beeinflussten Niederschlagsverteilung; Tagesniederschlag des 14. Juni 1910 im Thurgebiet, nordschweizerisches Alpenvorland (Grebner et al.,1980).

Tropische Zyklonen hingegen sind frontfreie, horizontal thermisch symmetrische Wirbel. Die Niederschlagsproduktion ist zwar in horizontaler Ausdehnung und hinsichtlich der Gesamtdauer mit denjenigen von aussertropischen Zyklonen vergleichbar, beruht aber auf statischer Instabilität. Die Niederschlagsverteilung ergibt sich aus der kollektiven Anordnung der konvektiven Elemente im Ring der 'hot towers' und in den spiralförmigen Bewölkungsarmen, aus deren Intensitätsfluktuation, aus der rotierenden Bewegung sowie der Wanderung des gesamten Systems.

Für mittlere Breiten und daher auch für den Raum der Schweiz sind derartige Konvektionskomplexe jedoch nicht relevant. In Konvektion übergehende, statische Instabilität tritt hier in Form luftmasseninterner, einzelner Zellen, als Zellenfelder in 'mesoscale convective sytems', an Fronten mit gegebenenfalls präfrontal induzierten Schauerlinien oder auch an reinen Konvergenzlinien auf. Die horizontale Ausdehnung des Hebungsbereiches der einzelnen Konvektionszelle und damit auch die Ausdehnung des resultierenden Niederschlagsfeldes des Schauers ist linear eine bis zwei Grössenordnungen kleiner als bei den durch zyklonale Zirkulation angeregten Hebungsniederschlägen. Die wolkeninterne Zirkulationsdynamik, die Wasserdampf- und im weiteren die Tropfenwasserverteilung bewirken in der Wolkengrundrissfläche ein Niederschlagszentrum und eine starke radiale Mengenahme zum Rand. Damit erklärt sich die auch bei Schauern typische glockenförmige Mengenverteilung des Niederschlags über dem Wolkengrundriss. Die radiale Abminderung vom Zentrum zum Rand ist jedoch erheblich steiler als im advektiven Fall: bis ca 3 km Zentrumsdistanz kann die Schauersumme leicht auf 50 % des Zentrumswertes absinken und geht in radial 5 bis 15 km in die durch den subsidenten Zirkulationsast der Konvektion bedingte niederschlagsfreie Umgebung des Schauers über.

Bei stillstehender Schauerzelle entsteht über die Dauer des Schauers integriert ein etwa kreisförmiges Niederschlagsfeld mit mehr oder weniger zentralem Maximum. Eine bewegte Schauerzelle erzeugt einen Niederschlagsstreifen mit maximaler Achse. Der darin auftretende Höchstwert ist stochastischer Natur beim Zusammenwirken von Wanderungsschwankungen der Zelle und der zeitlichen Änderung wolkeninterner Dynamik. Diese Vorgänge sind auch im übrigen Bereich des Schauerniederschlagsfeldes für die räumliche Variabilität verantwortlich.

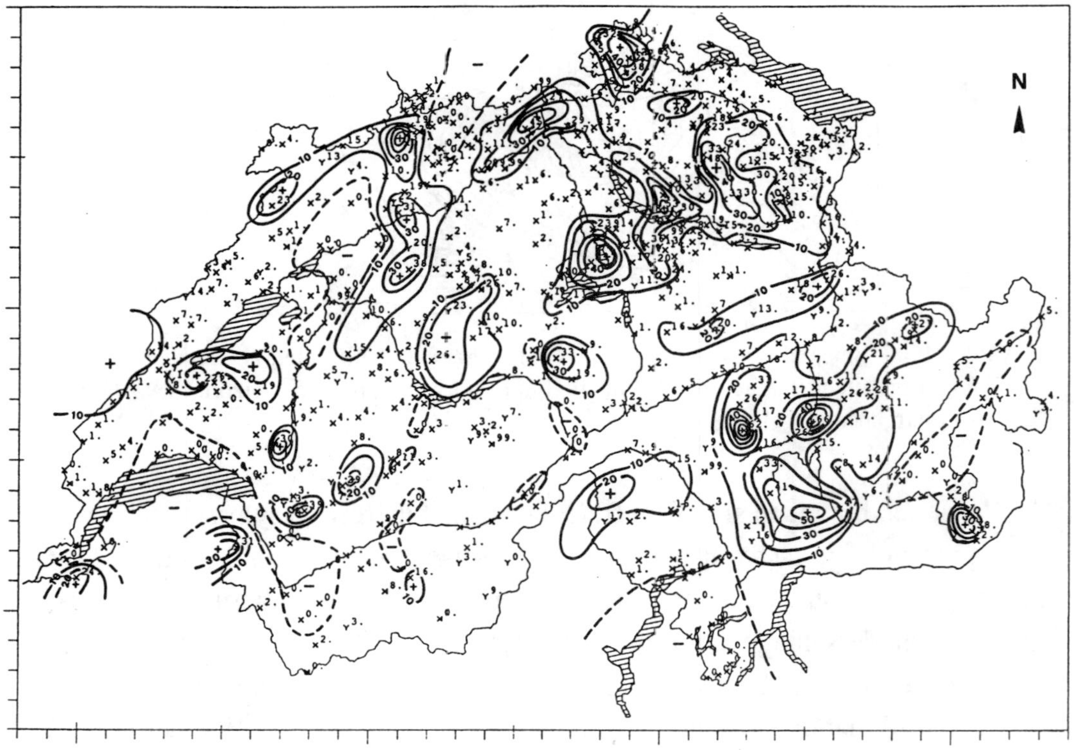

Abb. 2.5: Niederschlagsverteilung aufgrund von Schauern, Tagessummen des 1. Juli 1987. Randskalierung: 10 km (Grebner und Richter, 1989).

Erweitert man die Betrachtung von der Fläche eines Einzelschauers zu einer Ausdehnung, über welcher mehrere Schauer gleichzeitig möglich sind, z.B. in Hitzetiefs oder an Konvergenzlinien, so zeigt sich eine vom advektiven Niederschlagsfeld charakteristisch abweichende räumliche Niederschlagsverteilung. Es zeichnen sich primär die Einzelschauer ab, mit niederschlagsarmen oder -freien Zwischenräumen. Bei zunehmender Niederschlagsdauer, deutlich über den Lebenszyklus einer Konvektionszelle hinaus, können sich diese Zwischenräume schliessen oder etwas auffüllen, aufgrund der räumlich verschoben auftretenden konvektiven Folgezyklen und eventueller Verlagerungen der Individuen (Abb. 2.5).

Ein Feld mit mehreren Schauern besitzt kein den advektiven Verhältnissen vergleichbares gemeinsames Niederschlagsmaximum (Abb. 2.5). Das Auftreten eines höchsten Wertes unter allen Schauern des Feldes ist zufällig oder auf orographische Einwirkungen zurückzuführen. Je nach betrachteter Dauer kann ein solches Hauptmaximum entstehen durch lokale Überlagerung aufeinanderfolgender Schauer, insbesondere durch lokal konvektionsbegünstigende Randbedingungen in der Atmosphäre und an der Erdoberfläche. Grundsätzlich ist zu beobachten, dass bei der Erfassung von konvektiven Niederschlagsfeldern die Schwankungsbreite der räumlichen Niederschlagsvariabilität bei einer bestimmten Dauer stark von der Messnetzdichte abhängen kann.

Im realen Niederschlagsablauf allgemein sind die individuellen Mengenverteilungen in den Ereignissen geprägt durch Überlagerung der verschiedenen Prozesse und Einflüsse. Die isentrope bis pseudoisentrope Hebung in frontalen und zyklonalen Bereichen kann in vertikal begrenzte oder auch in tiefe Konvektion übergehen. Diese Möglichkeit trifft besonders für den südalpinen Teil der Schweiz zu. Über die Dauer des Niederschlages verwischen sich aber Schauerzentren im gesamten Niederschlagsfeld durch Wanderungsbewegungen und räumlich-zeitlich wechselnde Entstehung der eingelagerten Schauer.

Räumliche Veränderungen der Niederschlagsverteilung im Laufe der Dauer, insbesondere bei advektiven Dauerniederschlägen, sind, abgesehen von der Bewegung des gesamten Feldes, die Folge dynamischer Veränderungen, die eine feldinterne, d.h. relative Verlagerung des Hebungszentrums verursachen können.

Im Detail tragen auch die Verdunstung des fallenden Niederschlags und die Turbulenz, beide in Abhängigkeit von der Tropfengrösse sowie auch der Höhe, aus welcher Niederschlag fällt, zur räumlichen Variabilität bei einer bestimmten Dauer bei. Die Fallhöhe des Niederschlages ist ausserdem über den seeder-feeder-Effekt ein Steuerungsfaktor für die räumliche Niederschlagsverteilung.

Es ist noch zu erwähnen, dass die durch Messnetze erfasste räumliche Niederschlagsverteilung aufgrund der vor allem wind- und turbulenzabhängigen Messgenauigkeit die natürlichen Bedingungen nur maskiert wiedergegeben werden (Sevruk, 1981). Es darf allerdings angenommen werden, dass davon zumindest die relativen Abminderungscharakteristiken nur wenig betroffen sind.

Abschliessend soll vor dem Hintergrund der aktuellen Diskussion über eine Klimaveränderung der Einfluss der Bewegung eines Niederschlagssystems sowie der Messnetzdichte noch einmal aufgegriffen werden, wo er besonders deutlich wird: Extreme Niederschlagsmengen werden rasch als Ausdruck der Klimaveränderung ausgelegt. Dies impliziert die Gleichsetzung von höheren Messwerten mit höherer Niederschlagsleistung der Atmosphäre. Dabei wird übersehen, dass ein atmosphärisches Niederschlagsystem bei annähernd bewegungslosem Zustand im ortsfesten Messnetz wesentlich höhere Niederschlagsmengen hinterlässt als im bewegten Fall. Nun sind extrem günstige atmosphärische Niederschlagsbedingungen selten. Der Seltenheitsgrad wächst für den Fall gleichzeitig verschwindender Bewegung und im weiteren mit dem Umstand, dass dabei die maximalen Mengen gerade über einem Messgerät bzw. Messnetz auftreten. Dies bedeutet, allein mit zunehmend dichteren Messnetzen (siehe Beispiel in Abb. 2.2) und mit längeren Messreihen sind für ein bestimmtes Zeitintervall grössere Niederschlagsmengen zu erwarten, ohne dass sich die Niederschlagsleistung der Atmosphäre ändert.

Diese Betrachtung gilt für einzelne unterbrechungsfreie Niederschlagsphasen bis zu mehreren Tagen. Für die Dauer, in der sich solche Phasen mit kurzen Unterbrechungen folgen, sind zusätzliche Aspekte der planetaren Zirkulantion zu berücksichtigen. Jüngste Beispiele dafür sind die Niederschläge im Zusammenhang mit den Überschwemmungen z.B. im oberen Mississippigebiet, Juli 1993 (Grebner, 1993 b), am Lago Maggiore, September bis Oktober 1993 (Grebner und Roesch, 1994), und im Flussgebiet des Rheins, Januar 1995. Sich ändernde klimatische Bedingungen sind gegebenenfalls eher in der Dauer solcher Perioden zu erkennen, als in den Einzelphasen.

2.2 Flächenbezug des Niederschlagsfeldes

Die zweite grundsätzliche Überlegung gilt den Möglichkeiten, die bei der Zuordnung zwischen Bemessungsfläche und Niederschlagsfeld zur Wahl stehen. Die beiden prinzipiellen Varianten wurden explizit erstmals von Hershfield (1962) als 'fixed area' und 'storm centred' erwähnt. Im vorliegenden Bericht werden dafür die Bezeichnungen 'ortsfest' und 'systemfest' verwendet. Wie sich zeigt, sind verfahrenstechnisch weitere Unterteilungen zu unterscheiden.

2.2.1 Ortsfeste Analyse

Die Flächenabhängigkeit des Gebietsniederschlages wird in dieser Variante in fest vorgegebenen Einzugsgebieten untersucht. Das Einzugsgebiet kann dabei orographisch, geometrisch oder unmittelbar durch das Messnetz (letzteres z.B. in Myers and Zehr, 1980) begrenzt sein. Die daraus gewonnenen Resultate zum absoluten Abminderungsverhalten des Gebietsniederschlages sind aufgrund der Gebietsform und des orographischen Einflusses nur sehr eingeschränkt vergleichbar bzw. übertragbar. Im weiteren macht das gewählte Gebiet meist nur einen Teil eines atmosphärisch begrenzten Niederschlagsfeldes aus. In derartigen Fällen gehen Abminderungsanalysen häufig nur von einem relativen, von der Gebietseingrenzung festgelegten Zentrum aus.

Orographisch definierte Gebiete sind i.a. von langgestreckter Form, durch Wasserscheiden begrenzt und besitzen je nach Querschnittsamplitude der Orographie des Gebietes Luv- und Lee-Erscheinungen.

Bei der geometrischen Gebietswahl werden zur Vereinfachung Kreisflächen definiert. Da die Entscheidungen für solche Analysengebiete in erster Linie aufgrund der Messnetzeigenschaften getroffen werden (z.B. Flood Studies Report, 1975; Bell, 1976; Myers and Zehr, 1980; siehe auch Kap. 3) bleibt ihre Lage in der Orographie einerseits sowie die Abweichung der Kreisform von der Form der Niederschlagsfelder anderseits weitgehend unbeachtet. Wie sich leicht zeigen lässt, nimmt der Gebietsniederschlag in dieser Referenzflächenform rascher ab als in einem in Realität meist länglichen Niederschlagsfeld (siehe Skizze).

Dies bedeutet, dass zwar ein planimetriertes Niederschlagsfeld in eine Kreisfläche transformiert werden darf, um dessen Radius zu Vergleichszwecken zu verwenden. Die Datenerhebung in Kreisflächen führt jedoch zu einer systematischen Verzerrung der Abminderungskurven, ausgenommen im Fall von verlagerungsfreien Schauerzellen. Letztere haben erfahrungsgemäss näherungsweise kreisförmige Niederschlagsverteilungen.

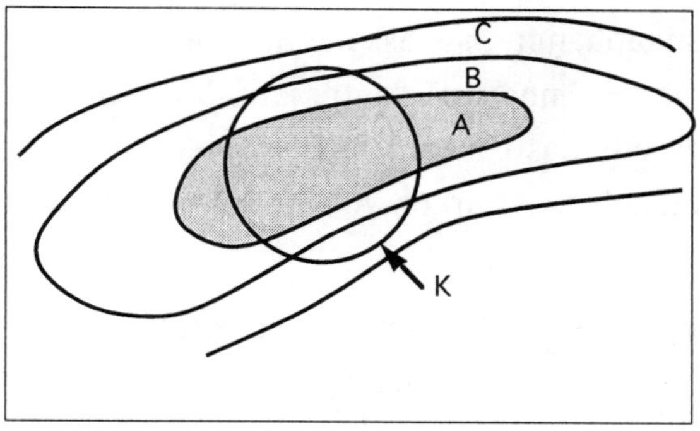

Es seien K : Kreisfläche
A, B, C : Isohyetenteilflächen
G_i : Gewichte mit $\sum_i G_i = 1$, (i = 1, 2, 3)

N_K : Gebietsniederschlag in K
N_A : Gebietsniederschlag in A

und ohne Einschränkung der Allgemeinheit: K = A.

Wegen $N_A > N_B > N_C$

ist dann $N_K = G_1 \cdot N_A + G_2 \cdot N_B + G_3 \cdot N_C \quad < \quad G_1 \cdot N_A + G_2 \cdot N_A + G_3 \cdot N_A = N_A$

d.h. $N_K < N_A$.

Die in der Literatur beschriebenen Untersuchungen basieren weitgehend auf der ortsfesten Bezugsvariante. Die Vorteile und Gründe sind leicht ersichtlich, allerdings bei den beiden Methoden (orographische oder Kreisbegrenzung) nicht deckungsgleich:

- Orographische Einzugsgebiete stehen in direkter Verknüpfung mit den lokalen hydrologischen Fragestellungen.
- Die Flächenausdehnung des Niederschlags ist auf die Grösse des gewählten Einzugsgebietes begrenzt, daraus ergibt sich ein begrenzter Messnetz- und Datenbedarf sowie ein überblickbarer Bearbeitungsaufwand.
- Die erforderlichen Niederschlagsereignisse sind in den Datensätzen relativ leicht aufzufinden.
- In orographischen Einzugsgebieten bestehen (durch Regression) einfache Beziehungsmöglichkeiten zwischen Stations- und Gebietsniederschlägen (z.B. Dall'O, 1991).
- Gegebenenfalls sind Einzugsgebiete mit sehr günstigen Messnetzbedingungen (Netzdichte, zeitliche Auflösung, Digitalisierung) wählbar (z.B. Grobe, 1974; Nicks and Igo, 1980; Treiber, 1983). Geometrische Gebiete werden bestmöglich nach diesem Kriterium ausgewählt.

Neben diesen weitgehend methodischen Vorteilen liegt allerdings auch eine Reihe von sachlichen Nachteilen vor:

- Durch die bei jedem Ereignis zufällige Position des Analysengebietes im Niederschlagsfeld erhalten die Abminderungskurven eine unklare Bedeutung.

- Insbesondere die geometrische Gebietsform erzeugt systematische Fehler. Diese Methode ist zwar orientierungsunabhängig, sodass sie beliebige orographisch definierte Einzugsgebiete etwa gleichermassen annähert, aber praktisch in keinem Fall gleich ist. Die orographische Methode beschreibt das Untersuchungsgebiet selbst zutreffend, weicht aber dafür beim Übertragungsversuch i.a. stärker von anderen Gebieten ab als die geometrische Methode.
- Bei kürzeren Referenzperioden entstehen keine meteorologisch repräsentativen Aussagen über Mengen und Ausdehnung der Niederschlagsfelder.
- Abminderungsaussagen über die gewählte Gebietsfläche hinaus sind nicht oder durch Extrapolation nur grob möglich, sodass diese ortsfeste Variante für die generelle Beurteilung von Niederschlagsfeldern, wie dies die Zielsetzung dieser Arbeit fordert, ungeeignet ist.

Die Nachteile der Begrenzung auf ein Gebiet können im Fall der orographischen Methode durch Untersuchung mehrerer benachbarter Gebiete zum Teil aufgehoben werden. Dabei verlieren sich aber rasch die Bearbeitungsvorteile. Eine ungeteilte Übersicht ist jedoch erst durch die Untersuchung von ganzen Flussgebieten erreichbar, statt wie üblich von Teilgebieten. Bei ausreichender Grösse, wie z.B. dem schweizerischen Teil des Rhein-Einzugsgebietes, geht dann aber die ortsfeste Variante in die systemfeste Variante über. Die Kreismethode kann einer derartigen Gebietsausdehnung allerdings meist nicht gleichwertig folgen.

2.2.2 Systemfeste Analyse

Unter System wird gemäss Abbildung 2.1 das für den Niederschlag verantwortliche Zirkulationssystem der Atmosphäre verstanden. Die Niederschlagsmessung mit einem ortsfesten Messnetz impliziert dazu auch die Bewegung des Systems im jeweils betrachteten Zeitintervall. Die systemfeste Analyse enthält somit stets das absolute Zentrum eines Niederschlagsfeldes. Speziell bei der systemfesten Analysenvariante sind bezüglich der während einer bestimmten Dauer im überregneten Gebiet gefallenen Niederschlagsmengen zwei Summierungsmethoden möglich; sie sollen mit den Bezeichnungen 'akkumuliert' und 'kumuliert' unterschieden werden. Unter akkumuliert sei die während der Niederschlagsdauer an jedem beliebigen Ort des Gebietes gefallene Menge verstanden.

Eine Unterteilung der Dauer in kürzere Zeitschritte bietet die Möglichkeit, die dazugehörigen Niederschlagsfelder maximumzentriert zu überlagern. Die resultierende Mengenverteilung sei als kumuliert bezeichnet. Sowohl die Niederschlagsmengen im engeren Bereich um das Zentrum, als auch die radiale Abnahme sind (gemäss der Beschreibung in Kap. 2.1) für Grenzwertbetrachtungen für Gebietsniederschlag geeignet.

Entgegen der von Hershfield (1962) geäusserten Ansicht ist die Analyse akkumulierter Felder nicht ausschliesslich auf Grenzwertbetrachtungen ausgelegt, sondern beinhaltet das Abminderungsverhalten von starken Gebietsniederschlägen allgemein.

Auch bei der systemfesten Analysenvariante zeigen sich natürlich Vor- und Nachteile.

- Hoher Arbeitsaufwand bei der Ereignissuche, insbesondere bei Ausgangsdatensätzen im Tagesschritt (siehe Kap. 5).
- Bedarf eines geeigneten Messnetzes im gesamten zu untersuchenden Gebiet.
- Die Anwendung der Resultate auf bestimmte Einzugsgebiete setzt die Annahme der Übertragbarkeit voraus, ausgenommen, es wurden speziell dort zentrierte Fälle untersucht.
- Regressionen zwischen Stationswerten und Gebietsniederschlägen sind nur sehr bedingt möglich.

Besonders positiv, vor allem für die Zielsetzung der vorliegenden Arbeit wirken sich aus:

- Die Variante ist auf den Nachteil kurzer Referenzperioden weniger anfällig als die ortsfeste Analyse.
- Die Analyse liefert Abminderungseigenschaften ohne Gebietsbeschränkungen im ortsfesten Sinn.
- Sie erlaubt Beurteilungsgrundlagen für Niederschlagsfelder in der gesamten untersuchten Region (flächendeckende Information).
- Sie gibt Kenntnis über das Abminderungsverhalten vom Zentrum weg und besitzt damit klarere Bedeutung gegenüber der ortsfesten Variante.

Im Fall der üblicherweise verfügbaren Längen der Referenzperioden sind von der systemfesten Variante steilere und den Niederschlagsbeträgen nach höhere Abminderungskurven zu erwarten. Beide Eigenschaften, sowohl die Kurvensteigung als auch die Mengenaussage, hängen dabei stark von der gewählten Variante zur Generalisierung der individuellen Abminderungskurven ab.

2.3 Varianten zur Generalisierung von Flächen-Mengen-Beziehungen

Der gesuchte Zusammenhang zwischen Fläche und Menge von Gebietsniederschlägen einer bestimmten Dauer ist die generalisierte Form des Abminderungsverhaltens von Einzelereignissen. Ausser durch den Flächenbezug, ortsfest und systemfest, werden die gesuchten Abminderungen vor allem auch dadurch beeinflusst, auf welche Stützwerte sie sich beziehen. Die beiden Möglichkeiten sind (in einem Flächen-Mengen-Diagramm) einerseits die Mittelkurven aus den einzelnen Stichprobenereignissen, anderseits die Maxima der Stichprobenereignisse pro Flächenstufe, d.h. die Konstruktion von Hüllkurven. Beide Varianten lassen sich sowohl in absoluter als auch in relativer Form darstellen. Die relative Form, die sogenannten Flächenreduktionsfaktoren, wird als weitgehend invariant bezüglich Klimaunterschieden betrachtet (Hershfield, 1962) und gilt deshalb als räumlich übertragbar (Omolayo, 1993). Die absolute Form bietet eine Bemessungsgrundlage für besondere Einzelereignisse, bleibt aber in der Anwendung auf die der Analyse zugrunde liegende Region beschränkt.

Für die Flächenreduktionsfaktoren wird in der Regel zusammen mit der ortsfesten Stichprobenerhebung das gemittelte Abminderungsverhalten oder damit vergleichbare methodische Ansätze der Generalisierung (z.B. US Weather Bureau, 1957; Flood Studies Report, 1975) verwendet. Konsequenz dieser Kombination ist, dass die Abminderungen eher zu flach ausfallen und hohe Standardabweichungen zu erwarten sind. Die Gründe dafür wurden zum Teil schon genannt: Positionsvariation des Untersuchungsgebietes in den Niederschlagsfeldern, Variation der Niederschlagsmengen von Ereignis zu Ereignis der Stichprobe.

Die diesbezüglich günstige, im Resultat klarere Variantenkombination besteht aus der systemfesten Stichprobenerhebung und der Hüllkurvenabminderung. Die durch die Kurven ausgewiesenen Gebietsniederschläge repräsentieren die grössten gemessenen Mengen pro Fläche. Es lassen sich daraus unmittelbar absolute Hüllkurven bestimmter Wiederkehrperioden berechnen, und die Kurven stellen ein Hilfsmittel bei der Abschätzung von Niederschlagsgrenzwerten dar.

Sowohl für die mittelwert- als auch für die höchstwertgestützte Variante gilt, dass sie nicht als 'Ereignisabminderung' aufgefasst werden dürfen, sondern nur für jede Flächenstufe diskret gelten. Bei den Mittelkurven liegt eine diesbezügliche Fehldeutung näher als bei Hüllkurven.

Für die weitere Beschreibung sei noch einmal auf die Bedeutung der verwendeten Bezeichnungen hingewiesen. 'Faktorkurven' oder auch 'Flächenreduktionskurven' beziehen sich auf die relativen Flächen-Mengen-Funktionen. Mit 'Abminderungskurven' – ohne weiteren Zusatz – werden die absoluten Darstellungen angesprochen.

3 Methodologie

3.1 Übersicht über bestehende Untersuchungen

Generalisierungen des Abminderungsverhaltens der Niederschlagsmenge bezüglich der Niederschlagsfläche sind Regionalisierungen der räumlich-zeitlichen Niederschlagsvariabilität. Dabei entspricht die relative Darstellung in Form der Flächenreduktionsfaktoren (ARF) strenger der jüngeren Definition der Regionalisierung (Kleeberg, 1992; Becker und Cemus, 1992) als die nachfolgend ebenfalls ermittelten und diskutierten absoluten Abminderungskurven. Aufgrund der Literatur kann der Eindruck entstehen, die Flächenreduktionsfaktoren seien das entscheidende Analysenresultat. Es ist jedoch deutlich, dass beide Varianten ihren Anwendungszweck, bzw. ihre Anwendungsvorteile haben. Entscheidend für den Aussagewert beider Darstellungsformen sowie der Frequenzdiagramme (siehe Anhang) sind die Randbedingungen und Eigenschaften der Bestimmungsmethoden. In diesem Kapitel soll das Untersuchungsspektrum für die flächenabhängige Abminderung von Gebietsniederschlägen aufgezeigt und diskutiert werden. Diese Beschreibung ergänzt die theoretischen Betrachtungen von Kapitel 2 hinsichtlich der Ermittlungsansätze. Die detaillierten Angaben der für den vorliegenden Bericht durchgeführten Untersuchungen folgen in den Kapiteln 5 und 6.

Nur am Rande sei an dieser Stelle auf die sprachlichen Kombinationsvarianten von Menge (depth: D), Fläche (area: A) und Dauer (duration: D) hingewiesen. In der in diesem Sachbereich dominierend englischsprachigen Literatur sind die beiden Formen zu finden: DAD und DDA, wobei 'depth' stets voransteht. Anderseits werden sowohl DA (depth-area) als auch AD (area-depth) verwendet. Die Glossaries enthalten die Formen 'depth-area-duration' (DAD), depth-area (DA) und depth-duration (DD; auch intensity-duration) (UNESCO/WMO, 1992; WMO, 1992). Letztere Quelle sieht sinnvollerweise vom Synonym 'intensity-duration' ab. In den deutschsprachigen Verzeichnissen DIN (1979) und GHO (1982) sind diese Begriffe nicht enthalten. Das Sprachwörterbuch des DVWK (1983) gibt die etwas unglücklichen Lösungen 'Regenintensität-Dauer' und 'Regenintensität-Gebiet' an. Da offensichtlich keine strenge Vereinbarung besteht, wird im weiteren die Kombination 'Flächen-Mengen-Dauer-...' verwendet.

Anwendungsziel speziell der Faktoren ist es, aus gemessenen Stationswerten die für viele Aufgabenstellungen wichtigere, aber nicht gemessene Gebietsniederschlagsmenge abschätzen zu können.

Es gibt zahlreiche Ansätze und Ausarbeitungen für Flächenreduktionsfaktoren. Da allen aufgrund der Datensätze, bestehend aus den individuellen Flächen-Mengen-Kurven, eine erhebliche Streuung zugrunde liegt, werden die Faktoren aus den verschiedenen resultierenden individuellen Kurven vielfach mit einer z.T. erheblichen Toleranz ermittelt, und es fällt auf, dass beim Vergleich über die Methoden und Niederschlagsprozesse hinweg mehr nach Ähnlichkeiten als nach konstruktiven, weiterführenden Unterschieden gesucht wird. Niederschlagsklimatologische Betrachtungen fehlen annähernd vollständig.

Die ersten Arbeiten gehen davon aus, dass die in Kapitel 2.2 beschriebene Abnahme der Niederschlagsmenge und damit auch der Gebietsniederschlag im Mittel einer bestimmten Gesetzmässigkeit folgt. Frühling (1894) untersucht sogenannte Sturzregen, also konvektive, d.h. kleinräumige Fälle und gibt für deren radiale Abnahme eine parabolische Funktion vor, mit Scheitel im Randbereich des Niederschlagsfeldes. Die Steigung des Parabelastes zum Zentrum wird festgelegt durch die Niederschlagsmenge im betrachteten Feldzentrum und die Bedingung, dass in 3 km Distanz der Niederschlag nur noch den halben Zentrumswert erreicht. Die Tatsache, dass durch diesen Ansatz der Durchmesser eines konvektiven Niederschlagsfeldes auf 24 km begrenzt ist, hat weniger meteorologische, sondern primär ingenieurtechnische Bedeutung, wie bei Frühling (1894) im Zusammenhang mit Stadtentwässerungsfragen. Die Abnahmefunktion ohne Richtungsangabe impliziert eine stillstehende Schauerzelle und ein kreissymmetrisches Niederschlagsfeld (siehe Kap. 2.1 und 2.2). Aufgrund dieser Vorstellung wird die Berechnung der mittleren Abnahme des Gebietsniederschlages und damit der Faktorkurve möglich.

Die weiteren, überwiegend amerikanischen Arbeiten bis ca. 1950 können ähnlich beschrieben werden (Court, 1961). Die Kurven der Flächenreduktionsfaktoren in Abhängigkeit von der jeweiligen Niederschlagsfläche werden durch Wurzel-, Exponential- oder durch logarithmische Funktionen bezüglich der Fläche ausgedrückt.

Mit Ausnahme von Frühling ist den Untersuchungen bei der Auswahl der behandelten Fälle weitgehend eine geringe Beachtung der meteorologischen Randbedingungen Dauer und Gesamtausdehnung eines Ereignisses, – was gleichbedeutend ist mit der Unterscheidung zwischen konvektiver und advektiver Niederschlagscharakteristik – , gemeinsam. So ermittelt z.B. Horton (1924) für seine Exponentialfunktion einen einzigen Eichfaktor aus eintägigen Niederschlagsereignissen mit über 20'000 mi^2 (52'000 km^2) Ausdehnung sowie solchen mit weniger als 20 mi^2 (52 km^2) und 15 bis 60 Minuten Dauer. Die resultierende Distanz vom Zentrum bis zum halben Zentrumswert ergibt sich demzufolge zu 25 mi (40 km), – ein für Schauerstrukturen unrealistischer Wert. Beim Zugrundelegen einer Modellvorstellung müssten zumindest diese beiden Erscheinungsformen, Schauer und Dauerniederschlag, getrennt behandelt werden, auch wenn die Streuung der jeweiligen Stichproben, vermutlich aufgrund der kurzen Referenzperioden, eine Trennung zunächst nicht signifikant erscheinen lässt. Eine weitere Verbesserung des Aussagewertes von Flächenreduktionsfaktoren, z.B. durch die Einführung von Niederschlagsklassen, wird in diesen Arbeiten ebenfalls nicht versucht.

Light (1947, siehe Court, 1961) grenzt seine Untersuchung auf 6 Stunden Dauer und Flächen zwischen 50 und 500 mi^2 (d.h. 130 und 1295 km^2) ein. Damit wird die Faktorfunktion eindeutiger, da sie wesentlich durch die Eigenschaften von konvektiven Niederschlagsfeldern mitgeprägt ist. Der Ansatz von Light ist aber insofern eigenwillig, als dass Flächen unter 50 mi^2 (130 km^2) nicht berücksichtigt werden, und somit kein Bezug zum Zentrums- bzw. Höchstwert eines Niederschlagsfeldes möglich ist. Als Bezugswert dient stattdessen der Gebietsniederschlag über der Fläche 500 mi^2. Dieser Ansatz ist gegenüber dem Zentrumsbezug erheblich weniger operationell; seine Anwendung setzt die Kenntnis des Gebietsniederschlages der Referenzfläche bereits voraus, was im Normalfall jedoch gerade die Zielfrage darstellt. Die Flächenbeschränkung von Light macht aber erstmals deutlich, dass die Faktorfunktionen nur das Abnahmeverhalten über einem begrenzten Flächenspektrum beschreiben. Extrapolationen darüber hinaus, insbesondere Rückschlüsse auf die Zentrumsdistanz der Grenze von Niederschlagsfeldern (Court, 1961) sind primär nur Rechenergebnisse.

Aufgrund von Niederschlagsmessungen in 3 kleinen Einzugsgebieten (5.2, 95 und 280 mi^2, d.h. 8.4, 152.9 und 450.5 km^2) kommen Huff und Stout wieder zu der schon von Frühling verwendeten Wurzelfunktion bezüglich der Fläche zurück (Court, 1961). Eine zweckmässige Entscheidung in dieser Untersuchung im vorhin erwähnten Sinn einer Klassierung der Niederschlagsmengen ist, dass nur Ereignisse über einer Mindestmenge verwendet werden. Die Ereignisdauern reichen von 0.5 bis 18 Stunden, d.h. von kurzen Schauern ("single celled storm") bis zu Dauerniederschlägen (meteorologisch etwas unklar als "multicellular storm" bezeichnet). Die Ergebnisse zeigen dabei einen deutlichen Unterschied zwischen den Steigungen der Faktorkurven kurzer und lang dauernder Niederschläge. Erstaunlich ist, dass die Halbwertsdistanz von Schauern bei 31 mi (50 km) liegt (zum Vergleich die Annahme von Frühling: 3 km); die etwa doppelt so grosse Distanz für Dauerniederschläge erscheint ebenfalls noch bemerkenswert gross. Ein Grund für diese Resultate kann darin gesehen werden, dass aufgrund der ortsfesten Betrachtung für kleine Einzugsgebiete eine hohe Positionsvielfalt im Niederschlagsfeld besteht und das Abnahmeverhalten seinerseits neben der Ereignisstärke vor allem sensibel auf diese Position bezüglich Distanz zum Zentrum sowie implizit natürlich auch auf die Länge der Referenzperiode ist (siehe Kap. 2.2).

Auch Chow (1953) weist inzwischen darauf hin, dass die Faktorenkurven in Abhängigkeit vom Niederschlagstyp – Schauer oder Dauerniederschlag, d.h. räumlich eng begrenzt oder ausgedehnt – zu ermitteln sind. Demgegenüber besteht offensichtlich kein Unterschied zwischen Faktorkurven von sehr unterschiedlichen Klimabedingungen, z.B. von tropischen und aussertropischen Niederschlägen, bei gleicher Dauer (Hershfield und Wilson, 1960). – Dieses Resultat ist Grundlage für die seither verfolgte Praxis, Flächenreduktionsfaktoren als konservativ anzusehen und auch ausserhalb ihrer Entstehungsgebiete anzuwenden (z.B. Omolayo, 1993; Forland and Kristoffersen, 1989). – Ausserdem zeigt sich bei Hershfield und Wilson (1960) mit zunehmender Niederschlagsdauer ein deutlicher Trend zur Abflachung der Faktorkurven. Der bemerkenswerterweise gegenteilige Kommentar der beiden Autoren entspricht der bis heute zu beobachtenden Neigung, Ähnlichkeiten der Resultate zu sehen, anstatt Differenzierungen ausreichend zu beachten.

Ende der 50er Jahre lösen Woolhiser und Schwalen das ursprüngliche Vorgehen, bestimmte Abnahmefunktionen vorzugeben, durch empirische Anpassung einer Abnahmekurve an eine Faktoren-Punktwolke ab (Court, 1961). Diese Analyse stützt sich auf ein relativ umfangreiches Datenmaterial von 153 Ereignissen. Es umfasst Niederschlagsdauern von 10 Minuten bis 168 Stunden, woraus getrennt 6, 12, 24 und 48 Stunden untersucht werden, und es repräsentiert Einzugsgebiete bis 5000 mi^2 (13000 km^2).

Fletcher (1950) kann in diesem Ansatzwandel als Übergang zu der von Woolhiser und Schwalen eingeleiteten Auffassung angesehen werden und ist ausserdem wegen des verwendeten Datensatzes erwähnenswert: Er passt eine Funktion an die Stationsweltrekorde an und erweitert diese Funktion aufgrund der Abhängigkeit der Niederschlagsintensität ($R/\sqrt{D}$; R: Menge, D: Dauer des Niederschlags) von der Niederschlagsfläche in eine Hyperbelgleichung. Kahlig (1991) bestätigt im Prinzip diese Gleichung auf ähnlichkeitstheoretischem Weg, kommt aber zu der plausiblen Korrektur, dass die Intensität ($R/\sqrt{D}$) nicht von der Fläche allein, sondern auch von der Dauer abhängt.

Die Arbeiten nach den 50er Jahren zur Bestimmung von Faktorkurven, ausgenommen Hershfield (1962) und WMO (1969), lösen sich von der Technik, explizit das Abnahmeverhalten des Niederschlags von jedem einzelnen Beispielereignis zu bestimmen. Die ereignisbezogene Auffassung war auch in den früheren Analysen nur eine anschauliche Anfangsstufe der Datensätze. Die Funktionsanpassung oder die Mittelbildung über die Niederschlagsmengen pro Fläche bei einer bestimmten Dauer eliminierte dann bereits die Eigenschaft der Ereignisidentität von Flächengrösse zu Flächengrösse (siehe Kap. 2.3, zweitletzter Absatz). Wie anschliessend noch weiter beschrieben wird, setzt die Ereignisauswahl der neueren, statistisch geprägten Methoden bereits bei diesem Analysenschritt ein. Damit werden die Methoden der Anwendung von Computern gerecht. Anderseits ist aber mit dem so erhobenen Datensatz ein Einblick in die gebietsinternen Niederschlagsstrukturen sowie in eventuelle Abhängigkeiten der Kurvensteigung von den flächenbezogenen Absolutmengen eines Ereignisses u.ä. nicht mehr möglich.

Omolayo (1993) gruppiert das Spektrum der Arbeiten in empirische, theoretische und gemischte Methoden. Als empirisch gelten z.B. diejenigen von Hershfield (1962), der WMO (1969), im Flood Studies Report (1975), von Bell (1976) sowie vom US Weather Bureau (siehe Omolayo) beschriebenen Verfahren. Theoretische Ansätze liegen vor von Rodriguez-Iturbe und Mejia auf der Basis der Theorie von Roche (Rodriguez-Iturbe und Mejia, 1974) sowie von Kahlig (1991) auf der Basis der Ähnlichkeitstheorie. Als gemischt sind z.B. Myers und Zehr (1980), Nicks und Igo (1980) und Nguyen (1983) einzustufen. – Die im weiteren Bericht ermittelten Flächen-Mengen-Dauer-Beziehungen sind in dieser Einteilung als empirisch einzuordnen.

Die Untersuchungen von Hershfield (1962) unterscheiden sich grundsätzlich von den übrigen Verfahren dadurch, dass sie systemfest vorgenommen werden (siehe Kap. 2.2). Die Gebietsniederschläge werden für Isohyetenflächen bis 1000 mi^2 (2600 km^2) bestimmt. Im weiteren stellt er Auswahlkriterien hinsichtlich zeitlicher und indirekt auch räumlicher Kontinuität auf und weist auf die Problematik ungeeignet grosser Messschritte im Vergleich zum jeweiligen Dauerintervall hin; Schwierigkeiten, auf die besonders auch in der vorliegenden Arbeit (Kap. 4.7) geachtet wird. Bei der Ereignisauswahl kann Hershfield aufgrund der seit 1895 vom amerikanischen Wetterdienst geführten Tabellen mit Starkniederschlägen (Gilman, 1964) auf eine umfangreiche Stichprobe zurückgreifen, wobei allerdings das Messnetz verhältnismässig grob ist.

Die Methode des US Weather Bureau geht pro Dauer und Fläche von der Jahreshöchstwertreihe für Gebietsniederschlag und der Jahreshöchstwertreihe für die Punktniederschläge des verwendeten Messnetzes eines Einzugsgebietes aus. Der Flächenreduktionsfaktor ergibt sich dann aus dem Verhältnis des Mittelwertes der Gebietsniederschlagsreihe und dem Gesamtmittel der Punktwerte über die Referenzperiode (Omolayo, 1993). Die Art der Verwendung der Stationswerte impliziert eine ortsfeste Bearbeitung von Ereignissen.

Im Flood Studies Report (1975) sind verschiedene Schritte der Methode bemerkenswert und gegebenenfalls nur mit Vorsicht zu übernehmen. Grundsätzlich werden nicht mehr Flächenstufen innerhalb eines Einzugsgebietes für den Gebietsniederschlag verwendet, sondern Gebiete verschiedener Grösse, über Grossbritannien verteilt. Die Gebietsniederschläge dienen nur zur Ereignissuche, aber nicht zur Faktorbildung. Der Reduktionsfaktor entsteht für eine bestimmte Dauer als Mittel aus den jährlichen Verhältnissen zwischen dem jährlichen Stationshöchstwert zum Zeitpunkt des jährlich maximalen Gebietsniederschlags und dem jährlich höchsten Stationswert. Das Verfahren unterstellt dementsprechend eine Reihe von Voraussetzungen. Man geht davon aus, dass die Reduktionsfaktoren aufgrund ihrer relativen Eigenschaft höchstens vernachlässigbar von der Region, d.h. vom Klima abhängen. Die Arbeiten von Hershfield und Wilson (1960) und Hershfield (1962) scheinen dies mit einer gewissen Toleranz zu bestätigen. Weiter wird angenommen, dass die Flächenreduktionsfaktoren unwesentlich von der Wiederkehrperiode abhängen. Dies setzt allerdings gleiche Verteilungen der beiden Extremalreihen voraus. Diese Frage wird von anderen Autoren erkannt und durch unterschiedliche Massnahmen umgangen (Bell, 1976; Myers and Zehr, 1980). Für das besondere Auswahlverfahren für die Stationswerte, mit Hilfe und während des jährlichen Gebietsniederschlagsmaximums, drängt sich ein direkter Gültigkeitsnachweis auf. Offen ist die Annahme, inwieweit ein Gebietsniederschlag durch den dazugehörigen Stationshöchstwert repräsentiert wird. Ein Einfluss der Gebietsform bleibt unbeachtet.

Eindrucksvoll ist im Flood Studies Report das Darstellungsspektrum der Flächenreduktionsfaktoren bezüglich Dauer und Fläche. Die Faktoren sind wiedergegeben für Niederschlagsdauern von 1 Minute bis 25 Tage und für Flächen von 1 bis 30'000 km^2. Der Report gibt dazu allerdings keine weitere Information, so z.B. ob dabei auch Extrapolationen zugrunde liegen.

Bell (1976) verbessert die Methode des Flood Studies Report einerseits indem er wieder die Gebietsniederschläge selbst verwendet. Anderseits schlägt er zur Umgehung der Verteilungsfrage bezüglich beider Extremalreihen – Gebiets- und Stationsniederschlag – vor, für beide Reihen pro Dauer die Häufigkeitsverteilung zu ermitteln und die Flächenreduktionsfaktoren dann als Verhältnis beider Variablen mit gleicher Wiederkehrperiode zu bestimmen. Wegen der nur 14jährigen Referenzperiode (1961-1974) sortiert Bell (1976) vereinfachend beide Reihen (pro Dauer) nach Rängen, bildet pro Rang das Verhältnis und mittelt über alle Ränge. Für seine ortsfeste Analyse wählt Bell allerdings nicht orographische Einzugsgebiete, sondern insgesamt 15 kreisförmige, über Grossbritannien etwa gleichmässig verteilte Testflächen. Die Grösse ist in 10 Fällen auf 1000 km^2, in einem Fall auf 8000 km^2 sowie in je zwei Fällen auf 20, bzw. auf 100 km^2 festgelegt. Bedingung für die 1000 km^2 Flächen ist eine Mindestanzahl von 12 Messstationen. Die Untersuchungen in den Gebieten mit 1000 und 8000 km^2 basieren auf Tagesniederschlägen, irreführenderweise meist als 24 h-Niederschläge bezeichnet. Wie bereits in Kapitel 2.2 gezeigt wurde, ist die vorgegebene Form eines Testgebietes nicht ohne Einfluss auf den resultierenden Datensatz, inbesondere bei kurzen Referenzperioden. Auch Bell erwähnt diesen Aspekt nicht.

Die Methode von Myers und Zehr (1980) zur Bestimmung der Flächenreduktionsfaktoren beruht auf einer statistischen Auffassung der Aufgabe. Als Datenmaterial verwenden sie 20jährige Messreihen aus der Periode 1948-1972 eines Messnetzes im Raum Chicago mit einer Ausdehnung von ca 250 mi^2 (650 km^2) und 15 verwendbaren Registrierstationen. Die Bearbeitung erfolgt für die Dauern 1, 2, 3, 6, 12 und 24 Stunden. Kern des Vorgehens ist die Herleitung von 4 Datensätzen: Jahresmaximumreihen für die Stationen, für die Stationspaarmittel und Gruppenmittel aus 5 Stationen sowie die zum Zeitpunkt eines Stations-Jahresmaximums auftretenden "Simultanregen" an den übrigen Stationen. Als Verteilung wird, entsprechend den Schlussfolgerungen anderer Autoren, Fisher-Tippett Typ I vorgegeben, die durch Mittelwert und Standardabweichung bestimmt ist. Der "wahre" Gebietsmittelwert wird in erster Näherung eingegrenzt durch die Werte der Stationspaarmittel und die Simultanregen. Die Feinabschätzungen zwischen diesen beiden Grenzen werden durch Kalibrierung mit den Momenten Mittelwert und Standardabweichung der 5-Stationen-Gruppen durchgeführt. Ähnlich wie im Flood Studies Report (1975) werden Gebietsniederschläge nicht mehr direkt verwendet, sondern in diesem Fall letztlich durch die Niederschläge der 5-Stationen-Gruppen bezüglich Kreisflächen angenähert (siehe auch Bell). Längliche Einzugsgebiete sind damit nicht repräsentiert (Myers and Zehr, 1980). Je nach Wiederkehrdauer werden die resultierenden Flächen-Mengen-Faktoren für Flächen bis 500 mi^2 (1'300 km^2) bzw. bis 5'000 mi^2 (13'000 km^2) angegeben.

Rodriguez-Iturbe und Mejia (1974) stellen eine Methode vor, in der aufgrund einer theoretischen Herleitung der Flächenreduktionsfaktor letztlich durch einen Korrelationskoeffizienten eines ausgewählten Stationspaares repräsentiert wird. Neben der Tatsache, dass auch dieses Verfahren auf ein Gebiet festgelegt, d.h. ortsfest ist, müssen im weiteren noch hinsichtlich räumlichem und zeitlichem Niederschlagsverhalten und für das Messnetz verschiedene Eigenschaften vorausgesetzt werden: die Häufigkeitsverteilung des Niederschlags in einem betrachteten Gebiet ist unabhängig vom Ort, d.h. isotrop; die Punktniederschläge sind stationäre Zeitreihen und die Messstationen sind homogen über das Untersuchungsgebiet verteilt. Unter diesen Bedingungen lässt sich eine für das Gebiet 'charakteristische Korrelationsdistanz' bestimmen. Sie legt den Abstand fest, der zwischen den beiden zu korrelierenden Stationen herrschen soll. Diese charakteristische Distanz hängt von der Grösse und der Form eines Gebietes ab. Unter der vereinfachenden Vorgabe eines kreisförmigen Untersuchungsgebietes verhält sich deren Distanz zu derjenigen einer Einheitsfläche (1 km^2) wie die beiden Radien zueinander und ist dadurch für diese Feldform leicht bestimmbar (Omolayo, 1993).

Auch die Methode von Rodriguez-Iturbe und Mejia besitzt wesentliche Schwächen. So ist die Isotropie eine Bedingung, die in der Natur nicht vorausgesetzt werden kann. Dies gilt insbesondere in orographisch massgebend beeinflussten Gebieten, wie z.B. in der nordalpinen

Schweiz (Beispiele dazu: Rinderknecht, 1991, auf der Basis der umfangreichen Arbeiten von H. Jensen). Damit wird die Korrelationsdistanz richtungsabhängig. Im weiteren bestehen keine Hinweise für die Auswahl des die charakteristische Distanz erfüllenden Stationspaares.

Die Anwendung der Methoden des US-Weather-Bureaus, des Flood Studies Reports, von Bell und von Rodriguez-Iturbe und Mejia durch Omolayo (1993) für Tagesniederschläge in australischen Stadtgebieten, auf Kreisflächen von 1000 km^2, zeigt, dass die drei erstgenannten Verfahren im Mittel sehr ähnliche Resultate für den Flächenreduktionsfaktor liefern; der Reduktionsfaktor von Rodriguez-Iturbe und Mejia unterscheidet sich systematisch davon durch allgemein tiefere Werte und eine mit zunehmender Fläche steilere Abnahme der Faktorkurve (siehe auch Kap. 6.5).

3.2 Diskussion der bestehenden Verfahren

Das Konzept, mit einem Reduktionsfaktor von einem Punktniederschlag auf den Gebietsniederschlag schliessen zu können, ist verlockend, im Detail aber nicht unproblematisch. Das Spektrum der erwähnten Arbeiten, die auch weitere Untersuchungen repräsentieren, bestätigt dies. Auf die Schwachstellen und Verfahrensunterschiede, z.B. zwischen ortsfester und systemfester Erfassung von Niederschlagsfeldern, wird dort, wie schon erwähnt, nur sehr am Rande hingewiesen. Nachfolgend sollen einige massgebende Aspekte zusammengestellt werden.

Die beschriebenen Flächenreduktionsfaktoren (ARF, ACF) sind relative Grössen. Sie werden mit Ausnahme der Hinweise von Rodriguez-Iturbe und Mejia (1974) als annähernd ortsunabhängig und mit Ausnahme von Bell (1976) als unabhängig von der Wiederkehrdauer angesehen. Auch in der vorliegenden Analyse zeichnet sich eine Frequenzabhängigkeit ab (siehe Anhang). In den übrigen erwähnten Arbeiten wäre insbesondere die Eigenschaft der Frequenzunabhängigkeit durch einen Nachweis zu sichern.

Da die Herleitung der Reduktionsfaktoren in festgelegten Gebieten, also ortsfest, empfohlen und durchgeführt wird, unterliegen sie (pro Dauer) nicht nur der räumlichen Variabilität der Niederschlagsereignisse, sondern auch der Variabilität der Position des Gebietes im jeweiligen Niederschlagsfeld; das Vorgehen von Myers und Zehr (1980) erfasst zum Teil diesen Einfluss. Die Faktoren sind somit, insbesondere bei den meist kurzen Referenzperioden, mit einer zusätzlichen Unsicherheit behaftet, sodass ihre Anwendung nur im Mittel eine gewisse Bedeutung haben kann. Im Einzelfall ist mit erheblichen, allerdings – falls Vertrauensintervalle bekannt sind – statistisch quantifizierbaren Fehlaussagen zu rechnen.

Vor allem in der älteren Literatur wird noch deutlich, dass die ARF-Kurven eine Generalisierung der relativen Mengenabnahme mit zunehmender Fläche von individuellen Niederschlagsereignissen in einem vorgegebenen Gebiet darstellt. Dabei wurde aber nirgends beachtet oder untersucht, inwieweit die Abnahme von den Eigenschaften im Einzelereignis abhängt, z.B. von der absoluten Gebietsniederschlagsmenge, der Gesamtdauer, der Gesamtausdehnung u.a. Wie die folgende Skizze zeigt, verändern sich die Rangordnungen der drei Beispielkurven von den kleineren zu den grösseren Flächen. Ohne entsprechende Gliederung der Stichprobe stellt die Mittelkurve deshalb nur eine grobe Näherung der individuellen Verhältnisse dar.

In den Arbeiten etwa ab 1950 wird dieser zumindest aus meteorologischer Sicht bestehende Mangel durch Gliederung nach der Dauer oder bei Myers und Zehr (1980) durch Betragsnormierung teilweise abgeschwächt.

Weitere Fragen bestehen hinsichtlich der Anwendung. Es wird nur sehr vereinzelt darauf hingewiesen, in welcher Weise der Reduktionsfaktor angewendet werden soll. Bemerkungen, ob z.B. die Anwendung eine Mindestniederschlagsmenge voraussetzt, fehlen ganz. Die Bedeutung der Wahl der Referenzstation macht indirekt eine Analysenvariante von Grobe (1976) deutlich. Die Bestimmungsmethode des US Weather Bureaus (1957) für die Flächenreduktionsfaktoren legt nahe, dass der Reduktionsfaktor auf das arithmetische Mittel über alle Stationswerte in einem betrachteten Gebiet angewendet wird.

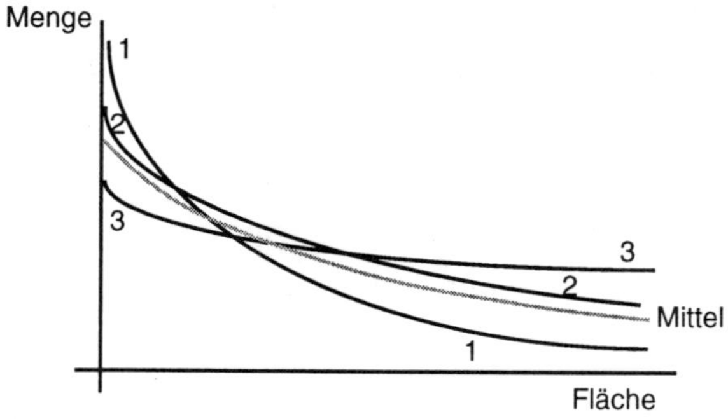

Abb. 3.1: Skizze zum Verlauf individueller Abminderungskurven (1 bis 3) und der gemittelten Kurve. Die Abflachung bei Kurven mit relativ geringen Niederschlagsmengen im Zentrum (z.B. von 1 zu 3) entspricht insbesondere bei kurzen Ereignisdauern (z.B. 3 h) durchaus der Realität.

Gemäss den Beschreibungen von zahlreichen Arbeiten werden die Datensätze in kreisförmigen, örtlich festgelegten Gebieten erhoben. Wie gezeigt wurde (Kap. 2.2), decken sich diese Abminderungseigenschaften des Gebietsniederschlags nicht mit denen von Einzugsgebieten mit beliebiger Gestalt und die Resultate beider Flächenvorgaben nicht mit denen der systembezogenen Resultate.

Nur von Myers und Zehr (1980) wird darauf hingewiesen, dass mit der Kreisflächenbetrachtung langgstreckte Gebiete nicht repräsentiert werden. Im Verfahren von Rodriguez-Iturbe und Mejia (1974) geht die Form des Einzugsgebietes mit in die charakteristische Korrelationsdistanz ein.

Es fällt im weiteren auf, dass die Untersuchungen über Flächenreduktionsfaktoren in topographisch weitgehend flachen Gebieten angelegt sind. Hinweise auf das Verhalten der Faktoren in voralpiner oder gar alpiner Region liegen nicht vor, es sei denn, der Hinweis auf geringe Klimasensibilität, aufgrund der relativen Eigenschaft der ARF, wird auch auf gebirgige Einzugsgebiete übertragen. Für ausgedehntere Gebiete von z.B. über 1000 km^2, wo bereits ausgleichende Bedingungen wirksam werden, kann diese Annahme noch zutreffen, nicht jedoch in kleineren Gebieten. Ein generelles Problem ist dort, sowohl für die Überprüfung aus anderen Regionen übernommener Faktorkurven als auch für Neuentwicklungen, das spärliche und für Gebietsbetrachtungen wenig repräsentative Messnetz.

Schliesslich gehen wie erwähnt die zitierten Arbeiten nicht auf Einflüsse durch den Unterschied ortsfester und systemfester Analyse ein. Setzt man einmal die schon erwähnte Annahme geringer Klimaabhängigkeit voraus, so sind angesichts der verfügbaren Referenzperioden nennenswerte Faktorunterschiede zwischen diesen beiden Varianten dann zu erwarten, wenn das natürliche Niederschlagsfeld deutlich grösser ist als das ortsfeste Untersuchungsgebiet. Insofern repräsentieren die ortsfesten Analysen der in Tab. 3.1 aufgeführten Autoren sowie von den meisten älteren Arbeiten zwar bezüglich Schauer (d.h. konvektiver Einzelzellen) zu einem Teil auch die systemfesten Eigenschaften. Mögliche verbleibende Unterschiede sind dann in erster Linie auf Unterschiede in den Häufigkeiten der Ereignisse zwischen beiden Feldauffassungen (systemfest, ortsfest) und der Wahl der Flächenform zu sehen.

Tabelle. 3.1: In den verschiedenen Untersuchungen verwendete Gebietsgrössen.

Autoren	Flächen	
Rodriguez-Iturbe and Meija (1974)	100 - 400 mi^2	(250 - 1000 km^2)
Flood Studies Report (1975)		1 - 30'000 km^2
Bell (1976)		20, 100, 1000, 8000 km^2
Myers and Zehr (1980)	200 - 250 mi^2	(500 - 650 km^2)
Nicks and Igo (1980)		2925 km^2
Ngyen (1983)		446 km^2
Omolyo (1993)		1000 km^2

Bei advektiven ausgedehnten Niederschlagsfeldern sind jedoch deutlich höhere Unterschiede zwischen den beiden Feldbetrachtungen zu erwarten, da vor allem der schon erwähnte Effekt durch die Positionsdistanz der ortsfesten Fläche zum Ereigniszentrum entscheidend wird. Die systemfeste Analyse hingegen geht immer vom Zentrum des Niederschlagsfeldes aus und zeigt über kleineren Flächen ein steileres Gefälle sowie höhere Absolutwerte als ortsfeste Betrachtungen.

Gemäss den Kapiteln 2.2 und 2.3 sind hinsichtlich Ortsbezug und der Kurvengeneralisierung jeweils zwei Verfahren üblich. Bell (1976) unterscheidet, ohne eine nähere Erklärung zu geben, nur zwei Möglichkeiten, diese Varianten zur Konstruktion von Abminderungskurven einander zuzuordnen:

Typ 1, von Bell als systemfeste Variante angesehen:
die systemfeste Erfassung des Gebietsniederschlages ist gekoppelt mit der Hüllkurven-Abminderung durch Verwendung von
– maximalem Gebietsniederschlag (pro Fläche) und
– maximalem Punktniederschlag.

Typ 2, von Bell als ortsfeste Variante angesehen:
die ortsfeste Erfassung des Gebietsniederschlages ist gekoppelt mit der Mittelkurven-Abminderung anhand des
- Mittels der jährlich maximalen Gebietsniederschläge und des
- Mittels der jährlich maximalen Punktniederschläge.

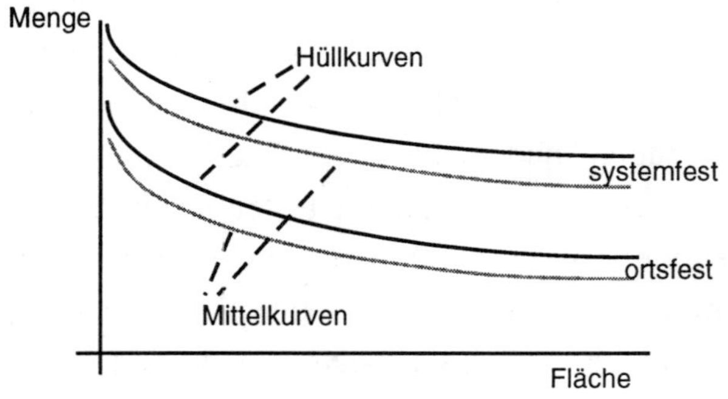

Abb. 3.2: Skizze zur Lage von absoluten Hüllkurven über und Mittelkurven aus Abminderungskurven von Einzelereignissen in Abhängigkeit systemfester und ortsfester Erfassung der Gebietsniederschläge.

Diese spezifische Zuordnung der Varianten ist jedoch unbegründet. In Realität kann mit jedem der beiden Feldbezüge jede Stützstellenvariante (Hüllkurve wie in Typ 1 und Mittelkurve wie in Typ 2) verknüpft werden. Der Unterschied zeigt sich primär lediglich in den Absolutwerten pro Dauer und Fläche. Wie die Skizze vereinfacht zeigen soll, liegen die Mittelkurven naturgemäss tiefer als die Hüllkurven, ebenso die ortsfesten gegenüber den systemfesten Resultaten. Die Steigungen verhalten sich i.a. invers, unterscheiden sich jedoch weniger eindeutig.

3.3 Angewendetes Verfahren im kurzen Vergleich

Mit den nachfolgenden Analysen ist gemäss Zielsetzung der vorliegenden Arbeit eine Beurteilungsgrundlage für die Stärke von Gebietsniederschlägen nach Menge und Fläche zu schaffen. Ausserdem ist die gebietsbezogene Betrachtung von Starkniederschlägen gleichzeitig eine wesentliche Erweiterung der Niederschlagsklimatologie in der Schweiz (Kap. 6.3.2, 6.3.3 und 6.4.2 sowie 6.4.3). Das angewendete Verfahren wird in den Kapiteln 4 und 5 ausführlicher beschrieben. Es scheint jedoch hilfreich, an dieser Stelle seine wesentlichen Eigenschaften im Vergleich zu besprochenen Arbeiten kurz zu erwähnen.

Nach Abklärung der vorangehend beschriebenen Eigenschaften der Varianten (Kap. 2.2, 2.3, 3.1) fällt die Entscheidung auf Hüllkurvenabminderungen, auf der Basis von systemfester Erhebung der Gebietsniederschläge aus akkumulierten Niederschlagsfeldern mit stündlicher Auflösung. Die im verfügbaren Niederschlagsmessnetz mehrheitlich als Tageswerte vorliegenden Mengen werden in Stundenwerte aufgeteilt (Kap. 5.1). Eine gewisse Mengenunschärfe an den Intervallrändern aufgrund eines im Vergleich zur Dauer relativ grossen zeitlichen Digitalisierungsschrittes, wie dies auch Hershfield (1962) anspricht, ist deshalb nur bei der 3stündigen Dauer von Bedeutung, dem kürzesten hier untersuchten Intervall. Die grössere Unsicherheit geht in diesen Fällen jedoch eher von einem möglichen Verschmierungseffekt bei der zeitlichen Auflösung in Stundenwerte aus (Kap. 5.1). Bei längeren Dauern verliert sich in den untersuchten Regionen weitgehend auch diese Schwäche.

Um eine Vermischung von Ereignissen mit stark unterschiedlichen Intensitäten zu vermeiden, werden mit mehrstufigen Auswahlverfahren partielle Höchstwertreihen erstellt. Diese Auswahl erfolgt für jede Dauerstufe getrennt, um mit spezifischen Stichprobenereignissen eine möglichst klare Differenzierung zu erreichen. Weitere Kriterien sind dabei auch die räumliche und zeitliche Kontinuität im Niederschlagsverlauf (Kap. 4.7).

Beschränkungen auf Form und Ausdehnung von Einzugsgebieten und dementsprechende Einschränkungen der Resultate (Kap. 2.2) bestehen durch die systemfeste Betrachtung der Niederschlagsfelder nicht (Kap. 4.1). Allerdings sind in einzelnen Fällen durch die Landesgrenze künstliche Begrenzungen der Niederschlagsfelder gegeben (Kap. 4.2).

Die Referenzperiode ist als knapp zu beurteilen. Sie ist aber vergleichbar mit vielen der vorangehend erwähnten Untersuchungen. Mögliche Risiken in der Repräsentativität werden durch die systemfeste Behandlung und durch die Auswahl partieller Reihen etwas kompensiert. Vorteile bringt diesbezüglich auch die Entscheidung für Hüllkurven.

Die Aussage von Hüllkurven ist im Gegensatz zu gemittelten Kurven eindeutig: Es handelt sich bei der absoluten Darstellung um den pro Fläche in der Referenzperiode grössten beobachteten Gebietsniederschlag. Dementsprechendes gilt für den dazugehörigen Reduktionsfaktor. Hüllkurven erlauben im weiteren die Herleitung von Frequenzdiagrammen. Mittelkurven lassen sich zwar ebenso einfach beschreiben, sie hängen aber von der Anzahl und der Auswahl der Ereignisse ab und setzen deshalb eine diesbezügliche Vereinbarung voraus. Dabei ist wesentlich, dass die Abminderungskurven schwächerer Ereignisse nicht nur geringere Mengen repräsentieren, sondern sich in der Regel auch abflachen. Da sich diese Abflachung in den massgebensten Ereignissen kaum oder gar nicht bemerkbar macht, sind die Hüllkurven auch weniger von den Eigenschaften einer Referenzperiode betroffen. Ein weiterer Vorteil von Hüllkurven ist, dass sie weniger empfindlich auf die unnatürliche Begrenzung von Niederschlagsfeldern durch politische Grenzen sind als Mittelkurven (Kap. 5.3 c) – Diese Diskussion bezieht sich im wesentlichen auf systemfeste Feldanalysen. Ortfeste Bearbeitungen beinhalten noch zusätzliche Einflüsse. Der Unterschied zwischen atmosphärisch stärkeren und schwächeren Ereignissen kann beim ortsfesten Gebietsniederschlag noch dadurch verstärkt werden, dass diese Ereignisstärke mit einer spezifischen Häufigkeit verbunden ist, wie ein Einzugsgebiet vom Niederschlagsfeld betroffen wird. – Schliesslich liegt noch die Vermutung nahe, dass Mittelkurven eher dazu verleiten, sie fälschlicherweise als mittlere Ereignisabminderungen zu interpretieren.

4 Randbedingungen zur Analyse

Die Randbedingungen bestehen im vorliegenden Fall nur bezüglich der zu bearbeitenden Teilfläche der Schweiz sowie der dort anwendbaren Niederschlagsdaten aus einem gegebenen Zustand (Kap. 4.5). In den anderen Punkten sind die Bedingungen, abgesehen von einigen gegenseitigen Abhängigkeiten, wählbar. Durch sie lässt sich die Gestaltung der Untersuchungen geeignet steuern.

4.1 Flächenbezug des Niederschlagsfeldes

Ein wesentlicher Einfluss für die Gestaltung der Analysen geht von der Wahl der Flächenvariante, ortsfest oder systemfest, aus. Neben der unmittelbaren Zielsetzung (Kap. 1) besteht die Absicht, mit dem Abminderungsverhalten auch eine erforderliche Grundlage für meteorologische, nicht auf Einzugsgebiete beschränkte Abschätzungen von Niederschlagsgrenzwerten bereitzustellen (Kap. 8).

Diese Anforderungen geben der systemfesten Betrachtung der akkumulierten Niederschlagsfelder den Vorzug. Die Verteilung der Dichte des Messnetzes sowie die Verfügbarkeit der Messreihen (Kap. 4.5) im Untersuchungsgebiet (Kap. 4.2) ist für diese Variante geeignet.

Für die geplanten Anwendungen der Kurven wird davon ausgegangen, dass sie in ihrer absoluten Form in derjenigen Region (Kap. 4.2) ortsunabhängig gültig ist, aus welcher auf der Grundlage des Konzeptes der Transposition das Ereigniskollektiv stammt.

4.2 Gebiet

Die Schweiz gliedert sich niederschlagsklimatisch primär in einen südalpinen, einen inneralpinen und einen nordalpinen Teil (Abb. 4.1). Die durch die Niederschläge im Laufe des Jahres 1987 ausgelösten Schadensfälle liegen zu einem bedeutenden Teil auf der Alpennordseite (Zeller und Röthlisberger, 1988), so auch das Hochwasser der Reuss (23.-25. August) und das Hochwasser im Alpenrhein bis zum Bodensee (16.-19. Juli 1987), für deren Niederschlagsbeurteilung hinsichtlich Flächen-Mengen-Ausmass die Abminderungsanalysen zu entwickeln sind.

Das damit auf den nordalpinen Teil gerichtete Interesse bietet im Vergleich mit den oben aufgeführten Gebieten bezüglich Grösse und Stationsverteilung die günstigsten Bedingungen im Raum Schweiz.

Mit 'nordalpin' wird das schweizerische Einzugsgebiet des Rheins einschliesslich dem nördlichen und westlichen Einzugsgebiet des Genfersees umschrieben. Die Begrenzung dieses Gebietes ist gegeben durch: a) die Alpen als Wasserscheide, b) durch die Probleme der Datenbeschaffung ausserhalb der Landesgrenze (Abb. 4.2, gerasterte Fläche).

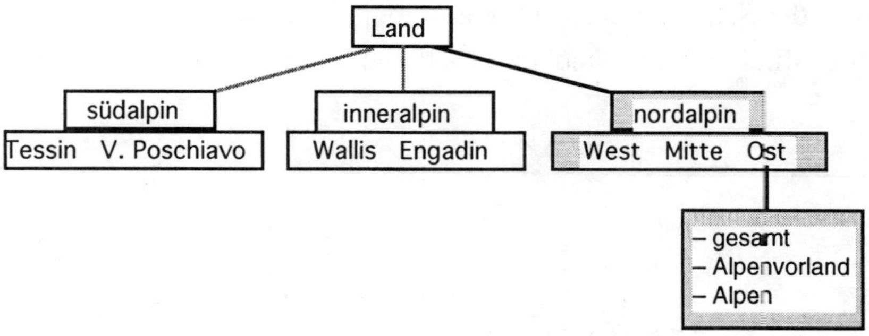

Abb. 4.1: Klimatische Gliederung der Schweiz und des nordalpinen Referenzgebietes.

Niederschlagsklimatische Unterlagen zeigen innerhalb dieses Gebietes noch west-östliche Unterschiede (Zeller et al., 1976-1983; Röthlisberger et al., 1991 und 1992; SMA, (a, b); Uttinger, 1967; Baumgartner et al., 1983). Die zu erwartende Auswirkung auf die Charakteristik von Gebietsniederschlägen legt für die Beurteilung von 1987 eine weitere Unterteilung des nordalpinen Gebietes in die drei Regionen "West, Mitte, Ost" nahe (Abb. 4.1 und 4.2). Dadurch ist zu vermeiden, dass sich die Ereignisauswahl auf den Ostteil, d.h. auf den Bereich mit den vermutlich grösseren Niederschlagsvolumina konzentriert und sich der Nachweis von zonalen Unterschieden und damit auch die Ermittlung entsprechender Wahrscheinlichkeiten zumindest erheblich erschweren.

Sekundär sprechen auch verfahrenstechnische Gründe für diese Gliederung. Es sei jedoch betont, dass die Regionen nur zur Zuordnung der Ereigniszentren dienen. Die Abgrenzungen der Regionen gegeneinander besitzen deshalb eine andere Bedeutung als die Landesgrenze und die Alpenachse (siehe Kap. 5.3). Die drei Regionen überlappen sich paarweise. So lassen sich später Ereignisse mit Zentrum in einem der Grenzbereiche von Fall zu Fall kontrolliert ihrer relevanten Region zuordnen (siehe Kap. 5.4.2). Die Flächen der Regionen sind näherungsweise gleich gross: West 10270 km^2, Mitte 14800 km^2, Ost 10800 km^2 (Gesamtgebiet: 30400 km^2). Region Mitte wurde im wesentlichen als Pufferzone eingeführt, um die erwarteten Unterschiede zwischen West und Ost zu akzentuieren.

Die bisher beschriebene Gebietseinteilung erfüllt die spezifischen Ansprüche zur Beurteilung der Ereignisse von 1987. Einerseits erstrecken sich ihre Niederschlagsfelder sowohl über der Reuss (August) als auch über dem Alpenrhein (Juli: Abb. 2.3 a) von Süden her über die Alpennordseite. Anderseits erbringen solche übergreifenden Niederschläge auf der Nordseite alpenkammnah die höchsten Dauerniederschlagsmengen. Dies bedeutet, dass die Vergleichbarkeit gewahrt ist.

Von nordalpin zentrierten Dauerniederschlägen sind jedoch in den Mengen und den Abminderungen andere Eigenschaften zu erwarten (Grebner, 1993 a). Dadurch drängt sich noch eine alpenparallele Aufteilung der Region Ost auf, in eine 'Alpenzone' vom Alpenkamm bis zum Alpenrand und in eine Zone 'Alpenvorland' vom Alpenrand bis zum Bodensee und Hochrhein (Abb. 4.2, Grenze: unterer Schildrand). Das Alpenvorland umfasst nach der für prognostische Zwecke von der Schweizerischen Meteorologischen Anstalt verwendeten Einteilung etwa den Raum 'Nordöstliches Mittelland' und 'Östliche Voralpen' (siehe auch Kap. 6.1 (b)).

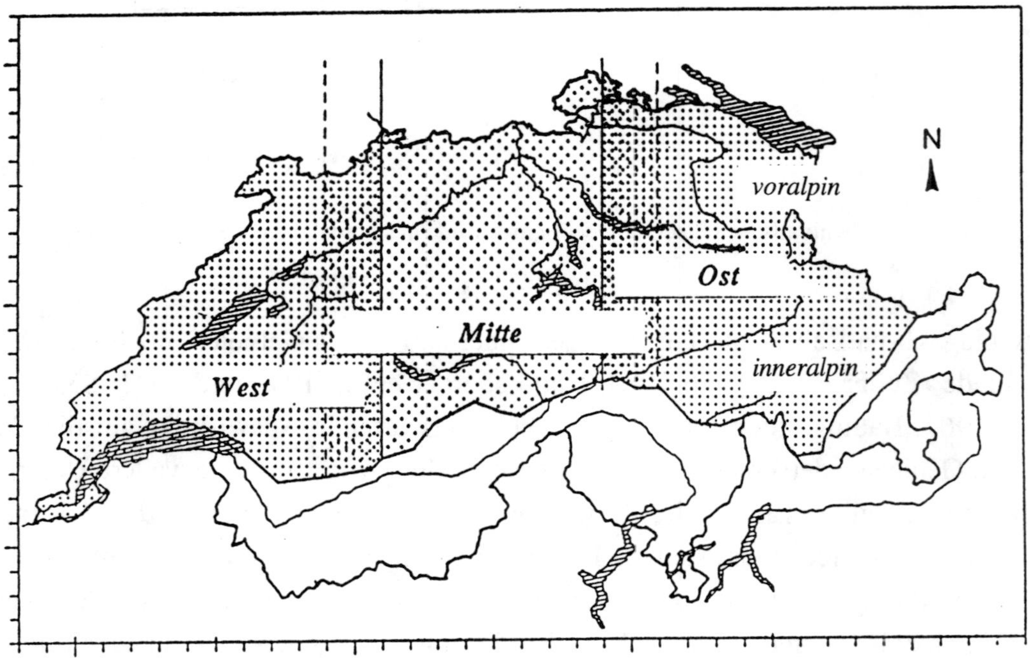

Abb. 4.2: Abgrenzung des nordalpinen Untersuchungsgebietes und seine aus methodischen Gründen überlappende Gliederung in die Regionen West, Mitte und Ost. Die Region Ost wird zusätzlich alpenparallel aufgeteilt: Alpenvorland, Alpen; Grenze am oberen Schildrand (siehe Abb. 4.1). Die Randskalierung gibt 10-km-Schritte an.

4.3 Jahreszeit

Die massgebenden Niederschlagsformen sind Regen und Schnee. Ihre Mengen werden vom standardisierten Niederschlagsmessnetz sowohl von Fall zu Fall als auch von Ort zu Ort und je nach Niederschlagsform unterschiedlich genau erfasst (Sevruk, 1981; Sevruk, 1985; Braun et al., 1990). Grosse Messunsicherheiten entstehen insbesondere bei Starkniederschlägen, die zeitweise, gebietsweise oder vollständig als Schnee auftreten. Korrekturen sind für den Einzelfall mit Hilfe von Neuschnee-Wasserwertmessungen denkbar (Sevruk, 1983; Geiger et al., 1986). Der Erfolg ist jedoch in Frage gestellt, da aufgrund fehlender Wind- bzw. vertikaler Windprofilmessungen Modellannahmen verwendet werden müssten.

Diese Schwierigkeiten lassen sich im wesentlichen umgehen durch Ausklammern der hochgelegenen Teile des Untersuchungsgebietes oder durch eine Einschränkung auf einen annähernd schneefallfreien Jahresabschnitt.

Die Gebietsreduktion auf Flächen z.B. unterhalb 1000 m ü.M. hätte eine ganz erhebliche Einengung zur Folge, ohne den Schneeanteil befriedigend auszuschliessen (Abb. 4.3). Ausserdem ergibt sich eine Mischung aus unterschiedlich hoch reichenden Feldausdehnungen, sodass letztlich unklar ist, in welchem Zeitraum welches Gebiet durch die Analyse überhaupt repräsentiert wird.

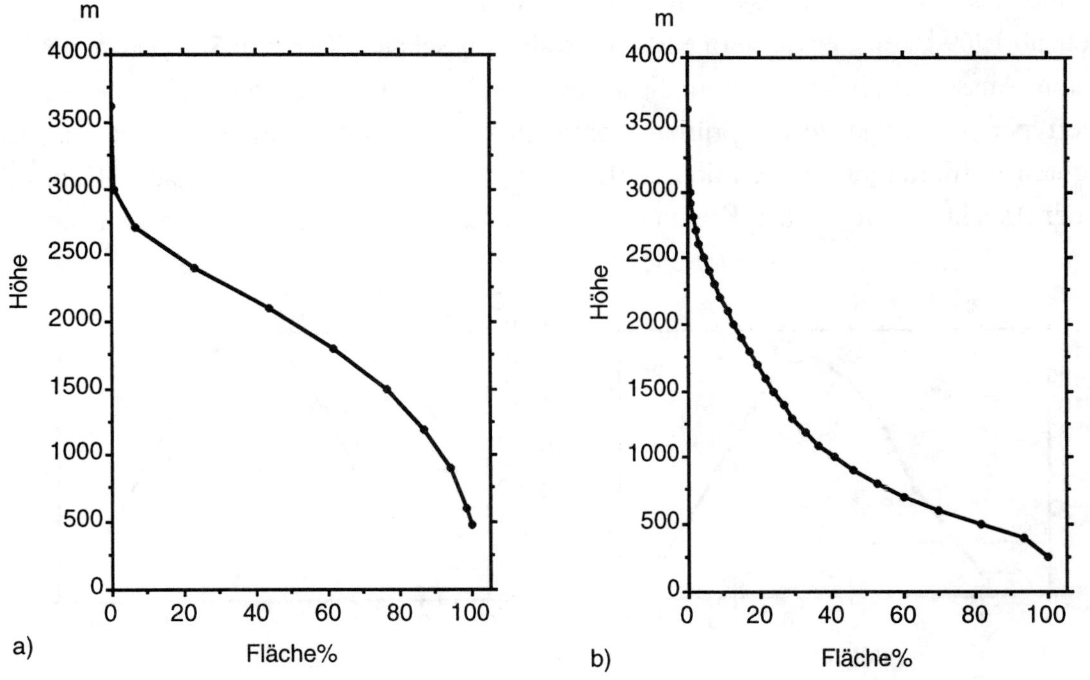

Abb. 4.3: Hypsographische Kurven für das Einzugsgebiet (a) des Alpenrheins bis Bad Ragaz (Quelle: Landeshydrologie und -geologie) und (b) von Alpenrhein, Seerhein und Hochrhein bis Rheinfelden (bei Basel), (Quelle: VAW, Abt. für Hydrologie und Glaziologie, ETHZ, 1960, interne Grundlagen für Abflussprognosen Rheinfelden).

Weniger Nachteile ergeben sich aus einer jahreszeitlichen Einschränkung. Die Abgrenzung des massgebend schneefreien Jahresabschnittes erfolgt anhand der mittleren Temperaturjahresgänge in Höhen um 1400 m ü.M; Beispiele zeigt Abbildung 4.4. Das ausgewählte Intervall reicht vom 1. Mai bis 31. Oktober. Aus meteorologischer Sicht bezüglich den Bedingungen für Starkniederschläge stellt sich die Frage nach der Repräsentativität dieses Intervalls in Bezug auf die Zustände im gesamten Jahr, d.h. wie sich die Starkniederschläge und deren Mengen auf den festgelegten Jahresabschnitt verteilen und ob die Analysenergebnisse zumindest hinsichtlich der Menge die Ganzjahreshüllkurven darstellen. Inwieweit die Steigungen der Hüllkurven des Sommerhalbjahres (Mai-Oktober) diejenige des Winterhalbjahres vertreten, ist ebenfalls von Interesse, aber ohne explizite Analyse der Winterereignisse mit einem entsprechend umfassenden Konzept vorläufig nicht zu beantworten.

Die generelle zeitliche Verteilung von Häufigkeiten und Mengen ist mit einem einfachen Ansatz abschätzbar. Zu diesem Zweck werden aus dem Zeitraum 1901-1988 pro Jahr und Region für 1-, 2- und 3tägige Niederschläge die maximalen Mittel aus 3 Stationen bestimmt. Die Berücksichtigung der Mengen von 3 Stationen soll den Einfluss von vereinzelten starken Schauern während der Sommermonate dämpfen und stellt so eine einfache Gebietsinformation dar. Die Niederschlagsform während der jeweiligen Ereignisse wird nicht beachtet. Im weiteren ist zu erwähnen, dass die EDV-mässig verfügbare Stationsanzahl im Zeitraum 1901-1988 stark zugenommen hat (siehe Abb. 2.2 und siehe Kap. 4.5). Danach ist anzunehmen, dass in den Jahrzehnten bis 1968 bei relativ geringer Stationsanzahl eher grossflächige Ereignisse mit dem Mittel aus 3 Stationen erfasst werden. Mit dem auf der Datenbank vollständig gespeicherten Netz ab 1969 ist eine etwas vermehrte Auswahl von Schauer-Tagen in Sommermonaten zu vermuten. Ausserdem ist im Stadium dieser Untersuchungsstufe die Beregnungsdauer in den 3 Dauertypen nur auf ganze Tag prüfbar. Somit entsprechen diese Ereignisse nicht den später gemachten Forderungen hinsichtlich zeitlicher Niederschlagskontinuität (siehe Kap. 4.7). Auch der Aspekt der räumlichen Kontinuität wird in diesem Zusammenhang übergangen.

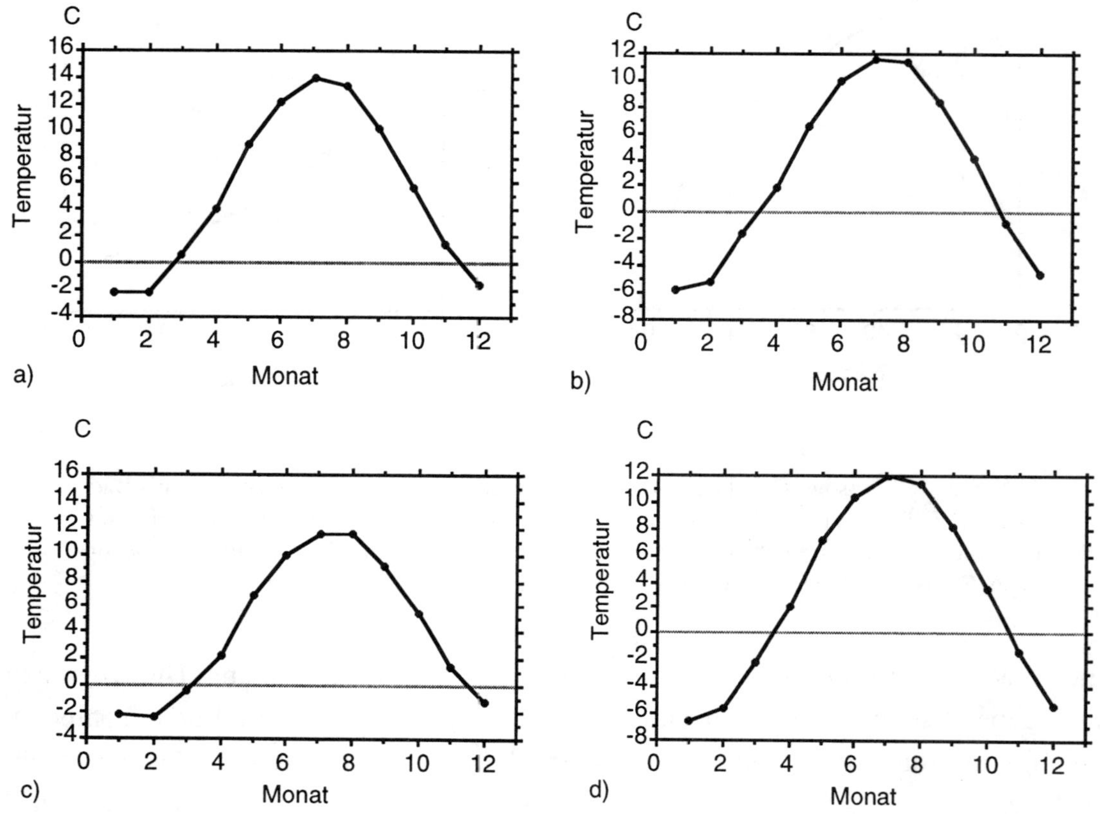

Abb. 4.4: Mittlere Jahresgänge der Tagesmitteltemperatur an den Stationen (a) Adelboden, 1340 m ü.M., (b) Andermatt, 1442 m ü.M., (c) Rigi Kaltbad, 1490 m ü.M., (d) Davos, 1560 m ü.M.

Abbildung 4.5 zeigt, wie oft dieses Maximum (grösstes Mittel aus 3 Stationen) in den einzelnen Monaten auftritt. In allen drei Regionen werden die im Spätherbst und Frühwinter bevorzugten Bedingungen für anhaltende Starkniederschläge deutlich. In der Region West ist noch festzustellen, dass die Jahresgänge der Ereignishäufigkeiten der 3 Dauerstufen (1d, 2d, 3d) gleichartiger verlaufen als in den übrigen beiden Regionen. Für das 6monatige Intervall von Mai bis Oktober ergibt sich in allen Dauerklassen ein Häufigkeitsgefälle von Ost nach West. Insgesamt werden aber deutlich über 60% der eintägigen, bzw. im wesentlichen deutlich über 50 % der mehrtägigen Ereignisse mit dem Intervall erfasst (Tabelle 4.1).

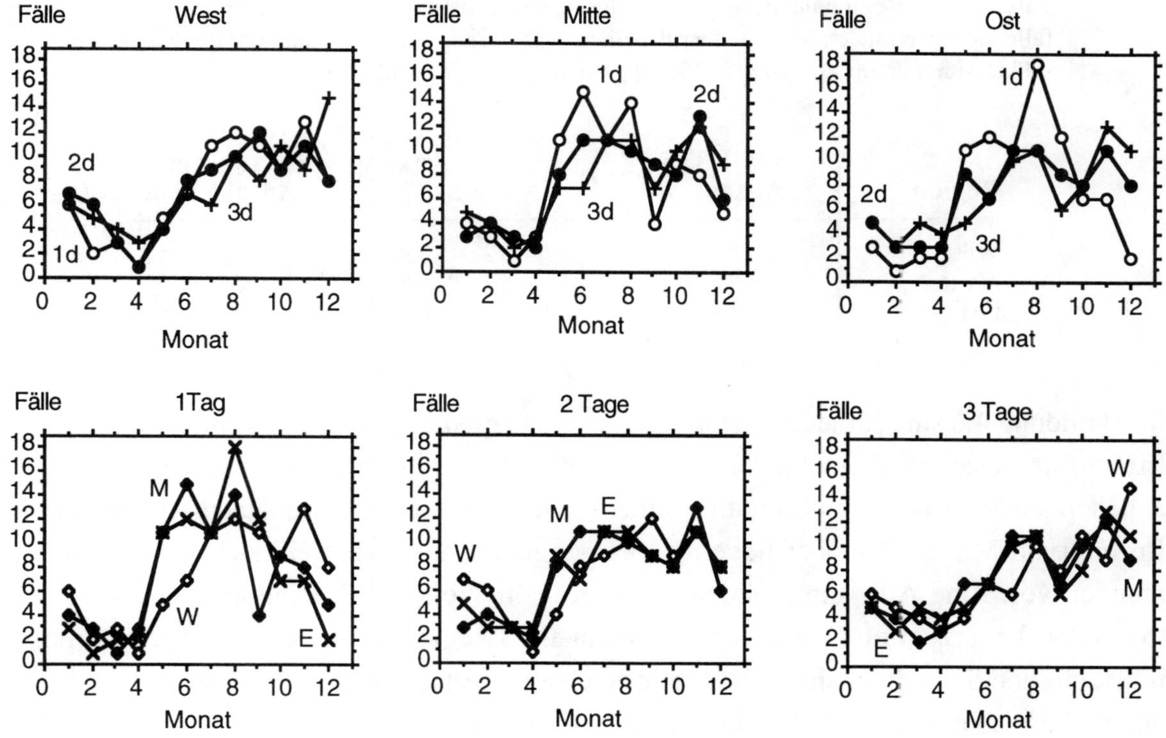

Abb. 4.5: Monatliche Häufigkeit des jährlich maximalen Mittels über 3 Stationen. Obere Reihe: geordnet pro Region die Ereignisse mit jeweils 1, 2 und 3 Tage Dauer; untere Reihe: geordnet pro Dauer in den 3 Regionen. Referenzperiode: 1901-1988 (=88 Jahresereignisse).

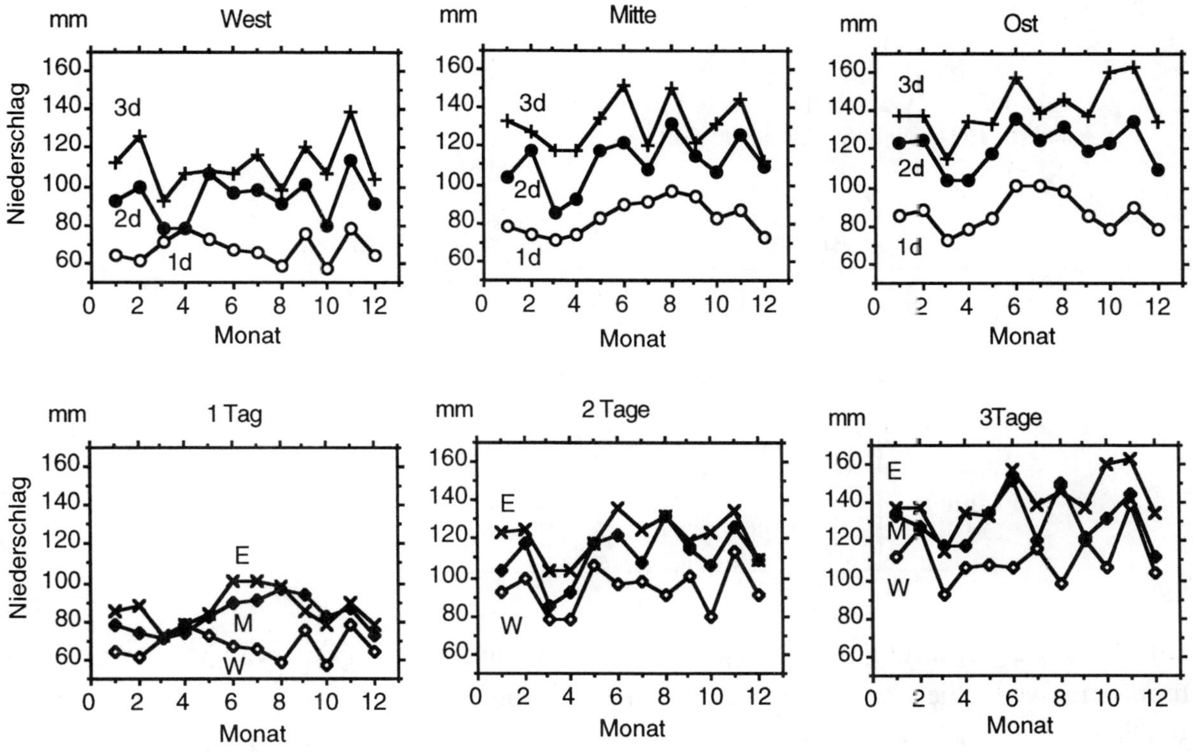

Abb. 4.6: Monatliche gemittelte Mengen der in Abbildung 4.5 angegebenen Ereignisse. Obere Reihe: geordnet pro Region für alle Dauerklassen; untere Reihe: geordnet pro Dauer für die 3 Regionen.

Tab. 4.1: Regionale Häufigkeiten des jährlich auf die Monate Mai bis Oktober fallenden maximalen Mittels über 3 beliebige Stationen für 1-, 2- und 3tägige Niederschlagssummen im Zeitraum 1901–1988 (total pro Region 88 Fälle = 100 %).

Region	1 Tag Anzahl	1 Tag %	2 Tage Anzahl	2 Tage %	3 Tage Anzahl	3 Tage %
West	55	63	52	59	46	52
Mitte	64	73	57	65	53	60
Ost	71	81	55	63	47	53

In Abbildung 4.6 sind für jede Region und die 3 Dauern die monatlich gemittelten Mengen der Ereignisse zusammengestellt. Die in Abbildung 4.5 festgestellte erhöhte Häufigkeit von anhaltenden Starkniederschlägen im Spätherbst ist auch von etwas erhöhten Mengen begleitet. Im Intervall Mai bis Oktober liegen jedoch vergleichbare, zum Teil auch höhere Ereignismengen vor. Eine Ausnahme bilden in der Region West die Ereignisse langer Dauer. Sie treten dort bevorzugt im November auf. Die in allen Regionen relativ hohen Ereignismengen im Hoch- und Spätwinter sind jeweils nur durch eine geringe Anzahl Fälle belegt und dadurch ungesichert, aber im Einzelfall doch bemerkenswert.

Eine ähnliche Verteilung der Ereignisse ergibt sich für die Periode 1969 bis 1988 und zeichnet sich auch für die Jahre 1981 bis 1988 ab, wobei die Monate Mai bis Oktober im Verhältnis tendenziell eher stärker besetzt sind als im zuvor betrachteten Zeitraum 1901 bis 1988. Wegen der insgesamt geringen absoluten Häufigkeit sollen die Verteilungen aber nur in Form einer Tabelle angegeben werden (Tabelle 4.2).

Tab. 4.2: Wie Tabelle 4.1, aber für die Zeiträume (a) 1969–1988 (20 Fälle = 100 %) und (b) 1981–1988 (8 Fälle = 100 %).

	Region	1 Tag Anzahl	1 Tag %	2 Tage Anzahl	2 Tage %	3 Tage Anzahl	3 Tage %
a)							
	West	13	65	11	55	11	55
	Mitte	16	80	15	75	15	75
	Ost	17	85	16	80	15	75
b)							
	West	5	63	4	50	5	63
	Mitte	5	63	6	75	6	75
	Ost	7	88	7	88	7	88

Aus diesem Überprüfung ist zu entnehmen, dass im Untersuchungsintervall Mai bis Oktober repräsentative Gebietsstarkniederschläge erfasst werden. Die Ergebnisse der weiteren Analysen können dennoch, vor allem in der Region West, streng nur als saisonale Aussage gelten.

4.4 Ereignisdokumente

Die Suche nach starken Niederschlagsereignissen ist prinzipiell anhand von verschiedenen Aufzeichnungen und Dokumenten möglich. Eine fortlaufende Sammlung, wie z.B. in den USA (Gilman, 1964) besteht in der Schweiz nicht. Für die Ereignisermittlung bieten sich an:

a) Niederschlagsdateien

Es handelt sich dabei um die Zeitreihen von Niederschlagsverläufen. Je nach Erfassungsgrund sind zwei Dateiarten zu unterscheiden: einerseits die lückenlose Aufzeichnung der Stationsmessreihen auf Klimadatenbanken, der Schweizerischen Meteorologischen Anstalt (SMA) oder Messaufzeichnungen von anderen Stationsbetreibern, anderseits Starkniederschlagsauszüge aus diesen Unterlagen. Für die Fallauswahl am geeignetsten wären bereits bestehende Gebietsmengen mit systemfestem Feldbezug.

Unterlagen in der letztgenannten Ausführung existieren nicht. Starkniederschlagsauszüge von Einzelstationen sind zwar von der statistischen Bearbeitung der Starkniederschläge vorhanden (Zeller et al., 1976–1983 und Röthlisberger et al., 1991, 1992), sie überdecken jedoch nicht den gewünschten Zeitraum.

Die Stationsmessreihen auf den Datenbanken der SMA haben zwar den Nachteil, dass die erforderliche Messnetzdichte nur auf Tagesbasis vorliegt. Vorteilhaft sind jedoch die Dateneigenschaften (flächendeckendes Netz, Computerzugriff, kontrollierter Datenzustand, standardisierte Stations- und Datenbetreuung, siehe Kap. 4.5). Punktmessungen, speziell auf Tagesbasis, verlangen zwar ein aufwendiges Verfahren zur Ereignisauswahl (siehe Kap. 5.4), erlauben aber anderseits eine freie Anpassung an den gewünschten Flächenbezug (Kap.2.2).

Eine sehr naheliegende Möglichkeit zur Auswahl von Starkniederschlagsereignissen stellt natürlich die Dokumentation der Radarmessungen dar. Im Detail ist aber auch eine derartige Selektion mit erheblichen Unsicherheiten behaftet. Die Auswahl müsste in der Referenzperiode optisch anhand von 10minütigen Bildschritten mit subjektiver Akkumulation auf die gewünschte Dauer, z.B. 12 oder 24 Stunden, erfolgen. Personenabhängigkeiten und Ermüdungserscheinungen sind dabei unausweichlich. Im weiteren sind die Niederschlagsklassen, denen die Radarsignale zugeordnet werden, gerade bei starken Detektionen sehr breit; und schliesslich sind, abgesehen von Fehlechos, zusätzlich die Abweichungen der Radarresultate von den Messnetzbeobachtungen (z.B. Grebner, 1994), insbesondere durch Nichterfassbarkeit aus orographischen Gründen oder Nichterfassen eines Ereignisses kritische Eigenschaften der Radarbeobachtungstechnik.

b) Abflussdateien

Angesprochen sind damit Zeitreihen des Abflusses an Limnigraphenstationen. Sie sind ebenfalls für den EDV-Zugriff aufbereitet (Landeshydrologie und -geologie). Im Gegensatz zu den Stationsmessreihen des Niederschlags bietet der Abfluss eine implizite Gebietsinformation des Niederschlags. Der Rückschluss vom Abfluss auf Niederschlagsereignisse als Auswahlvariante ist aber für die Ziele dieser Arbeit mit verschiedenen Unsicherheiten behaftet.

c) Meteorologische Falluntersuchungen

Extreme Niederschlagsereignisse werden meist und z.T. mehrfach beschrieben und analysiert, sodass diese Literatur als Terminliste für besondere Niederschläge dienen kann und gleichzeitig erste Informationen über die entsprechenden Gebietsniederschläge bietet. Das auf diese Weise zu erwartende Ereigniskollektiv ist aber bezüglich des Auffindens der Publikationen und bezüglich des jeweils individuellen Entschlusses zur Beschreibung nicht befriedigend konsequent. So ist u.a. nicht gesichert, ob neben einem Extremereignis eines Jahres noch weitere Starkniederschläge entsprechend Beachtung fanden.

d) Hydrologische Falluntersuchungen und Schadensfälle

Neben der kontinuierlichen Abflussdokumentation (siehe (b)) liegen auch aus hydrologischer, hydraulischer oder morphologischer Sicht Analysen extremer Ereignisse vor (z.B. Zeller und Röthlisberger, 1988 und vorausgehende Jahre). Wie schon in (b) erwähnt, enthalten solche Darstellungen ebenfalls gewisse Informationen über den Gebietsniederschlag. Derartige Beschreibungen führen aber weitgehend nur zu einer Auswahl von Fällen mit Schäden. Ein ähnliches Kollektiv lassen Versicherungsaufzeichnungen erwarten. Solche Datumslisten können deshalb ebenfalls nicht als befriedigend konsequent gelten.

Schlussfolgerung

Diese Abwägungen lassen erkennen, dass die konsequenteste und im weiteren Zusammenhang der Untersuchung die operationellste Selektion direkt anhand der Niederschlagsdateien gewährleistet ist. Auffindbare Unterlagen im Sinne der 3 übrigen Dokumentationsgruppen sind aber als Kontrolle der im weiteren verfolgten Auswahlprozedur hilfreich.

4.5 Daten, Referenzperiode und Messnetze

a) Daten

Prinzipiell ist die Anzahl der Niederschlagsmessstationen und die vorliegende Datenmenge im Untersuchungsgebiet sehr umfangreich. Die Stationen werden von verschiedenen Betreibern geführt, dazu zählen neben der Meteorologischen Anstalt (SMA) noch zahlreiche andere Ämter des Bundes, der Kantone, der Gemeinden sowie Hochschulinstitute und private Eigentümer. Inwieweit die Messreihen der Stationen für die Untersuchung verwendbar sind, hängt von den Eigenschaften der Messeinrichtungen und erhobenen Daten ab. Das Niederschlagsmessnetz der Schweizerischen Meteorologischen Anstalt enthält mehrere Messsysteme (Tab. 4.3). Totalisatoren sollen hier wegen ihrer langen Messzeitschritte nicht weiter berücksichtigt werden.

Das Tagesniederschlagsmessnetz der Schweizerischen Meteorologischen Anstalt umfasst die weitaus höchste Anzahl Stationen und ist flächendeckend. Es ist standardisiert betreut und die Daten sind auf Fehler geprüft, im Fall von Messlücken ergänzt und auf EDV-Banken verfügbar. Allerdings beträgt der Messzeitschritt nur 1 Tag, bezogen auf die tägliche Ablesezeit 06 UTC (universal time coordinated = MEWZ-1). Während der Referenzperiode (siehe nachfolgende Beschreibung) gehören näherungsweise 10 % der Stationen dieses Niederschlagsmessnetzes zum automatischen Klimamessnetz ANETZ. Sie haben eine Messfrequenz von 10 Minuten (zeitfixiert) und bieten so die für die weitere Untersuchung erforderlichen Stundenwerte (allerdings zeitfixiert, nicht gleitend) mit EDV-Zugriff.

Tab. 4.3: Niederschlagsmessnetze in der nordalpinen Schweiz und ihre wesentlichen Eigenschaften. (SMA: Schweizerische Meteorlogische Anstalt; N-Netz: Tages-Niederschlagsmessnetz; ANETZ: automatisches Messnetz; Reg. Stat.: registrierende Station; N-Stat.: Tages-Niederschlagsmessstation).

Netz- und Dateneigenschaften	Betreiber SMA			andere Betreiber	
	N-Netz	ANETZ	Radar	Reg.-Stat.	N-Stat.
Tageswerte	x	·	·	·	x
Stundenwerte	·	x	x	x	·
EDV-Zugriff	x	x	·	·	·
Sonstiger Zugriff	·	·	x	x	x

Die Niederschlagsbeobachtungen mit Hilfe der beiden Radargeräte mit Standort Dôle und Albis stellen die einzige flächenhafte Information über den Niederschlagsverlauf dar. Der Messzyklus beträgt 10 Minuten. Aber hier gilt, wie schon bei der Ereignisdokumentation erwähnt (Kap. 4.4), die in Niederschlagsintensitätsklassen transformierten, rückgestreuten Impulsleistungen pro Messzyklus liegen von der Vergangenheit allerdings fast ausschliesslich nur in Form von Filmbildern, d.h. nicht digital vor (Galli, 1982). Gebietsniederschlagsmengen für mehr als 10 Minuten Dauer müssen durch manuelle Akkumulation der Bildinhalte aufgebaut werden. Ein entsprechendes Vorgehen wurde in einem weiteren Bericht zum vorliegenden Projekt durchgeführt und beschrieben (Grebner und Richter, 1989). Die für Starkniederschläge gegebenen grossen Klassenbreiten bieten keine ausreichend diskreten Werte und sind insgesamt erst nach etwa 12stündigen und längeren Intervallen aussagekräftig (Pettini, 1982; Joss und Gutermann, 1987; Joss and Waldvogel, 1988). Angesichts der Vielzahl der zu untersuchenden Ereignisse war deshalb von der Anwendung der Radarinformationen abzusehen.

Die Messungen von Stationen anderer Betreiber wären eine wertvolle Ergänzung der Daten des Tages-Niederschlagsmessnetzes (N-Netz) und automatischen Messnetzes (ANETZ). Sie liegen jedoch nicht zentral und erfahrungsgemäss meist nicht in digitaler Form vor. Der für die vorliegende Analyse erwartete Nutzen steht aber letztlich mit dem Aufwand für die Beschaffung, Aufbereitung und Digitalisierung der Registrierungsstreifen in keinem Verhältnis. Die Ermittlung der zeitlich-räumlichen Struktur der Niederschläge basiert somit ausschliesslich auf den Stationswerten von N-Netz und ANETZ.

b) Referenzperiode

Als Referenzperiode ist aufgrund der auf Datenbank übernommenen Messjahre des N-Netzes, ungeachtet anderer Kriterien, der Zeitraum seit 1901 möglich. Allerdings ist die verfügbare Stationsanzahl bis 1968 relativ gering und durch die Erweiterung der Datenbank vom Jahr

1969 an auf das gesamte N-Netz inhomogen (Abb. 2.2; Tab. 4.4). Aus diesem Grund wird nur der Zeitraum von 1969 bis 1988 als Referenzperiode verwendbar. Entsprechend dem Vorgehen ist dieses Intervall noch in einen primären und einen sekundären Teil zu gliedern.

Tab. 4.4: Auf der Datenbank der SMA verfügbare Stationsanzahl des Niederschlagsmessnetzes, einschliesslich ANETZ, in den drei nordalpinen Regionen West, Mitte, Ost von 1901 bis 1988. Stationen in den Überlappungen der Regionen (Abb. 4.2) sind in jeder Region mitgezählt (siehe auch Abb. 4.7).

Region	Zeitraum 1901 - 68	Zeitraum 1969 - 88	Fläche km^2
West	21 bis 28	88 bis 122	10270
Mitte	40 bis 56	178 bis 213	14800
Ost	27 bis 40	134 bis 156	10810

Die primäre Referenzperiode umfasst die Jahre, in denen eine ausreichende Anzahl ANETZ-Stationen vorliegt, um mit ihren Messreihen die Stationstageswerte in Stundenschritte interpolieren zu können (siehe Kap. 3.3 und 5.1), sodass letztlich die Niederschlagskarten für Tagesschritt-unabhängige Zeitspannen konstruierbar sind. Weitere Bedingungen an das ANETZ sind eine möglichst geringe Änderung der Stationsanzahl in einem gleichzeitig möglichst langen Intervall. Aus diesen Abwägungen ergab sich der Zeitraum 1981 bis 1988 als primäre Referenzperiode (Tab. 4.5).

Tab. 4.5: Ausbau der nordalpinen Stationsanzahl des automatischen Messnetzes (ANETZ) von 1978 bis 1988. Als primäre Referenzperiode wurde der Zeitraum 1981–1988 gewählt.

Jahr	1978	79	80	81	82	83	84	85	86	87	88
Anzahl	18	24	30	36	39	42	44	45	45	45	45

Die Verwendung der sekundären Referenzperiode dient dem Versuch, starke Tagesgebietsniederschläge des Zeitraums 1969-1980 mit Hilfe von Verhältnisfaktoren (siehe Kap. 5.6 und 6.2; nicht zu verwechseln mit Abminderungsfaktoren bzw. Flächenreduktionsfaktoren) für die verschiedenen Dauern in die Flächen-Mengen-Dauerbeziehungen zu übernehmen und für die Ermittlung von Eintrittwahrscheinlichkeiten zu verwenden (siehe Anhang).

c) Messnetze

Abbildung 4.7 gibt die räumliche Verteilung beider Niederschlagsmessnetze für den Zeitraum 1981-1988 wieder. Die Stationsanzahl des N-Netzes kann als konstant angesehen werden. Für das ANETZ sind die Ausbauzustände von 1981 und 1988 unterschiedlich gekennzeichnet. Bei der Ausdehnung des Untersuchungsgebietes von 30400 km^2 ergibt das gesamte Niederschlagsmessnetz eine arithmetische Stationsdichte von rund 1.3 Stationen pro 100 km^2 (oder 75 km^2 pro Station). Damit ist für starke Gebietsniederschläge von mehr als 12stündiger

Dauer eine repräsentative Erfassung zu erwarten. Weniger günstig ist diese Stationsdichte im Fall von konvektiven Niederschlägen, d.h. im Bereich von einer bis wenige Stunden Dauer (Gilman, 1964; Amorocho et al., 1968; Toebes; 1970; Vahl, 1970; WMO, 1974 a; Bastin et al., 1984; WMO, 1985).

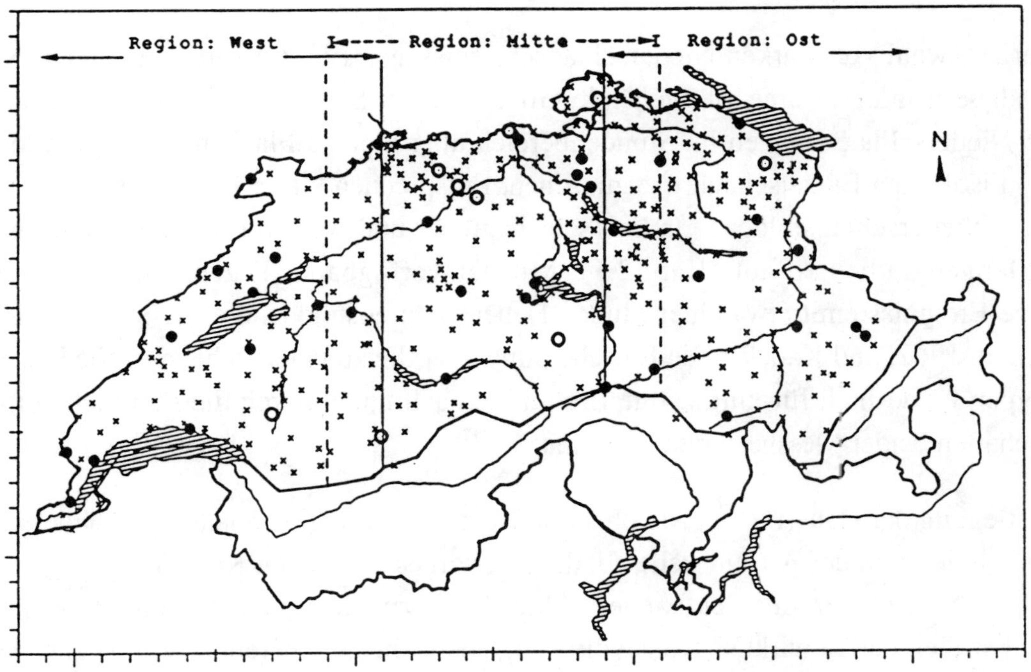

Abb. 4.7: Niederschlagsmessnetz der Schweizerischen Meteorologischen Anstalt. Messstellen mit Tagesmesswerten: 'x'. Die hochauflösenden, automatisierten Stationen des ANETZes im Jahr 1981 sind mit Punkten, der Ausbau bis 1988 ist mit Kreisen markiert. Randskalierung: 10-km-Schritte.

Die N-Netz-Stationsdichten der 3 Regionen unterscheiden sich nur wenig voneinander: West ca. 85 km^2, Mitte ca. 70 km^2 und Ost ca. 70 km^2 pro Station. Wesentlichere Bedeutung hat die Abnahme der Stationsdichte vom voralpinen zum alpinen Bereich, da in dieser Richtung gleichzeitig auch eine Abnahme der von einer Station repräsentierbaren Umgebung besteht.

Die Stationsdichte des ANETZes liegt im Laufe der Referenzperiode zwischen 0.12 und 0.15 Stationen pro 100 km^2 (d.h. 845 und 675 km^2 pro Station). Allerdings handelt es sich dabei um das für die zeitliche Interpolation verwendete Messnetz. Die Qualität dieser Stationsdichte ist deshalb weniger im einfachen, direkten Flächenbezug zu sehen, sondern steht in einem komplexen Zusammenhang mit der räumlich-zeitlichen Veränderung der individuellen Niederschlagsfelder und dem Tagesniederschlagsmessnetz (z.B. Grebner und Jensen, 1979; Osborn et al., 1980; Gutknecht, 1982; Eagleson, 1984).

d) Datenqualität

Prüfungen der Datenqualitäten auf Homogenität, Stationarität, Ergänzungen u.a. scheinen nicht erforderlich und werden nicht durchgeführt. Gründe dafür sind die Kürze der Referenzperiode, die geringe Empfindlichkeit von Gebietsniederschlägen auf Eigenschaftsänderungen einzelner Stationen, die gegenwartsnahe Stationsgeschichte und schliesslich, angesichts dieser vorangehenden Tatsachen, die nicht ausgeräumten Fragezeichen bezüglich der Korrekturschwelle und der Korrektur selbst.

4.6 Niederschlagsdauern

In einer Auswahl von starken Niederschlagsereignissen ergibt die Aufteilung nach Niederschlagsdauern indirekt eine weitgehende Gliederung in Schauer- und Dauerniederschlag. Grosse Niederschlagsmengen im Stundenbereich über kleinen Flächen (siehe Kap. 6.3 und 6.4) sind isolierten Einzelschauern zuzuordnen. Entsprechend ihrer konvektiven Entstehung sind ihre Niederschlagsfelder räumlich sehr begrenzt und weisen erfahrungsgemäss radial hohe Mengengradienten auf (Kap. 2.1). Mit der verfügbaren Datenstruktur lassen sich derartige Ereignisse mit etwa einer Stunde Dauer nicht ausreichend erfassen (siehe Kap. 3; Hershfield, 1962; und Kap. 7). Die Entscheidung über die zu untersuchenden Niederschlagsdauertypen ist deshalb für kurzzeitige Ereignisse nach unten durch die räumlich-zeitlichen Eigenschaften beider Messnetzarten bestimmt.

Die Festlegung der Dauertypen nach oben, im Bereich mehrtägig anhaltender Niederschläge, hängt hingegen von der Anzahl Fälle ab, die den vorgeschriebenen Kriterien genügen (siehe Kap. 4.7). Wegen der mit der Niederschlagsdauer zunehmenden Seltenheit von unterbrechungsfreien Fällen wirkt sich auch die Länge der primären Referenzperiode aus. Ausserdem ist für bestimmte Interpretationen zu beachten, dass mehrtägige Niederschläge, i.a. von mehr als 3 Tagen, synoptisch nicht mehr aus einem, sondern vermehrt durch eine Folge von Systemen mit relevanten Niederschlagspausen dazwischen gebildet werden (z.B. Grebner und Roesch, 1994).

In einem ersten Auswahlschritt wurden Ereignisse mit der Dauer von 1 bis 5 Tagen ermittelt (siehe Kap. 5.4). Die weitere Untersuchung befasst sich dann aber aus obigen Gründen mit Gebietsniederschlägen der Dauern:

3, 6, 12, 24, 36, 48, 60, 72 h,

die durch zeitliche Interpolation unabhängig vom festen Tagesmessschritt sind und im weiteren auch mit 'Gleitzeitschritt' bezeichnet werden.

Die kritischen Punkte in der Bearbeitung der kurzzeitigen, im wesentlichen 3- und 6stündigen Ereignisse werden im laufenden und sind im vorangehenden Kapitel (4.5) bereits erwähnt und kommen unter dem Aspekt der Interpolation noch einmal zur Sprache (siehe Kapitel 5.1).

4.7 Feldkontinuität

Die offiziellen Definitionen beschreiben den Gebietsniederschlag in der allgemeinen Form als die über ein Gebiet gemittelte Niederschlagshöhe (DIN, 1979). Im "International Glossary of Hydrology" wird die Niederschlagshöhe präzisiert als die "Höhe flüssigen Wassers" (WMO, 1974 b). Eine andere, allerdings zu einseitige Eingrenzung enthält die Definition in Meyers Kleines Lexikon "Meteorologie" (1987) mit der Beschränkung auf monatliche Niederschlagsmengen und hydrologische Einzugsgebiete. - (Im "Verzeichnis hydrologischer Fachausdrücke mit Begriffserklärung" liegt kein Definitionshinweis zum Stichwort "Gebietsniederschlag" vor (GHO, 1982).)

Die Einschränkungen zeigen eine deutlich hydrologische Auffassung unter dem Gesichtspunkt des Niederschlag-Abflussprozesses. In diesem Zusammenhang ist im Fall von kurzfristigen bis mehrtägigen Ereignissen eine Präzisierung hinsichtlich der Niederschlagskontinuität während einer in Betracht gezogenen Dauer unerlässlich. Diese Definitionserweiterung wird der nachfolgenden Ermittlung von Flächen-Mengen-Dauer-Beziehung von Niederschlägen vorangestellt, um überschaubare sowie für das Niederschlag-Abflussverhalten relevante Aussagen zu erhalten. Immerhin sind z.B. bei jeweils permanentem Niederschlag mit 100 mm über einer bestimmten Fläche in 12 Stunden und in 48 Stunden erhebliche Abflussunterschiede zu erwarten. Die Bedingung der Kontinuität betrifft einen Sonderfall der Variabilität. Diese wird aber hier nicht weiter aufgeschlüsselt.

Zu den Bedingungen für die Auswahl von Ereignissen zu einer bestimmten Dauer (siehe Kap. 5.4) gehört also im Idealfall ein räumlich und zeitlich unterbrechungsfreier Verlauf. Das Auswahlverfahren orientiert sich an diesen Anforderungen (siehe Kap. 5.4). Es verlangt aber aufgrund der vorgegebenen Datenstrukturen (siehe Kap. 4.5) und aufgrund der festgelegten Feldauffassung der Niederschläge (siehe Kap. 4.1) eine operationelle Formulierung. In der nachfolgend verwendeten Gliederung ist unter 'zeitlicher Kontinuität' zu verstehen, dass während der Dauer eines ausgewählten Intervalls an jedem Ort des Niederschlagsfeldes der Niederschlag nicht unterbricht. Die 'räumliche Kontinuität' soll sich auf Unterbrechungen innerhalb des Niederschlagsfeldes beziehen.

a) Zeitliche Kontinuität

Die zeitliche Kontinuität eines Ereignisses wird an seiner zentralen Station, im Fall einer Tagesmessstation mit Hilfe der Niederschlagsganglinien der 3 nächstgelegenen ANETZ-Stationen geprüft (siehe Abb. 5.2). Das Ereignis wird dann denjenigen Dauertypen zugeordnet, für welche der Niederschlagsverlauf eine annähernd entsprechende oder längere, unterbrechungsfreie Niederschlagsphase mit hoher Menge vorliegt. Unterbrechungen von weniger als einer Stunde sind nicht erkennbar und deshalb zugelassen.

Um für einen bestimmten Dauertyp keine wesentlichen Ereignisse zu verlieren, bleibt von Fall zu Fall eine Entscheidungstoleranz. Da der kürzeste Dauertyp 3 Stunden beträgt, sammeln sich hier natürlich auch alle extremen, isolierten Schauer. Ihre Dauer lässt sich, ohne näher prüfen zu müssen, zwischen 1 und 3 Stunden annehmen und wird im Fall einer zeitlich zu interpolierenden Tageswertstation ohnehin meist zu lang simuliert (siehe dazu Kap. 5.1).

Dieser Interpolationsfehler nimmt mit längeren Niederschlagsdauern rasch ab. Langandauernde Fälle verlangen hingegen ein wachsende Toleranz bezüglich vereinzelter Unterbrechungen.

Da sich die Untersuchung nur auf Starkniederschläge bezieht, darf die zeitliche Kontinuität im Zentrum bis zu einer gewissen, von der Dauer abhängigen Distanz als räumlich konservativ angenommen werden. In grösserer Entfernung vom Niederschlagszentrum ist diese Eigenschaft nicht mehr erfüllt. Bei abnehmender Intensität lassen dort atmosphärisch und orographisch bedingte Niederschlagsvariabilitäten feldintern Unterbrechungen auftreten. Insbesondere an den Feldrändern bei wandernden Systemen und bei Ausdehnungsänderungen von stillstehenden Systemen ist die zeitliche Kontinuität i.a. nicht mehr gegeben (Grebner und Jensen, 1979). Diese Effekte beeinträchtigen aber die Repräsentativität der Ergebnisse nicht und lassen sich vom Betrachter im Bedarfsfall ausschliessen, indem z.B. in den Flächen-Mengen-Dauer-Beziehungen nur Flächenbereiche unter 5000 km^2 berücksichtigt werden.

b) Räumliche Kontinuität

Die räumliche Kontinuität während eines Niederschlagsintervalls wird durch den zeitlichen Niederschlagsverlauf an Stationen ausserhalb des Zentrums bestimmt und ist Teil der in (a) besprochenen Ereignisbeurteilung.

Die räumliche Kontinuität des Feldes ist ebenfalls wieder unter dem Aspekt starker Niederschläge zu betrachten. Sie setzen in der Atmosphäre entsprechend günstige Bedingungen voraus, die erfahrungsgemäss eine flächendeckende Beregnung in dem Bereich zur Folge haben, der auch zeitlich unterbrechungsfrei ist.

In den Aussen- und Randbereichen eines Niederschlagsfeldes sind räumliche Unterbrechungen zugelassen, da dort insbesondere im Fall von Dauerniederschlägen der orographische und der Bewegungseinfluss gegenüber den atmosphärischen Prozessen an Bedeutung zunimmt.

5 Verfahren

5.1 Interpolation

Wie in Kapitel 4.5 erwähnt, liegen vom umfassenderen Niederschlagsmessnetz nur Tageswerte vor. Sowohl die Abweichung der gewählten Dauertypen (siehe Kapitel 4.6) von diesem Zeitschritt, als auch die Tatsache, dass die maximalen Ereignismengen für jeden Dauertyp unabhängig vom Tagesschritt gesucht werden müssen, machen eine zeitliche Unterteilung der Stations-Tageswerte in Stundenganglinien nötig.

Das vorgesehene Vorgehen zur Bestimmung der Gebietsniederschläge erfordert im Anschluss an die zeitliche Interpolation noch eine räumliche Interpolation.

a) Zeitliche Interpolation
Streng genommen handelt es sich bei diesem Verfahrensschritt nicht um eine Interpolation, sondern um die gewichtete Aufteilung des Tagesniederschlages $N_{i,d}$ der Tagesmessstationen i in Stundensummen $N_{i,h}$.

Zur Konstruktion der stündlichen Niederschlagsganglinien aus Stations-Tageswerten wird auf die in einem vorangehenden Projektteil verwendete, elementare Distanzgewichtsmethode zurückgegriffen (Grebner und Richter, 1989, Seite 37-38). Sie stützt sich auf die Ganglinien von maximal 4 relevanten ANETZ-Stationen ab. Als relevant gilt die pro Quadrant eines in der Tagesmessstation angelegten, nordorientierten, rechtwinkligen Achsenkreuzes jeweils dem Zentrum nächstgelegene ANETZ-Station k. Die stündlichen Niederschlagsganglinien der maximal 4 ANETZ-Stationen $A_{k,d}$ werden durch Bezug auf ihre Tagessummen $A_{k,d}$ in Gewichtsganglinien (1) transformiert und mit dem reziproken, normierten Abstand von der Tagesmessstelle (2) multipliziert. Die Addition dieser maximal 4 stündlichen Gewichtsfunktionen (3) ergeben dann die distanzgewichtete Funktion zur Interpolation des Tagesmesswertes (4).

$$A_{k,h} / A_{k,d}, \qquad k = 1, 2, 3, 4 \tag{1}$$

$$D_k^{-1} / \Sigma D_k^{-1} \tag{2}$$

$$G_{k,h} = [A_{k,h} / A_{k,d}] \cdot (D_k^{-1} / \Sigma D_k^{-1}) \tag{3}$$

$$N_{i,h} = \Sigma G_{k,h} \cdot N_{i,d} \tag{4}$$

Die grösste zulässige Distanz einer ANETZ-Station ist auf 30 km begrenzt. Im Überschreitungsfall gilt der betreffende Quadrant als leer. Ein weiterer Grund für unbesetzte Quadranten ist die grenznahe Position von Tagesmessstellen.

Das Verfahren ist einfach; es wird dennoch für die Anforderungen als genügend erachtet und anderen, aufwendigeren Ansätzen vorgezogen. Bewegungen eines Niederschlagsfeldes, die sich dadurch bemerkbar machen, dass die Stationen zu unterschiedlichen Zeitpunkten im

Dauerintervall ihr Intensitätsmaximum aufweisen, werden durch die relativ kleinräumige Bearbeitung jeder Station implizit berücksichtigt.

Der wesentlichste Fehler durch diese zeitlichen Interpolation ist bei 3stündigen, isoliert konvektiven Ereignissen möglich. Besitzen die 4 Referenzstationen zu unterschiedlichen Zeiten ein Schauermaximum, so wird ein in Realität kurzfristiger Extremniederschlag an der zu interpolierenden Tagesmessstation auf die 4 Etappen zu mehr oder weniger mittelmässigen Intensitäten verteilt. Eine derart ausgeprägte Verzerrung ist jedoch für die Untersuchung unwahrscheinlich und deshalb kaum von Bedeutung. Es muss aber in typähnlichen Fällen eine grundsätzlich etwas zu niedrige Simulation der Spitzenintensitäten angenommen werden, was sich im kleinräumigen Bereich der Flächen-Mengen-Beziehung für 3 Stunden Dauer auswirken kann. Für grössere Gebiete verliert sich dieser Fehler, da hier die 3stündigen Mengen von advektiven Entwicklungen, d.h. Dauerniederschlägen massgebend werden. Durch die Mischung von konvektiven und advektiven Feldeigenschaften bei kurzen Niederschlagsdauern ist deshalb bei Flächen unter 1000 km^2 ein eher zu flacher Gradient der Abminderungskurven zu erwarten.

Die umgekehrte zeitliche Verzerrung ist prinzipiell ebenfalls möglich: der mehrstündige Niederschlag einer Tagesmessstation kann z.B. durch einen nur an einer Referenzstation auftretenden, einstündigen Beitrag auf eine Stunde konzentriert werden. Diese Möglichkeit ist jedoch im Gegensatz zum abflachenden Effekt für die weitere Untersuchung weniger wahrscheinlich, da sich die entsprechenden räumlich-zeitlichen Niederschlagsverteilungen bei Starkniederschlägen praktisch ausschliessen (siehe Kap. 5.4.2).

Für Ereignisse ab 6 und mehr Stunden Dauer verliert diese Interpolationsschwäche ihre Bedeutung.

b) Räumliche Interpolation

Im Gegensatz zur zeitlichen Interpolation existieren für die räumliche Interpolation, mit dem Ziel Gebietsniederschläge zu schätzen, eine Vielzahl von Grundmethoden sowie modifizierte Versionen davon. Repräsentative Zusammenstellungen und weiterführende Literaturhinweise dazu finden sich bei Rainbird (1967), Mendel (1977), Hormann (1981), Creutin et al. (1982), Giesecke et al. (1983), Jensen (1985), Schädler (1985), Geiger et al. (1986), Meyer (1986), Dyck und Peschke (1989) u.a. An das Spektrum der zahlreichen Einzelbeschreibungen sei hier mit Arbeiten von de Montmollin et al. (1980), Allerup (1982), Laborde (1982), Bastin et al. (1984) und Streit (1984) erinnert. In diesem Zusammenhang kann noch erwähnt werden, dass die auf Horton und Thiessen zurückgehende Polygon-Methode in der Geographie auch als Voronoi-Polygon-Methode bezeichnet wird.

Die ebenfalls zahlreichen Güteuntersuchungen zu den Verfahren beruhen i.a. auf Vergleichen der ermittelten Gebietsniederschläge mit aus Isohyetenanalysen planimetrierten Werten. In dieser absoluten Betrachtungsweise zeigt sich eine gewisse Überlegenheit der aufwendigeren Interpolationsmethoden gegenüber den direkten Schätzverfahren (nach Thiessen, Akin usw.). Zusätzliche, analysengebundene Anforderungen können aber dieses Bild unter Berücksichtigung der allgemeinen Eignung eines Verfahrens wesentlich verändern (z.B. Vahl, 1972;

Grebner et al., 1980; Giesecke et al., 1983; Treiber, 1983; Lebel et al., 1987; Farago et al., 1989; Kovela, 1989).

Für eine Untersuchung von Flächen-Mengen-Dauer-Beziehungen reduziert sich das Angebot auf Verfahren, mit denen die Niederschlagsflächen mit schrittweise vorgegebener Mengenschwelle bei konstanter und ausreichender räumlicher Auflösung erfassbar sind. Weitere Entscheidungskriterien für die Auswahl eines Verfahrens sind, wie schon bei der zeitlichen Interpolation, ein rascher Betriebseinsatz und ein geringer operationeller Aufwand durch automatischen Ablauf über alle Ereignisse.

Verfügbar waren zum Zeitpunkt dieses Analysenteils drei Programme mit der optimalen Interpolation des Kriging (Variante "Blew Pack" auf Vax am Rechenzentrum (RZ) der ETHZ, Variante "Jensen" (1989) am Geographischen Institut der ETHZ sowie Variante "Surfer" auf Olivetti PC) und das bereits im Zusammenhang mit dem 1. Projektteil angewendete Verfahren der Niederschlagsschätzung an Rasterpunkten durch Interpolation in Stützstellendreiecken mit inverser Distanzgewichtung (Grebner und Richter, 1989). Die Distanzgewichtung ist methodisch dem bei der zeitlichen Interpolation beschriebenen Vorgehen vergleichbar.

Vorteile des Kriging sind die i.a. höhere Schätzgenauigkeit, die Kenntnis der Schätzgenauigkeit und die Extrapolation im Fall von grenznahen Stützstellen. Die Unterschiede zu den Resultaten aus der distanzgewichteten Interpolation sind jedoch bei einem verhältnismässig dichten Stationsnetz eher gering, d.h. etwa im Genauigkeitbereich der Niederschlagsmessung und gelten nicht als systematisch; dies zeigten auch vereinzelt durchgeführte Testdarstellungen von Isohyetenkarten (z.B. Lebel et al., 1987). Daraus leitete sich eine Entscheidung für die operationell, d.h. im automatischen Betrieb geeignetere Dreiecksmethode ab.

Das dafür verwendete Programm ist eine am Rechenzentrum der ETHZ verfügbare Subroutine, die auf die weiteren Anforderungen angepasst wurde. Es besteht aus einem Algorithmus zum Aufbau des Dreieckgitters, der "Triangulation", anhand der jeweils vorhandenen Stationen sowie aus einem Algorithmus zur Berechnung der Niederschläge an den Gitterpunkten. Eine Beschreibung der Subroutine ist im Contouring System User's Guide, Appendix A-38, zu finden (RZ-ETHZ).

Die Triangulation ist nicht an konstante Stützstellen gebunden und dadurch bei Veränderungen im Stationsnetz flexibel. Sie wird beim Stationspaar mit dem kleinsten Abstand begonnen. Wie ein Test zeigt, ist der weitere Aufbau bei konstantem Stationsnetz reproduzierbar. Zeitlich getrennt interpolierten Ereignissen mit identischen Stationsnetzen, wie z.B. zur Bestimmung der Verhältnisfaktoren (siehe Kapitel 5.6 und 6.2), liegen somit identisch aufgebaute Triangulationen zugrunde. Stationsnetzveränderungen im Laufe der Referenzperiode haben jedoch unterschiedliche Triangulationsgitter zur Folge. Die daraus resultierenden Schwankungen der interpolierten Gitterpunktwerte wurden nicht weiter ausgetestet. Aufgrund der vorliegenden Stationsdichte lassen sie sich jedoch als gering einstufen. Wie eine Untersuchung im Thurgebiet zeigt, liegen die Korrelationskoeffizienten für Stationsniederschläge in einer Stationsumgebung von 100 km^2 bei über 0.90 (Dall'O, 1990).

Als Gitter wird ein quadratisches Netz mit 2 km Gitterkonstante gewählt. Die Maschenweite ist damit deutlich kleiner als der mittlere Abstand der Niederschlagsstationen und begünstigt die Konstruktion von möglichst glatten, individuellen Abminderungskurven. Das Netz wird koordinatenfixiert und ist damit ebenfalls reproduzierbar.

Orographische Einflüsse auf die Niederschlagsverteilung werden bei dieser Interpolation explizit nicht berücksichtigt.

Die Schwachstelle der Interpolations- und Gebietsniederschlagsverfahren ist der Bedarf von Messstellen ausserhalb des zu interpolierenden Gebietes, um die Interpolation bis zur Gebietsgrenze durchführen zu können. Im vorliegenden Fall stehen ausserhalb der nordalpinen Landesgrenze der Schweiz keine Daten zur Verfügung. Das Interpolationsverfahren erkennt diesen Informationsabbruch und sieht eine Verlängerung der äussersten Dreiecke über die Grenze hinaus vor. Damit wird das Gebiet vollständig erfasst. Auftretende Fehler im Gebietsniederschlag sind vernachlässigbar, da die Grenzdistanzen der Randstationen meist gering sind (Abb. 4.7).

5.2 Flächenintegration

Allgemeine Bemerkungen

Die Ansätze zur Berechnung der Gebietsniederschläge lassen sich in zwei Gruppen einteilen, wobei die Interpolationsform das massgebende Einteilungskriterium ist. Im einfachen Fall kann nach einer systematischen Gebietsaufteilung der Niederschlag einer Station der sie umgebenden Teilfläche direkt zugeschrieben werden. Diese Flächenzuweisung ist gleichzeitig auch eine räumliche Interpolation. Beispiele dafür sind die bekannten Methoden von Thiessen und Akin. Die Summe der prozentual teilflächengewichteten Stations-Niederschläge ergibt den Gebietsniederschlag. Beim graduell zunehmenden Erfassen eines Niederschlagsfeldes vom Zentrum aus sowie bei verschiedenen anderen Bedürfnissen zeigen diese Verfahren gewisse Schwächen.

Die zweite Gruppe bilden Gitterpunkt- und Konturlinienverfahren. Hier können schrittweise Schwellenwerte vorgegeben werden, um Flächen um ein Zentrum einzugrenzen, über welchen die Niederschlagshöhe den jeweiligen Schwellenwert erreicht oder um einen bekannten Betrag überschreitet. Durch Integrieren oder Planimetrieren werden die Flächengrössen bestimmt, deren Anteil am gesamten Niederschlagsfeld wiederum das Gewicht für den mittleren Niederschlag dieser Teilfläche bei der Berechnung des Gebietsniederschlags bildet.

Die Auflösung des Niederschlagsfeldes in ein Gitter entspricht im Prinzip dem des Thiessenverfahrens. Allerdings sind die den Maschenflächen zugeordneten Niederschlagswerte durch explizite Interpolation erzeugt, und die Maschenweite ist regelmässig und feiner als das ursprüngliche Stationsnetz. Die Verfeinerung der Gitterpunkts- und Isohyeteninterpolation ist jedoch ebenfalls nicht beliebig fortsetzbar, da bekanntlich mit zunehmender Interpolationsauflösung das Resultat nicht wirklichkeitsgetreuer wird.

Verfahrenswahl und Problematik

Das in Kapitel 5.1 erwähnte räumliche Interpolationsverfahren auf Gitterpunkte bietet für die Integration von Niederschlagsflächen zwei Möglichkeiten. Die Fläche innerhalb eines bestimmten Isohyetenwertes lässt sich unmittelbar durch Auszählen der Gitterpunkte mit zutreffenden Werten oder durch zusätzliche Konstruktion von entsprechenden Konturlinien und anschliessende Integration der damit umschriebenen Fläche erfassen.

Zu beachten ist, dass die Untersuchung der Niederschlagsabminderung mit zunehmender Fläche nur jeweils dasjenige Niederschlagsfeld zulässt, welches das festgelegte Zentrum geschlossen umgibt. Davon isolierte Niederschlagsbereiche mit entsprechend hohen Isohyetenwerten werden erst dann in die Flächenzählung aufgenommen, wenn sie eine Konturlinie des primären Feldes erfasst.

Dieser Bedingung lässt sich die Flächenbestimmung durch Gitterpunktzählung relativ einfach unterwerfen, sodass die Konturlinien-Variante nicht in Erwägung gezogen wird. Die Rauhigkeit bei der Gitterpunktzählung ist über die Maschenweite im wesentlichen steuerbar (siehe Kap. 5.1). Das methodische Vorgehen entspricht dem in WMO (1969) beschriebenen Prinzip und soll hier nicht weiter erläutert werden.

5.3 Gebietsgrenzen

Neben dem Ziel, die Niederschlagsfelder systembezogen zu erfassen (siehe Kap. 4.1) besteht die Absicht, insbesondere bei Dauerniederschlägen die Felder bis zu einer möglichst grossen Ausdehnung zu erfassen. Dies macht verfahrenstechnisch eine Regelung der Massnahmen bezüglich den verschiedenen Grenzen notwendig.

a) Regionsgrenzen

Die Abgrenzungen der in Kapitel 4.2 erwähnten Regionen gegeneinander sind ohne Einfluss auf ein betrachtetes Niederschlagsfeld. Die Regionseinteilung dient ausschliesslich der Zuordnung der Ereigniszentren, um vermutete systematische, regionale Unterschiede der Flächen-Mengen-Dauer-Beziehungen nicht durch Eigenschaften eines dominierenden Gebietes zu überdecken.

b) Begrenzung durch die Alpen

Die in Abbildung 4.2 dargestellte Begrenzung entlang der nördlichen Alpenwasserscheide ist als natürlicher Rand der Niederschlagsfelder zu betrachten, um für die Alpennordseite repräsentative Ergebnisse zu erhalten und stellt somit hydrologisch keine, bzw. meteorologisch nur bedingt eine Einschränkung dar.

Von Bedeutung ist diese Begrenzung im wesentlichen in der Region "Ost". Die erbiebigsten, regionalen Ereignisse haben ihre Zentren im Hinter- und Vorderrheingebiet; die meteorologischen Zentren dazu liegen jedoch südalpin (Grebner, 1993 a), wie z.B. auch während der Ereignisse um den 18. Juli (Abb. 2.3) und um den 24. August 1987 (Grebner und Richter, 1991 b). Die Behandlung der Alpen als einfache Regionsgrenze hätte somit eine Zunahme der

Abminderungskurven mit wachsender Fläche vom regionalen, nordalpinen Zentrum zur Folge, aufgrund des Niederschlagsfeldteiles, der für die Alpennordseite ohne Bedeutung ist. Zur Interpolation sind deshalb die südalpinen grenznahen Stützstellen zwar zugelassen, die nordalpinen Niederschlagsfelder werden aber nur bis zur Begrenzung durch die Alpen zur Abminderungsbestimmung berücksichtigt.

c) Landesgrenze

Nur die politische Grenze des analysierten Gebietes ist eine nicht natürliche Berandung der Niederschlagsfelder. Eine Datenbeschaffung aus den angrenzenden Ländern Frankreich, Deutschland und Oesterreich ist prinzipiell möglich, war aber im Rahmen des Projektes nicht durchführbar.

Durch die Landesgrenze als Messnetz- und Feldgrenze sind in zweifacher Hinsicht Auswirkungen auf die Ergebnisse möglich. Einerseits treten bei der Interpolation Fehler in Grenznähe auf, sind aber wie erwähnt von geringer Bedeutung (siehe Kap. 5.1), anderseits werden Niederschlagsfelder durch die Grenze willkürlich abgeschnitten. Einflüsse auf die individuellen Abminderungskurven sind speziell bei deutlich richtungsabhängigen Gradienten denkbar.

Die letztlich zu ermittelnden Abminderungshüllkurven sind jedoch auf derartige Einflüsse weniger sensibel als individuelle Flächen-Mengen-Dauer-Beziehungen (siehe auch Kap. 3.3). Ausserdem nehmen die Beziehungen für grosse Flächen die Bedeutung von Aussagen für ein grosses Einzugsgebiet an und sind somit durchaus repräsentativ für die nordalpine Schweiz. Insgesamt ist deshalb die Auswirkung der politisch begründeten Feldgrenze als tolerierbar zu beurteilen. Um dennoch eine Information über die Reaktion der individuellen Abminderungskurven auf den Einfluss der politischen Begrenzung zu erhalten, wird jede Kurve bei derjenigen Flächengrösse markiert, wo das graduell erweiterte Niederschlagsfeld zum ersten Mal von der Landesgrenze berandet wird.

5.4 Fallauswahl

Die Routine zur Auswahl der Fälle ist geprägt durch folgende Bedingungen

- Struktur der Ausgangsdaten:
  Es handelt sich um Zeitreihen von Stationsmesswerten im Fixzeitschritt (siehe Kap. 4.5).
- Arbeitsziel: Gesucht sind
  - im nordalpinen Teil der Schweiz (siehe Kap. 4.2)
  - starke, systembezogene Gebietsniederschläge (siehe Kap. 4.1)
  - für Gleitzeitschritte verschieden langer, lückenloser Beregnungsdauer, d.h. sowohl Dauer- als auch Schauerniederschlagsereignisse (siehe Kap. 4.6 und 4.7).

Da keine Erfahrung über ein entsprechendes Vorgehen vorliegt, schien eine Filterprozedur mit alternierend durch den Computer und manuell ausgeführten Arbeitsschritten geeignet. Die Auswahlschwelle wird dabei schrittweise verschärft. Damit ergeben sich gleichzeitig mit der

Auswahl ein Erfahrungsaufbau sowie eine Entscheidungsflexibilität. Im weiteren sind ungeeignete Kriterien beim Computereinsatz leichter vermeidbar.

5.4.1 Wahl eines Basis-Schwellenwertes

Zur Wahl einer ersten Auswahlschwelle bieten sich verschiedene Möglichkeiten.

a) Niederschlagsformeln

Seit etwa Mitte des letzten Jahrhunderts liegen zahlreiche Ansätze vor, um Starkniederschläge mit Hilfe von dauerabhängigen Grenzwerten oder Schwellenwertfunktionen gegen gewöhnliche Niederschlagsereignisse abzugrenzen (Grebner, 1990). In Mitteleuropa wird am häufigsten die Schwellenwertfunktion von Wussow (1922) angewendet.

Allgemein sind diese Beziehungen auf Stationswerte angelegt, ohne die Bedingung, damit Gebietsniederschläge verschiedener Dauer zu erfassen. Der räumliche Einfluss durch den zeitlich festgelegten Tagesmessschritt wird nicht oder nicht nachvollziehbar berücksichtigt. Und die Werte der Entscheidungsgrenzen sind klimatischen und offensichtlich meist spezifischen Zielsetzungen angepasst (Grebner, 1990), d.h. sie unterscheiden sich z.T. stark und eignen sich deshalb nicht für das geplante Vorgehen.

Die nach Wussow bestimmten Schwellenwerte scheinen für den Beginn der Auswahl, insbesondere hinsichtlich Gebietsniederschlägen zu hoch. Ausserdem ist die Funktion nur für Niederschlagsdauern bis 24 Stunden (in nachfolgender Formel: bis 1440 Minuten) definiert :

$$h = \sqrt{5t - \left(\frac{t}{24}\right)^2}$$

(h: Niederschlagsmenge in mm; t: Niederschlagsdauer in Minuten). Die aus dieser Formel abgeleitete Funktion für längere Dauern $h = \sqrt{5t}$ ergibt für 1440 Minuten (= 24 Stunden) einen noch um ca. 25 mm höheren Wert als die Formel von Wussow und ist als Anfangsschwelle umso mehr zu hoch (Abb. 5.1).

b) Extremwertstatistik

Die umfassenden zur Zeit der Analyse verfügbaren Niederschlagsstatistiken von Zeller et al. (1976-1983) und Jensen (1986) schaffen die Möglichkeit, Werte für Niederschlagsschwellen durch Vorgabe einer Jährlichkeit zu bestimmen. Diese Unterlagen umfassen jedoch systematisch nur die Stationen im Kanton Zürich und im Alpen- und Alpenrandgebiet und decken vor allem auch nicht alle, vorläufig interessierenden Dauern ab (sieh Kap. 4.6).

c) Erfahrungswerte

Untersuchungen mit Hinweisen auf geeignete Grenzwerte für Gebietsniederschläge oder vergleichbare Erfahrungen waren nicht aufzufinden.

d) Auswahl einer Extremwertreihe

Im Gegensatz zu den vorangehenden Varianten ist statt einer festen Schwelle auch eine bestimmte Anzahl der grössten Ereignisse als Auswahlkriterium möglich, z.B. jährlich von Mai bis Oktober, die n grössten Ereignisse. Dabei ist die Festlegung der Anzahl n problematisch, da sie möglichst einheitlich für alle 3 Regionen gelten soll; so besteht bei zu geringer Anzahl das Risiko einer Auswahl von im wesentlichen voneinander abhängigen Fällen, d.h. von wenigen Ereignissen mit mehreren aufeinanderfolgenden Tagen. Bei zu hoher Anzahl führt zu einer Ansammlung von belanglosen Ereignissen.

e) Kombinierte Variante

Angewendet wird schliesslich die Variante (d), ergänzt durch eine Mindestmengen-Schwelle. Zur Ermittlung der Schwelle werden pro Region für den niederschlagsschwachen, den niederschlagsmittleren und den niederschlagsstarken Bereich von je einer fest gewählten Station die jährlichen Höchstwerte für zunächst 1, 2, 3, 4 und 5 Tage im Intervall 1901-1987 bestimmt.

Eine untere Hüllkurve ergibt die gesuchten Schwellenwerte (Abb. 5.1). Im Abstand der Hüllkurve zu den individuellen Kurven ist der Effekt berücksichtigt, dass ein Niederschlagsereignis ins nachfolgende Tagesintervall hineinreichen kann. Er nimmt mit wachsender Dauer, d.h. mit abnehmendem Einfluss des Fixzeitschrittes ab. In Abbildung 5.1 ist diese Abnahme allerdings nicht mehr erkennbar, da hier für jede Region und Dauer die Höchstwerte der drei Stationen und ebenso die Tiefstwerte gemittelt dargestellt sind.

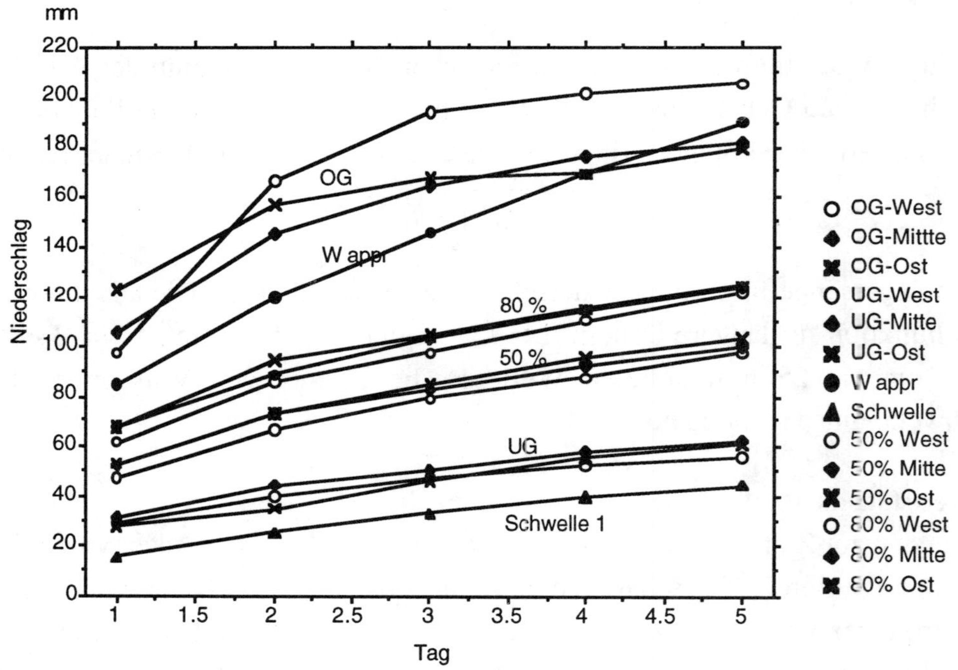

Abb. 5.1: Pro Region über 3 fest ausgewählte Stationen gemittelte höchste (OG) und tiefste (UG) Niederschlagsmengen für 1 bis 5 Tage Dauer sowie die Werte zu den Quantilen von 50% (Median) und 80%; Referenzperiode 1901 bis 1987. Die unterste Kurve gibt die gewählten Basis-Schwellenwerte an. Mit "W appr." ist zum Vergleich das $h = \sqrt{5t}$ dargestellt. – Die Daten von 1988 standen zum Zeitpunkt dieser Untersuchung noch nicht zur Verfügung.

Bei der Wahl der Basis-Schwellenwerte ist im weiteren zu berücksichtigen, dass beim ersten Auswahlschritt noch nicht zwischen Dauer- und Schauerereignissen unterschieden werden kann. In hohen Stations-Fixzeitmengen von einem oder mehreren Tagen ist deshalb eine grosse Anzahl von Schauerereignissen von sehr kurzer Dauer zu erwarten, die in weiteren Auswahlschritten den Bedingungen für Dauerniederschläge nicht mehr genügen. Verhältnismässig niedrige Basis-Schwellenwerte sollen deshalb, neben der Berücksichtigung des Effektes durch die Fixmesszeit, ein genügend grosses Kollektiv von Dauerniederschlägen sicherstellen. Gleichzeitig wird noch die Kollektivbegrenzung durch eine Beschränkung der Anzahl Fälle für die eintägige Dauer auf monatlich 10, für die zwei- bis fünftägige Dauer auf jeweils 5 Ereignisse eingführt. Grund für die unterschiedliche Anzahl ist, dass sich einerseits die 1tägigen Fälle noch in Schauer- und Dauerniederschläge aufspalten und anderseits der Verstümmelungseffekt durch die Fixmesszeit vergleichsweise gross ist. Bei zu begrenzter Auswahl entsteht die Gefahr, relevante Gebietsereignisse zu übersehen. Mit zunehmender Dauer von 2 bis 5 Tagen nimmt dieses Risiko ab.

5.4.2 Weitere Auswahlschritte

Um bei der zeitlichen Auflösung (1 Tag) der Ausgangsdaten das Arbeitsziel zu erreichen, sind mehrere Auswahlmassnahmen erforderlich. Sie werden nachfolgend nur dem Prinzip nach erwähnt. Im Laufe dieser Massnahmen wird die berücksichtigte Niederschlagsdauer aus Mangel an geeigneten Fällen von 5 auf letztlich 3 Tage sowie die Fallauswahl nach den einleitenden Erfahrungen auf die eigentliche primäre und sekundäre Referenzperiode begrenzt (Kap. 4.5).

Die Fortsetzung der Auswahl erfolgt zunächst weiter auf den Tagesstationswerten. Die Sortierungsschritte im einzelnen sind:

- Regionszuordnung der Ereignisse mit maximalem Stationswert im Ueberlappungsbereich von zwei Regionen
- Unterdrückung von Ereignissen, die in einer Region als Nebenzentren von Ereignissen einer Nachbarregion interpretiert werden müssen
- erste Unterdrückung von mehreren Terminen in einer Region aus einem langdauernden Ereignis in den Fällen, in denen die Menge eines dieser Termine eindeutig dominiert
- Unterdrückung von Ereignissen mit offensichtlich zu kurzer Dauer in den zwei- bis fünftägigen Auswahlen
- Streichung von vergleichsweise schwachen Ereignissen (implizite Schwellenanhebung)

Die verbleibenden Fälle sind dann den Dauerklassen 3 bis 72 Stunden zuzuordnen. Diese Prozedur stützt sich auf die Annahmen, dass die niederschlagsreichste Station eines Ereignisses repräsentativ für das Niederschlagszentrum ist, und dass bei Starkniederschlägen der Niederschlagscharakter, d.h. die zeitliche Mengenverteilung und die Dauer durch ANETZ-Stationen aus der Umgebung des Zentrums wiedergegeben werden. Die Zuordnung und gleichzeitig weitere termin- und mengenbezogene Aussonderungen erfolgen manuell anhand der stündlichen Niederschlagsganglinien der Ereignisse (Abb. 5.2).

Diese Ereignisse, deren Bearbeitung sich immer noch auf Tageswerte stützt, werden im weiteren Vorgehen in Stundenschritte übergeführt auf Gitterpunktwerte interpoliert (Kap. 5.1), das Hauptzentrum für jedes Ereignis ermittelt, in jeder Dauerstufe eine weitere Reduktion der Anzahl Fälle vorgenommen und schliesslich für jedes Ereignis vom festgelegten Zentrum aus das Abminderungsverhalten erfasst (Kap. 5.5).

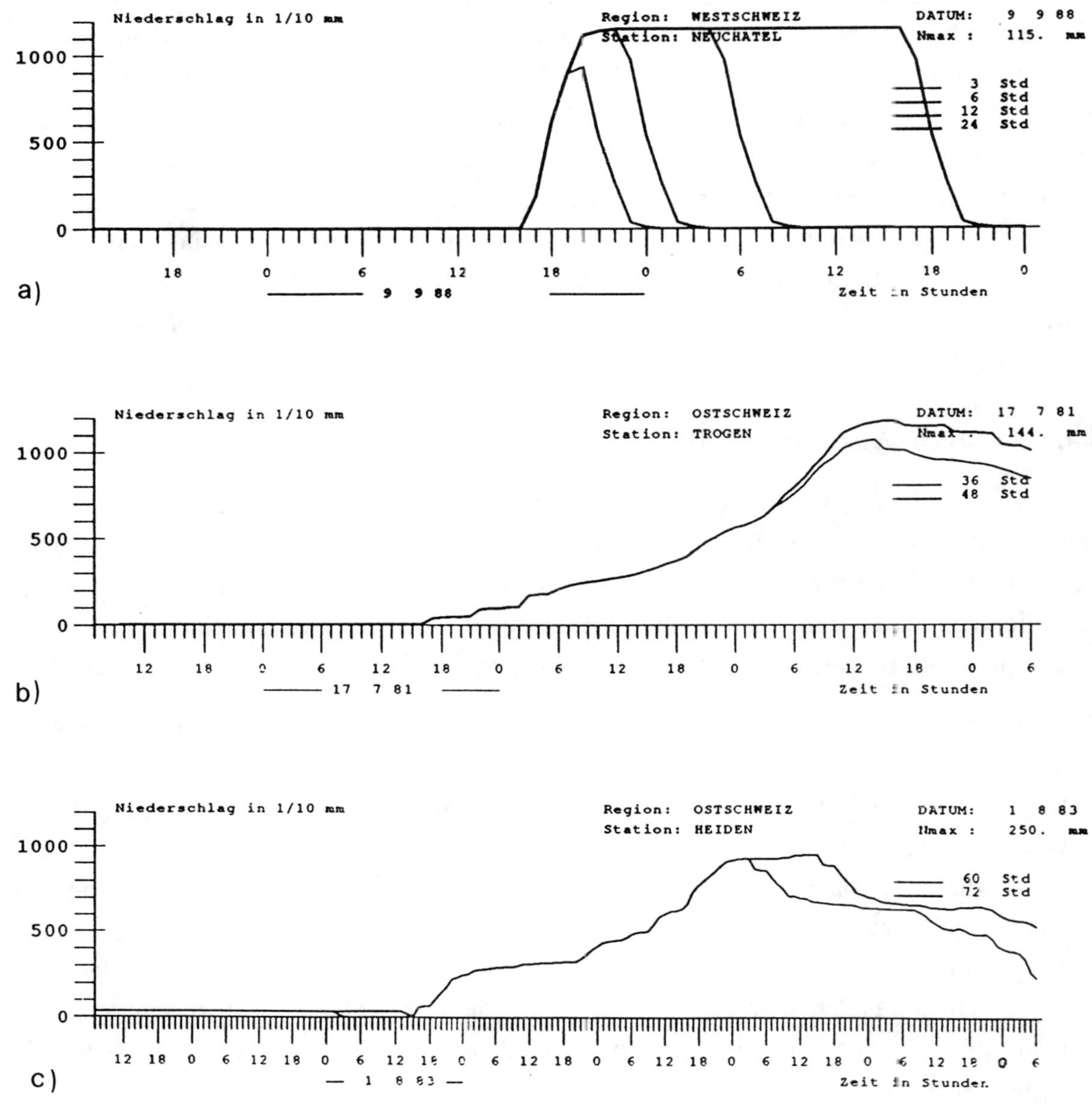

Abb. 5.2: Ganglinien von stündlich über unterschiedliche Intervalle akkumulierten Niederschlägen a) für ein Schauerereignis an der ANETZ-Station Neuchâtel, 9.9.88 (3-, 6-, 12- und 24stündige Niederschlagssummenkurven); b) für ein 36stündiges Ereignis an der Station Trogen, 17.7.81 (36- und 48stündige Summenkurven); c) für ein mehrtägiges Dauerereignis an der Station Heiden, 1.8.83 (60- und 72stündige Summenkurven). Die Ganglinien der Fälle (b) und (c) sind stellvertretend für die Tagesstationen Trogen und Heiden mit den Stundenwerten der 3 jeweils nächstliegenden ANETZ-Stationen erzeugt.

5.5 Abminderungskurven

5.5.1 Flächenbezogene Abminderung

Die Abminderungskurven werden mit der in Kapitel 5.2 beschriebenen Integrationsmethode erzeugt. Der graduelle Feldzuwachs ist durch Niederschlagsstufen von 2 mm festgelegt und durch lineare Interpolation in Einheitsflächenstufen übertragen (Tab. 5.1). Diese für alle individuellen Abminderungskurven einer Dauerstufe einheitlichen Stützstellen dienen der Konstruktion der Hüllkurven und im Weiteren bei der Bestimmung von Hüllkurvenfrequenzen (Kap. 5.7).

Tabelle 5.1: Einheitsflächenstufen für die Abminderungskurven.

Dauer (h)	3	6	12	24 bis 72
Flächenstufe km^2	20	40	80	100

Die Abminderungskurven werden bis zur grösstmöglichen Ausdehnung der Niederschlagsfelder, d.h. bis zur niederschlagsfreien Umgebung oder bis zu den Landesgrenzen und zur Abgrenzung durch die Alpen bestimmt. Die Charakteristik von Gebietsniederschlägen entspricht dann bei grossen Feldern meist nicht mehr der Ergiebigkeit eines Einzelzentrums, sondern eines meteorologischen Niederschlagssystems. In den Abminderungskurven werden ab gewissen Feldgrössen Nebenzentren mit erfasst, die sich bei genügend grossem Niederschlagsvolumen in der Abminderungskurve als Zunahmestufe abzeichnen können. Dieser Effekt verliert sich mit wachsender Distanz zwischen Zentrum und Nebenzentrum, d.h. mit zunehmender Grösse der abgetasteten Fläche.

5.5.2 Radiale Abminderung

Die Auflösung der Niederschlagsfelder in Gitterpunkte bietet neben der Untersuchung der flächenbezogenen Abminderung noch die Möglichkeit, die Felder auf eventuelle Orientierungen, d.h. ihre Gradienten auf Richtungsabhängigkeiten, zu überprüfen. Dies entspricht in vereinfachter Form dem in der geostatistischen Interpolation möglichen Isotropietest. Von allen Ereignissen der Periode 1981-1988 werden auf den Achsen eines nordorientierten Kreuzes mit 45°-Strahlen äquidistant die Gitterpunktniederschläge abgegriffen und pro Region und Dauer gemittelt, bzw. Quantile bestimmt.

Im Gegensatz zu den flächenbezogenen Abminderungen sind bei der radialen Abminderung stärkere Störungen durch die Grenzen des Gebietes zu erwarten (Kap. 4.2 und 5.3). Eine vorläufige Übersicht weist bei zunehmender Dauer auf die Tendenz hin, dass sich die Achsen der Niederschlagsfelder in eine alpenparallele Richtung drehen, ausgenommen alpenübergreifende Fälle der Region Ost. Die abschliessende Untersuchung ist zu einem späteren Zeitpunkt vorgesehen.

5.6 Verlängerung der Referenzperiode

Die Referenzperiode, in der gemäss Kapitel 5.1 (a) der Uebergang vom Fixzeit- zum Quasi-Gleitzeitbezug der Gebietsniederschläge möglich ist, umfasst nur den 8jährigen Zeitraum von 1981 bis 1988 (siehe Kap. 4.5). Das Ziel, Jährlichkeiten von Abminderungskurven zu bestimmen, setzt aber eine längere Referenzperiode voraus. Hinsichtlich der Messnetzdichte der auf der Datenbank verfügbaren Stationen scheint eine Verlängerung bis 1969 zurück möglich (Tab. 4.4); u.a. liegen damit auch die besonderen Ereignisse vom 7./8. August 1978 (Courvoisier et al., 1979; Grebner, 1980) und vom 31. Juli 1977 im Untersuchungsintervall.

Methodisch wird das für Einzelstationen bekannte Vorgehen zur Umrechnung von Niederschlagsmengen von Fixmesszeiten N_d in Niederschlagsmengen von Gleitmesszeiten N_h mit Verhältnisfaktoren (a=f(h, d)) in der Form ($N_h = a \cdot N_d$) angewendet (Jennings, 1952; weitere Literaturhinweise sind bei Sevruk und Geiger, 1981, gesammelt). Für Verhältnisfaktoren von Gebietsniederschlägen ist jedoch ausser der Abhängigkeit von der Dauer auch die Abhängigkeit von der Fläche und von der Niederschlagsmenge zu prüfen ($\hat{a}$=f(h, d, F, N)).

Tabelle 5.2: Dauerkombinationen von Gleitzeitschritten (h) und Fixzeitschritten (d) bei der Bestimmung der flächenabhängigen Verhältnisfaktoren der entsprechenden Gebietsniederschläge.

h					d
3 h	6 h	12 h	24 h	36 h	1 Tag
36 h	48 h	60 h			2 Tage
60 h	72 h				3 Tage

Die gesuchten Verhältnisfaktoren werden aus den Abminderungskurven von 1- bis 3tägigen Ereignissen und denjenigen aus stündlicher Auflösung der Niederschlagsfelder der Referenzperiode 1981-1988 hergeleitet (Kap. 5.4.2). Die Verhältnisse werden zwischen den Hüllkurven der Ränge 1 bis 20, in verschiedenen Dauerkombinationen (Tab. 5.2) und in Bezug auf 3stündige Dauern jeweils für die Flächen bis 2500 km^2, bzw. in Bezug auf die Dauern bis 72 Stunden bis 5000 km^2 berechnet. Die Berücksichtigung von verschiedenen Rängen soll Aufschluss über eine mögliche Abhängigkeit der Faktoren von der Niederschlagsstärke geben.

Im Anschluss werden aus dem Zeitraum 1969-1980 (sekundäre Referenzperiode) pro Region und Dauer (1, 2 und 3 Tage) die stärksten Gebietsniederschlagsereignisse ermittelt. Die Auswahl erfolgt identisch dem anfänglich auf Tageswerten basierenden Vorgehen in der primären Referenzperiode 1981-1988 (Kap. 5.4). Ihre Abminderungskurven können dann pro Region und Dauer (1, 2, 3 Tage) und falls nötig flächen- und stärkeabhängig mit den Verhältnisfaktoren in Kurven der verschiedenen, nicht an fixe Messzeiten gebundene Dauern (3, 6, 12, ...72 h) transformiert werden. Nach ihrer Interpolation in Einheitsflächenstufen (Tab. 5.1, Kap. 5.5) lassen sie sich mit den entsprechenden Abminderungskurven der Periode 1981-1988 zusammenfassen, pro Flächenstufe neu sortieren und daraus die Abminderungshüllkurven der 20jährigen Gesamtperiode für gewünschte Ränge ermitteln.

5.7 Verteilungsfunktionen

Die Herleitung von Frequenzdiagrammen (Kap. 10) war wegen der Einschränkungen aufgrund der Referenzperiode vorläufig und steht nicht im Zentrum dieser Arbeit. Eine kurze Besprechung des Vorgehens scheint jedoch angebracht.

Es ist an dieser Stelle aus der Beschreibung der Reduktionsfaktoren (Kap. 6.2) der Hinweis vorwegzunehmen, dass die Verlängerung der Referenzperiode (siehe Kap. 5.6) und damit die Berechnung der Jährlichkeiten der starken Gebietsniederschläge nur in den Regionen West und Ost möglich war. Diese Berechnung beruht auf partiellen Reihen mit allerdings nur 20 Elementen aus der 20jährigen Referenzperiode von 1969 bis 1988. Bei dieser Stichprobenwahl wurde auf Ereignisunabhängigkeit geachtet. Dementsprechend sind die Auswahlschritte (siehe Kap. 5.4) so ausgelegt, dass pro Region und Dauer zeitlich dicht aufeinander folgende Ereignisse und vor allem mehrere Fälle aus einem Ereignis i.a. ausgeschlossen sind.

Die Frage der Abhängigkeit aufeinanderfolgender Ereignisse berührt sehr komplexe Zusammenhänge atmosphärischer Prozesse in verschiedenen Scale-Bereichen. In dieser Scale-Hierarchie ist die Entwicklung individueller Starkniederschläge an den übergeordneten Zustand der planetaren Zirkulation der mittleren Breiten gekoppelt. Abhängigkeiten im Rahmen solcher längerfristiger bis saisonaler Zirkulationstendenzen der Atmosphäre drücken sich in Ereigniswiederholungen aus und dürfen, bzw. müssen sogar hinsichtlich der Zielsetzung ausser acht bleiben. Der für den Niederschlag-Abflussprozess relevante Scale ist deshalb das einzelne synoptische System. Als Kriterium für die vorliegende Praxis gilt somit die Auffassung, dass Ereignisse mit mehreren Tagen Zeitdifferenz im synoptischen Sinn unabhängig sind; vollständige Niederschlagsfreiheit in der Zwischenzeit ist dabei keine strenge Bedingung. Über die nach der vorausgehenden Ereignisselektion noch verbliebenen Fälle mit sehr kurzen Abständen wird anhand ihrer Zugehörigkeit zu getrennten synoptischen Systemen entschieden.

Die weiteren für die Häufigkeitsanalyse erforderlichen Annahmen, insbesondere die Homogenität und die Stationarität der Messreihen, sind aufgrund der in Kapitel 4.5 (d) erwähnten Überlegungen nicht weiter überprüft. In diesem Rahmen werden mögliche Fehler als vernachlässigbar erachtet.

Für die Anpassung einer Häufigkeitsverteilung an die empirischen Häufigkeiten von Niederschlagsextremwerten besteht keine feste Empfehlung. Die verschiedenen diesbezüglich in der Literatur vorliegenden Untersuchungen (z.B. Kap. 1) behandeln meist Punktniederschläge. Es zeigt sich, dass sich aufgrund unterschiedlicher Randbedingungen und Stationseigenschaften verschiedene Verteilungsfunktionen als geeignet erweisen (siehe auch Kap. 3.1). Für die Stationen im Kanton Zürich liessen sich z.B. mit der logarithmischen Normalverteilung und der zweiten Extremalverteilung die besten Anpassungen erreichen (Jensen, 1986). Die Auswertungen von Zeller et al. (1976-1983) sowie Röthlisberger et al. (1991,1992) für Stationen im Alpen- und Alpenrandgebiet beziehen sich auf die erste Extremalverteilung (Gumbel), und zur Bestimmung der Eintrittswahrscheinlichkeiten von Gebietsniederschlägen im Emscher- und Lippegebiet (nördliches Deutschland) werden die empirischen Häufigkeiten einer Grundgesamtheit mit log Pearson III Verteilung zugewiesen (Grobe, 1974).

Zur Bestimmung von geeigneten Verteilungsfunktionen für die nordalpinen Gebietsniederschläge werden pro Region, d.h. in diesem Untersuchungsstadium West und Ost, pro Dauer und Flächenstufe (siehe Tab. 5.1) 10 Verteilungen der Stichprobe getestet (Grebner und Richter, 1991 a). Die Parameterschätzung erfolgt mit der Momentenmethode. Eine kritische Eigenschaft ist bei dieser Schätzmethode gegenüber anderen die erhöhte Sensibiltät auf mögliche Ausreisser (Jensen, 1986). Die Anpassung wurde mit dem $n\omega^2$-Test geprüft (Dyck, 1978). Er basiert nicht auf Klassenbildung und eignet sich für einen kleineren Stichprobenumfang. Da pro Region die Anwendung von möglichst nur einer Verteilungsfunktion angestrebt wird, fällt die Wahl auf die erste Extremalverteilung (Gumbel). Sie zeigt ein Optimum von positiven Testfällen und kleinen Testgrössen ($n\omega^2$) über alle Dauern (Grebner und Richter, 1991 a, dort Tabellen 13 und 14).

Bei Frequenzanalysen ist die Bestimmung von Wiederkehrperioden nur wenig über die Länge der Referenzperiode hinaus sinnvoll. In der vorliegenden Untersuchung werden die Jährlichkeiten, trotz der nur 20jährigen Referenzperiode, bis zur Wiederkehrperiode T=100 gerechnet und in die Graphiken eingezeichnet, um wenigstens eine tendenzielle Vergleichsmöglichkeit für die Niederschlagsereignisse von 1987 zu schaffen.

Die Frequenzanalyse war eine notwendige Zielsetzung zur Beurteilung der beiden alpenübergreifenden Starkniederschläge im Sommer 1987 (Juli und August, siehe Kap. 1). In diesem Zusammenhang kann die Region Ost ungeteilt als Referenzgebiet verwendet werden. Die abgetrennte Betrachtung des Alpenvorlandes (Kap. 4.2 und 6.4) verfolgt mit der verfügbaren Referenzperiode zunächst nur die Frage nach Unterschieden in den Gebietsniederschlagseigenschaften deutlich unterschiedlich positionierter Ereignisse (Grebner, 1993 a). Von Frequenzanalysen wird dabei abgesehen.

5.8 Zusammenfassung des Analysenkonzeptes

Die Untersuchung bezieht sich auf den nordalpinen Teil der Schweiz. Das Gebiet umfasst damit das schweizerische Einzugsgebiet des Rheins und des Genfersees (Abb. 4.2). Um Kenntnis über regionale Unterschiede im Abminderungsverhalten zu gewinnen, wurde einerseits eine zonale Gliederung in die Regionen West, Mitte und Ost vorgenommen, sowie die Region Ost meridional unterteilt in eine voralpine und eine inneralpine Zone. Diese Gliederung des Gebietes dient nur der Zuordnung der Niederschlagsereignisse anhand der Position ihrer Zentren. Für die Erfassung der Niederschlagsfelder sind die Grenzen der Unterteilung nicht existent. Das gesamte Gebiet wird bezüglich den Niederschlagsfeldern durch die Landesgrenze künstlich und durch den Alpenkamm natürlich eingegrenzt.

Die Datengrundlage setzt sich zusammen aus den Stationswerten des Tagesmessnetzes und den Stundenwerten des hochauflösenden, automatischen Netzes (ANETZ) der Schweizerischen Meteorologischen Anstalt (Abb. 4.7). Als Referenzperiode dienen die Monate Mai bis Oktober der Jahre 1981-1988.

Mit Hilfe der stündlichen Messreihen der ANETZ-Stationen sind die Stationswerte des Tagesmessnetzes in Stundensummen auflösbar. Diese einheitlich aufgelösten Messreihen des gesamten Netzes werden stündlich auf ein Gitter mit der Maschenweite 2x2 km^2 interpoliert. Auf der Basis der Gitterpunkt-Zeitreihen werden die individuellen, flächenabhängigen Abminderungen der Gebietsniederschläge für die zuvor selektierten Ereignisse ermittelt. Die Analyse geht stets vom Zentrum der nordalpinen Niederschlagsfelder aus, d.h. sie ist unabhängig von örtlich festgelegten – hydrologischen, geometrischen oder messnetzbedingten – Gebiete.

Die Untersuchung behandelt das Flächen-Mengen-Verhalten von Gebietsniederschlägen in den Dauerstufen 3, 6, 12, 24, 36, 48, 60 und 72 Stunden. Die Zuteilung eines Ereignisses in eine Dauerstufe setzt zumindest im zentrumsnäheren Bereich unterbrechungsfreien Niederschlag voraus. Bei entsprechender Dauer und Intensität eines Ereignisses wird es in mehreren oder gegebenenfalls auch in allen Dauerstufen berücksichtigt. Als Generalisierung der individuellen Abminderungen in jeder Dauerstufe werden Hüllkurven konstruiert.

Im weiteren werden Verhältnisfaktoren zur Umrechnung von 1-, 2- und 3tägigen Gebietsniederschlägen in die oben erwähnten Dauerstufen hergeleitet. Die berücksichtigten Dauerkombinationen sind in Tabelle 5.2 zusammengestellt.

6 Ergebnisse

6.1 Anzahl und Positionen der Ereignisse

a) Anzahl aus der Periode 1981-1988

Aus der primären Referenzperiode Mai bis Oktober der Jahre 1981-1988 stehen nach dem graduellen Auswahlverfahren (siehe Kap. 5.4.2) für die Bestimmung der Abminderungskurven im Mittel in der Region West 30 Ereignisse, in der Region Mitte 49 und in der Region Ost 59 Ereignisse zur Verfügung. Da für alle Regionen einheitliche Auswahlkriterien gelten, ergeben sich im Westen, wegen der in der Saison Mai bis Oktober allgmein etwas niedrigeren Niederschlagsmengen, deutlich geringere Häufigkeiten als im Osten (Abb. 6.1 und Abb. 4.6).

Die Schwankungen von Dauer zu Dauer sind wesentlich beeinflusst von Zufälligkeiten in der kurzen Referenzperiode. Zwangsläufig wirkt sich dabei auch das Auswahlverfahren aus, das sich aus der schrittweisen, manuellen Filterung und der regionalen Zuordnung zusammensetzt und trotz einheitlicher Kriterien einen Entscheidungsspielraum enthält.

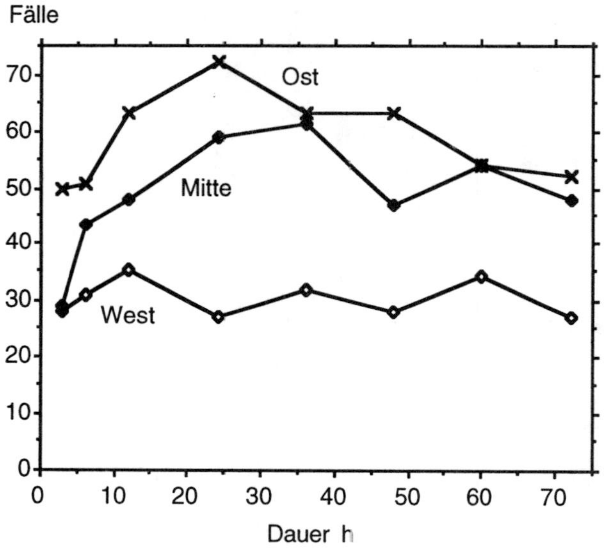

Abb. 6.1: Anzahl Ereignisse, die zur Berechnung der Abminderungskurven ausgewählt wurden, pro Region und Dauertyp in der Referenzperiode 1981-1988.

Von Region zu Region, aber zum Teil auch im generellen Häufigkeitsverlauf von den kurzen zu den langen Dauern (3 bis 72 h) zeichnen sich jedoch typische Unterschiede ab, unabhängig von methodischen Einflüssen wie z.B. Interpolationsfehler bei konvektiven Niederschlagstypen. Die Region Ost profitiert sowohl von nordalpin als auch südalpin zentrierten Niederschlagsfeldern, d.h. zu den eigenständig nordalpinen Niederschlagsfeldern kommen die alpenübergreifenden Fälle, die häufig sehr niederschlagsreich sind. Die Region Ost weist deshalb im Vergleich zu West erwartungsgemäss in erster Linie bei advektiven Niederschlagsformen, d.h. bei Dauern über 6 Stunden, die grösste Häufigkeit über der Auswahlschwelle auf. Das Maximum wird bei 24stündigen Ereignissen erreicht. Zunehmend kürzere und längere Starkniederschläge sind systematisch weniger vertreten. Dies entspricht der synoptischen Erfahrung. Mehrtägige Ereignisse sind generell seltener; ausserdem wird die Auswahl durch die zeitliche Kontinuitätsbedingung (Kap. 4.7) weiter eingeschränkt.

Für die Region West ergibt die Auswahl über alle Niederschlagsdauern etwa der Schwelle folgend eine ausgeglichene Anzahl Fälle. Verglichen mit der Region Ost fallen hier verschiedene günstige Einflüsse weg oder sind deutlich weniger wirksam; dazu zählen z.B. die alpenübergreifenden Erscheinungen und der orographische Einfluss, d.h. Stau.

Im Gegensatz zum erwarteten Häufigkeitsunterschied der Dauerniederschläge zwischen West und Ost ist die Höhe der Differenz bei den kurzdauernden Ereignissen bemerkenswert und weicht scheinbar von den klimatischen Erfahrungen, die sich stillschweigend auf Gewitterzählungen (Schüepp et al., 1970) stützt, ab. Ein Grund dafür ist der Unterschied zwischen Gewitter und Schauer. Eine grosse Gewitterhäufigkeit ist nicht kongruent mit einer Schauerhäufigkeit, besonders nicht, wenn eine Mindestniederschlagsmenge vorausgesetzt wird. Ein weiterer Grund ist darin zu suchen, dass in der Region Ost während (alpenübergreifenden) Dauerniederschlägen häufiger auch Intervalle mit relevant hohen Intensitäten auftreten.

Die als Puffer zwischen Ost und West gelegte Region Mitte besitzt hier wie in den weiteren Ermittlungen ein Übergangsverhalten zwischen den beiden Nachbarregionen, was letztlich die methodische Dreiteilung des untersuchten Gebietes verifiziert. Bei kurzen Ereignissen (3 h) zeigt die Region Mitte die gleichen Verhältnisse wie die Region West. Mit zunehmender Dauer nähert sich die Region Mitte aber rasch den Verhältnissen von Ost an. Dies bedeutet, dass bei luftmasseninterner Konvektion zumindest in West und Mitte weitgehend gleiche Bedingungen herrschen. Bei advektiven Niederschlägen reichen u.a. die alpenübergreifenden Felder der Region Ost zum Teil in die Region Mitte hinein und dominieren dort die regionseigenen Fälle.

b) Positionen der Ereignisse aus der Periode 1981-1988

Regionen West, Mitte, Ost

In den Abbildungen 6.2 (a - h) sind pro Dauertyp (3, 6, 12, 24, 36, 48, 60, 72 h) die Zentrumspositionen der ausgewählten Ereignisse des Zeitraums 1981-1988 dargestellt. Die Fälle in den Ueberlappungszonen der Regionen sind je nach der räumlichen Ereignis-Eigenschaft der repräsentativeren Region zugeordnet (siehe Kap. 5.4.2). Die Positionsverteilungen dokumentieren aus einem anderen Blickwinkel die oben beschriebenen Feststellungen. Für die Dauern 3 und 6 h zeichnen sich kaum Ortsbindungen der ermittelten Fälle ab; die Zentren sind relativ gleichmässig im Untersuchungsgebiet verteilt. Bei längeren Dauern bleibt in der Region West eine gewisse Positionsverteilung trotz der Gruppierungstendenz erhalten. Bemerkenswert ist, dass einzelne Zentrumspositionen, z.B. im Jura, in allen Dauern auftreten. Dies gilt zwar auch für die Region Ost, aber im wesentlichen nur an den Positionen, wo sich mit zunehmender Dauer die ausgewählten Ereignisse sowieso häufen. Die Gruppierung an wenigen Orten ist in dieser Region besonders ausgeprägt (z.B. Abb. 6.2 h). Es handelt sich um die Gebiete Bauma, zwischen Zürichsee und der Thur, um die Station Oberiberg, zwischen Vierwaldstättersee und Walensee und besonders im Hinter- und Vorderrheintal. Ereignisse mit Zentrum in den ersten beiden Gebieten sind nordalpin eigenständige Niederschlagsentwicklungen. Am Alpenkamm im Hinter- und Vorderrheingebiet handelt es sich ausschliesslich um relative Zentren der alpenübergreifenden Niederschlagsfelder mit Maximum auf der Alpensüdseite (Grebner, 1993 a; und Abb. 2.3 a).

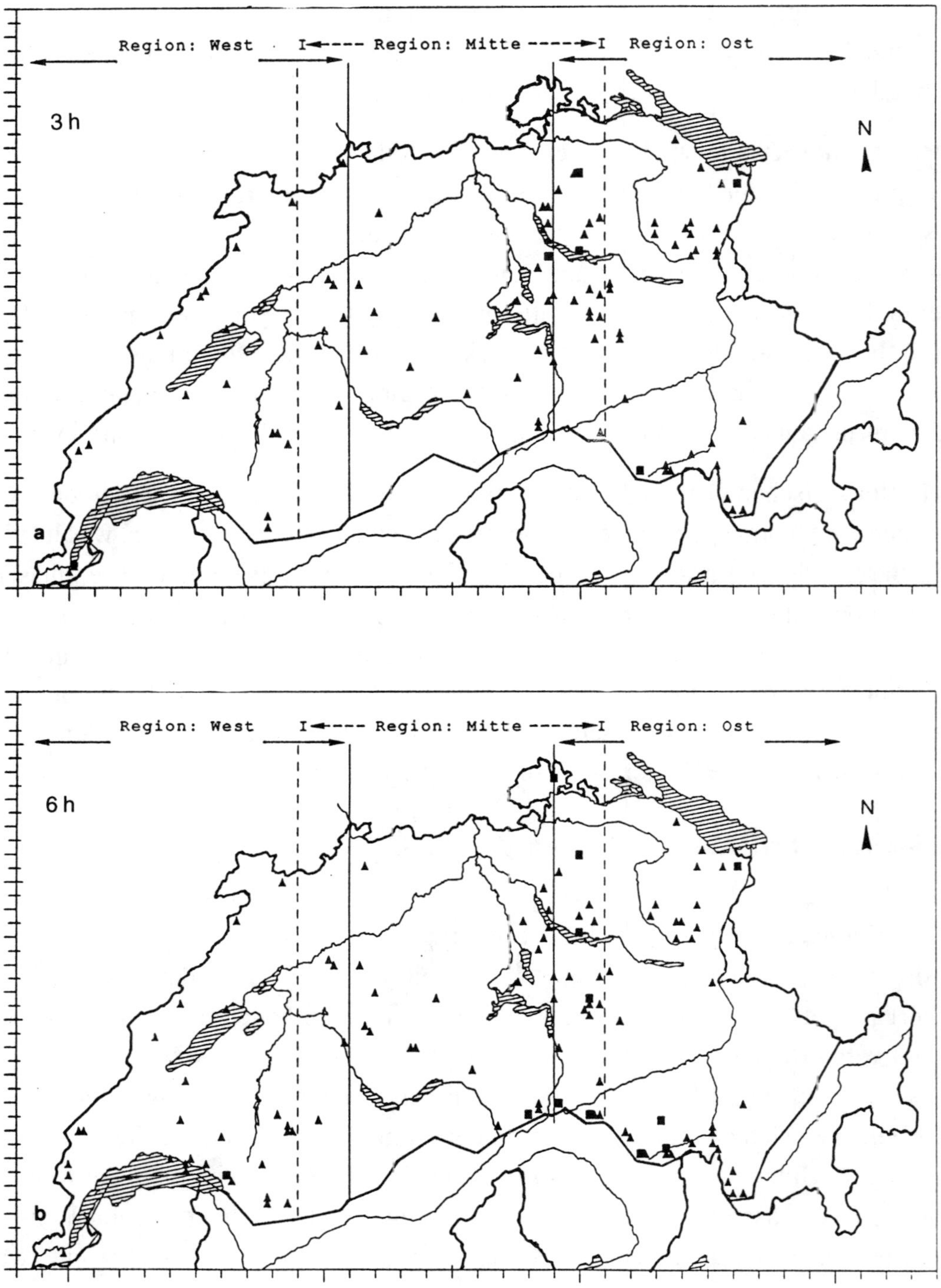

Abb. 6.2 a, b: Positionen der Niederschlagszentren der in den 3 Regionen West, Mitte und Ost aus der Referenzperiode 1981-1988 ausgewählten Ereignisse für die Dauertypen: a) 3 h; b) 6 h. Signatur: ▲ = 1 Ereignis, ■ > 1 Ereignis. Die Skalierung (Ordinate: grosse Striche) am Abbildungsrand entspricht 10-km-Schritten.

Bemerkenswert ist, wie sich in der Region Mitte mit zunehmender Dauer die Ereignisse weitgehend verlieren. Die Zentren häufen sich vor allem in der Überlappungszone zur Region Ost und sind, wie die Zuordnung (Kap. 5.4) gezeigt hat, in der Region Mitte nur sekundär vertreten. Diese Feldverteilungen der repräsentativen Niederschläge erklären den in den späteren Abbildungen gezeigten, atypischen Verlauf der Abminderungskurven (siehe Kap. 6.3,

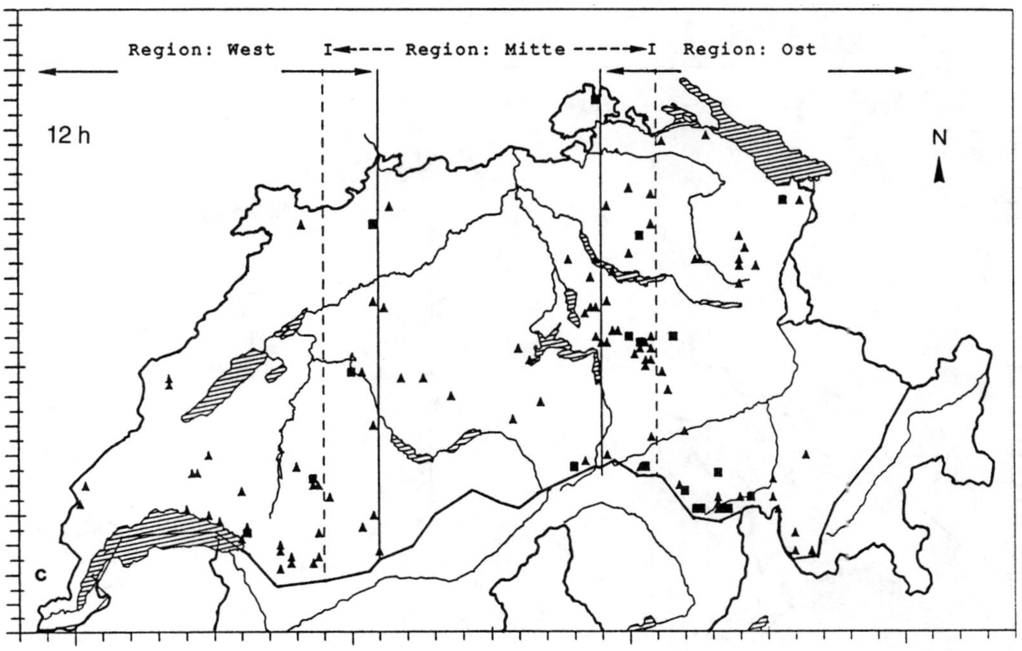

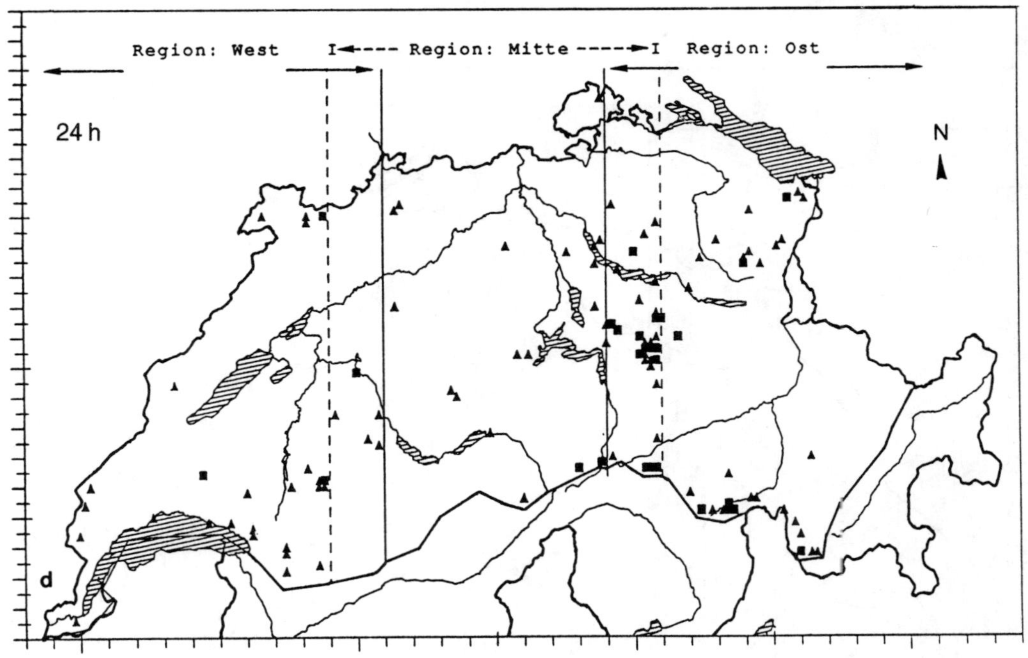

Abb. 6.2 c, d: Wie Abbildung 6.2 (a, b) für die Dauertypen: c) 12 h; d) 24 h.

Abb. 6.7 bis 6.10) und letzten Endes das Versagen des Versuchs, die Referenzperiode auch in dieser Region zu verlängern (siehe Kap. 5.6).

Innerhalb Region Ost

Die in Alpenvorland und Alpen getrennte Betrachtung stützt sich im wesentlichen auf dieselben Ereignisse wie die Untersuchung der gesamten Region Ost. Die Zuordnung auf die unterschiedlichen Zonen, Thurgebiet, bzw. Mittelland und Hinterrhein, macht jedoch die Ver-

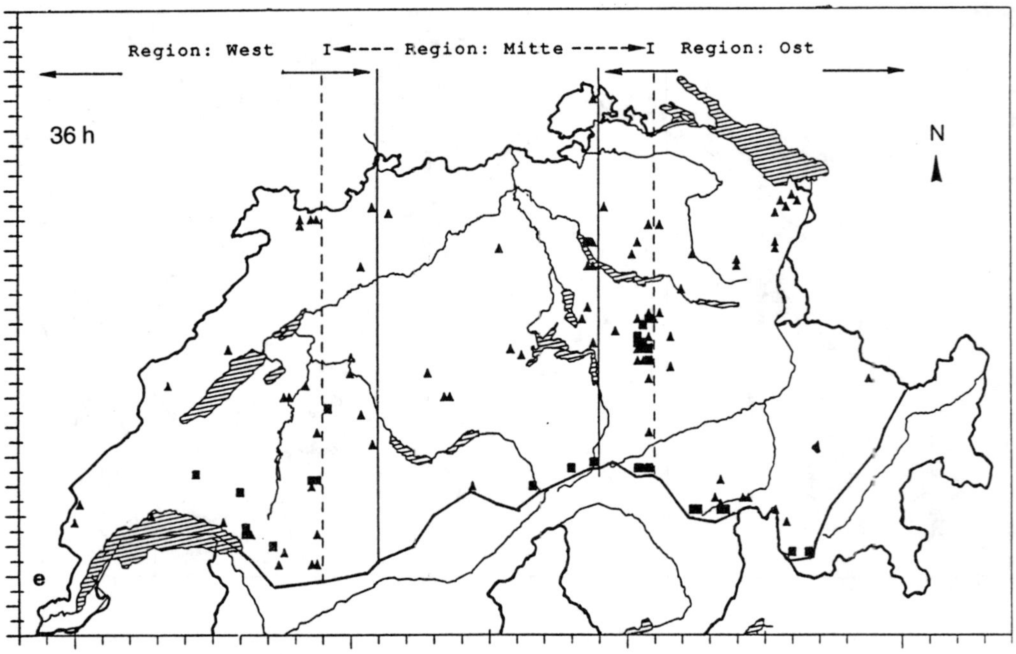

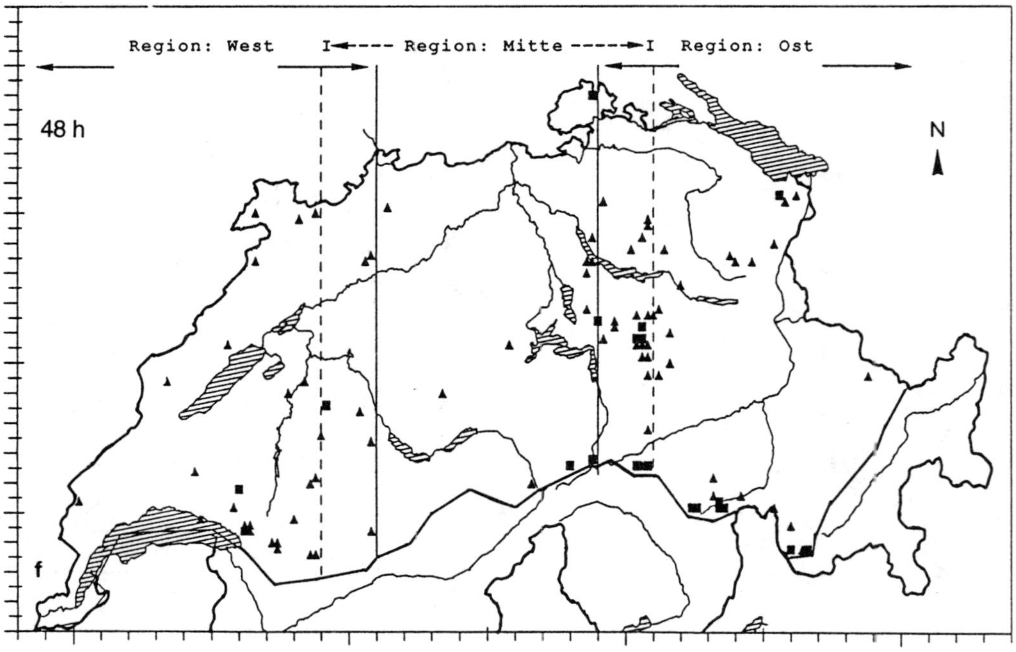

Abb. 6.2 e, f: Wie Abbildung 6.2 (a, b) für die Dauertypen: e) 36 h; f) 48 h.

wendung einiger zusätzlicher Ereignisse erforderlich, sodass sich die Gesamtstichprobe bezüglich der Ereignistermine geringfügig von derjenigen der Region Ost unterscheidet. Dementsprechend ergeben sich annähernd dieselben Bilder der Zentrumspositionen. Die zusätzlichen Stichprobenelemente sind ausserdem nur relativ schwache Ereignisse und haben deshalb keinen Einfluss auf die Hüllkurve. Häufigkeitsanalysen wurden, wie in Kapitel 5.7 erwähnt, für diesen Teil der Untersuchung nicht durchgeführt.

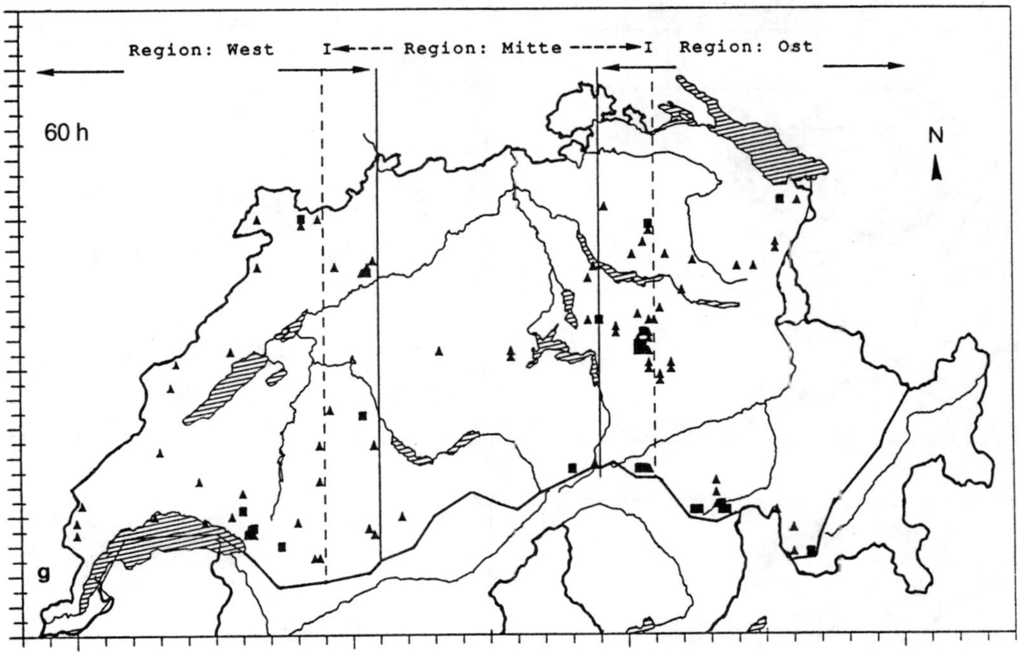

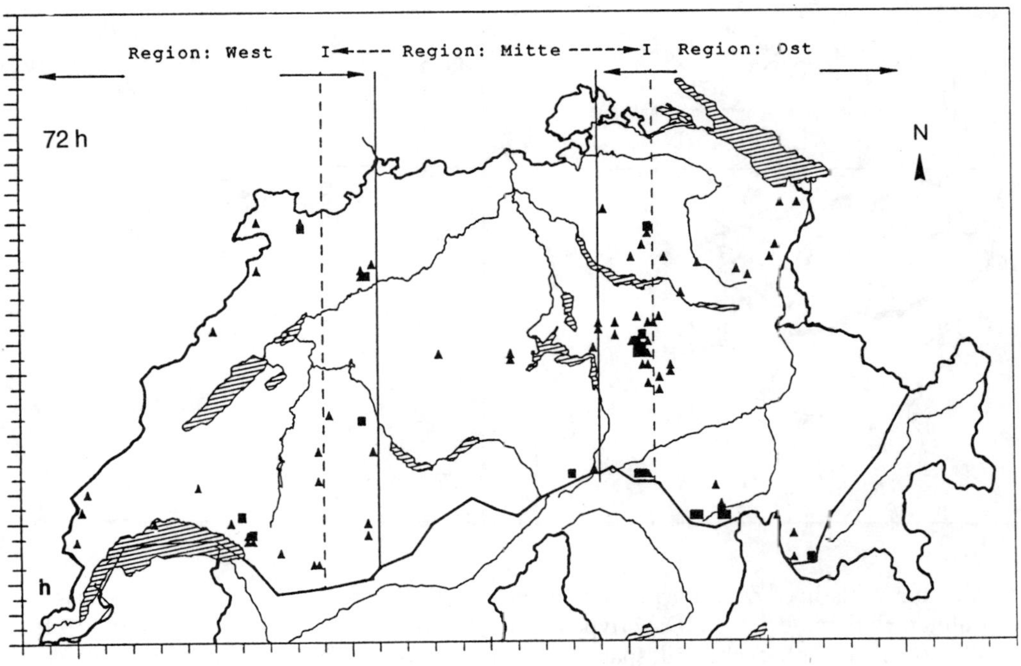

Abb. 6.2 g, h: Wie Abbildung 6.2 (a, b) für die Dauertypen: g) 60 h; h) 72 h.

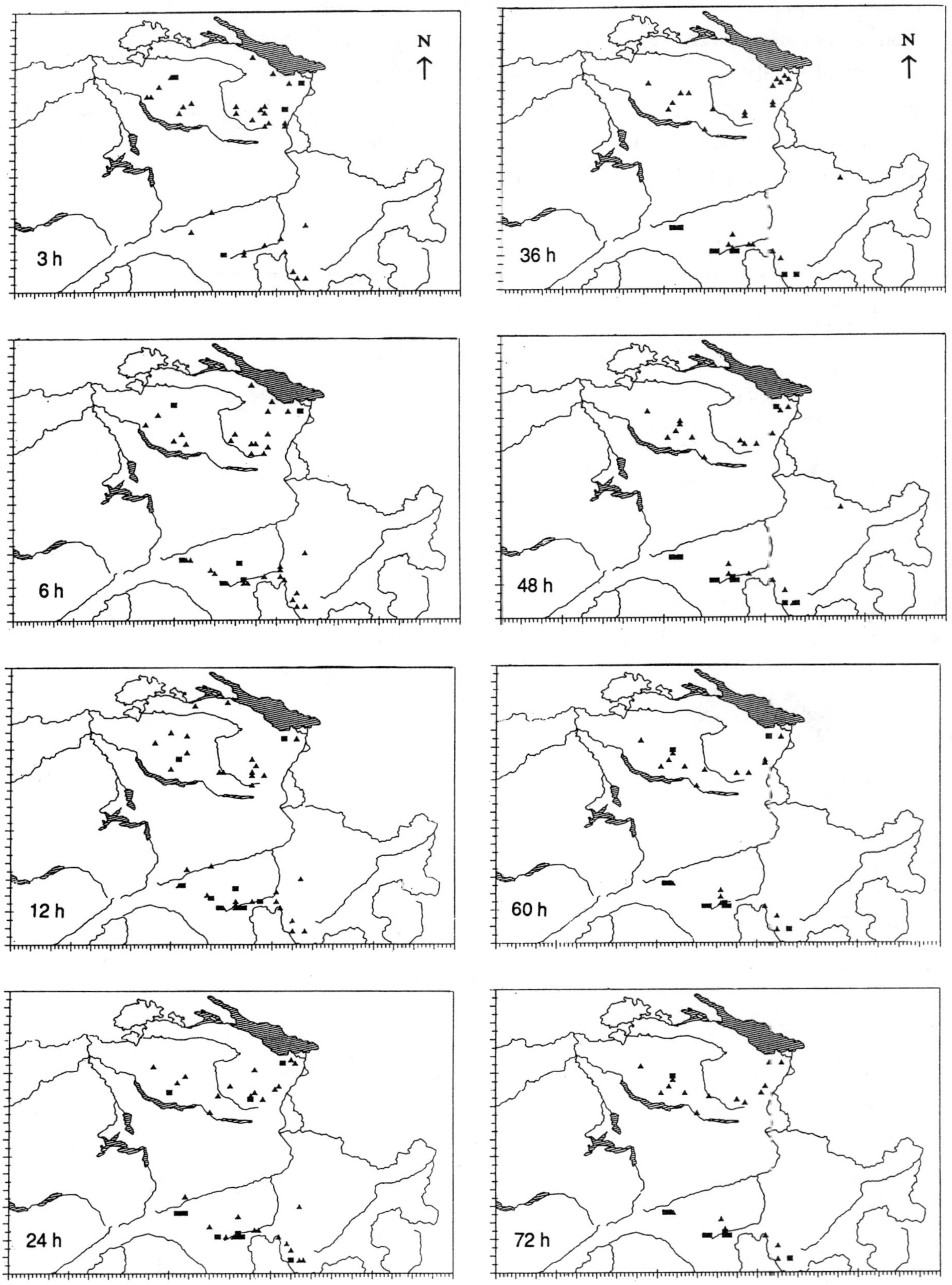

Abb. 6.3 a bis h: Zentrumspositionen der aus der Referenzperiode 1981-1988 ausgewählten Ereignisse für die Dauertypen: 3 h, 6 h, 12 h, 24 h (linke Bildspalte), 36 h, 48 h, 60 h und 72 h (rechte Bildspalte) der Zonen voralpin (Thur) und alpin innerhalb der Region Ost. Signaturen wie Abbildungen 6.2 a, f.

Es schien aufschlussreich, das Abminderungsverhalten im Alpenvorland weiter unterteilt in zwei Gebietsausdehnungen zu erfassen. In einer ersten Variante wird die Trennung auf der zonalen Achse Chur-Altdorf-Bern angelegt. Südlich davon kamen nur die Ereignisse im inneralpinen Gebiet Hinter- und Vorderrhein in Betracht (Kap. 4.2 und 6.4.1). Die Positionsverteilung deckt sich ausreichend genau mit den Abbildungen 6.2 (a-h), sodass sich eine separate Darstellung erübrigt. In einer zweiten Variante wird nach den Abminderungseigenschaften im 'alpenfernsten' Teil der Region Ost gesucht und die Resultate den inneralpinen Eigenschaften gegenübergestellt. Als alpenfern gilt das Gebiet zwischen Zürichsee-Walensee und Bodensee-Hochrhein. Zur Verdeutlichung dieser Gliederung sind in den Abbildungen 6.3 (a-h) die Positionsverteilungen dargestellt. Diese Verteilung und ihre dauerabhängige Änderung entspricht jedoch der bereits zur Region Ost gegebenen Beschreibung.

c) Anzahl und Positionen der Ereignisse aus der Periode 1969-1980

Aus dem Zeitraum 1969-1980 wurden zur Verlängerung der Referenzperiode (siehe Kap. 5.6) pro Region und Dauer (1, 2, 3 Tage) konstant 30 Ereignisse ausgewählt. Damit stehen in jeder Einheitsflächenstufe bis über 5000 km^2 zu den Ereignissen der primären Referenzperiode 30 weitere Werte als Stützstellen für die einhüllenden Abminderungskurven der einzelnen der insgesamt 20 Ränge zur Verfügung. Bei sehr grossen Flächenausdehnungen treten vernachlässigbare Ausfälle auf. Die Positionsverteilungen der ausgewählten Ereignisse mit den Dauern 1 Tag, 2 Tage und 3 Tage gleichen den Dauerniederschlägen aus 1981-1988 und sind deshalb nicht zusätzlich dargestellt.

6.2 Verhältnisfaktoren

Die Tatsache, dass ein mittlerer maximaler Tagesniederschlag kleiner ausfällt als ein mittlerer maximaler 24stündiger Niederschlag, ist bekannt. Der Unterschied liegt im zeitlich festgelegten, bzw. über die Referenzperiode verschiebbaren, d.h. quasi-gleitenden Messintervall. Die in der Literatur auffindbaren Umrechnungsfaktoren (z.B. Sammlung von Literaturhinweisen in Sevruk und Geiger, 1981) beziehen sich fast ausschliesslich auf die eben erwähnte Intervallänge oder im Einzelfall auf andere aber paarweise gleich lange Intervalle von Punktniederschlägen (Hershfield, 1962).

Die in der vorliegenden Untersuchung benötigten Verhältnisfaktoren zwischen den Niederschlagsmengen von Fixzeit- und Gleitzeitintervallen weichen in verschiedenen Eigenschaften von den erwähnten Beispielen ab. Die Faktoren müssen die Verhältnisse von Gebietsniederschlägen wiedergeben, und sie werden zwischen den Gebietsniederschlägen von zum Teil sehr ungleichen Intervallängen gebildet (Tab. 5.2).

Die gesuchten Verhältnisfaktoren wurden in Abhängigkeit folgender Einflussgrössen erzeugt: pro Region, das bedeutet pro regionale Klimabedingungen, pro Dauerkombination (gemäss Tab. 5.2) und pro Rang für alle Einheitsflächenstufen (Tab. 5.1) bis 2500 km^2 bei den 3stündigen Ereignissen und bis 5000 km^2 für alle längeren Dauertypen. Anhand der insgesamt 20 Ränge wird unmittelbar die Abhängigkeit von der Niederschlagsmenge geprüft und gegebenenfalls berücksichtigt. Von einer vertieften Untersuchung war wegen der kurzen Referenzperiode abzusehen.

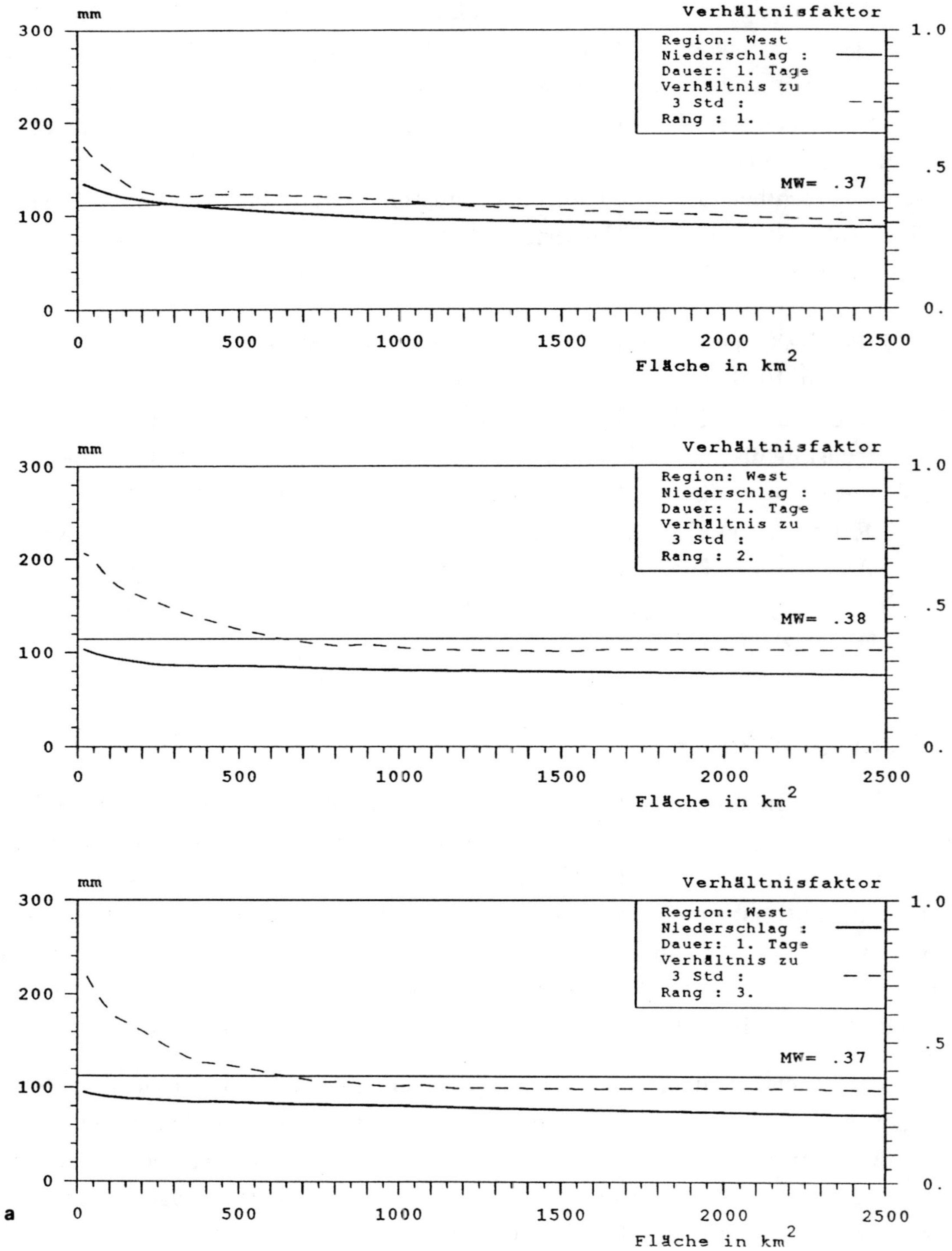

Abb. 6.4 a: Abminderungshüllkurven der Ränge 1 bis 3 von total 20 untersuchten Rängen (dicke Kurven) für 1tägige Gebietsniederschläge (Ordinate links) in der Region West und flächenabhängige Verhältnisfaktoren (gestrichelte Kurven; Ordinate rechts) zu den 3stündigen Hüllkurven im entsprechenden Rang sowie ihre Mittelwerte (horizontale Linie). Zunehmender Rang bedeutet abnehmender Gebietsniederschlag. Periode 1981-1988.

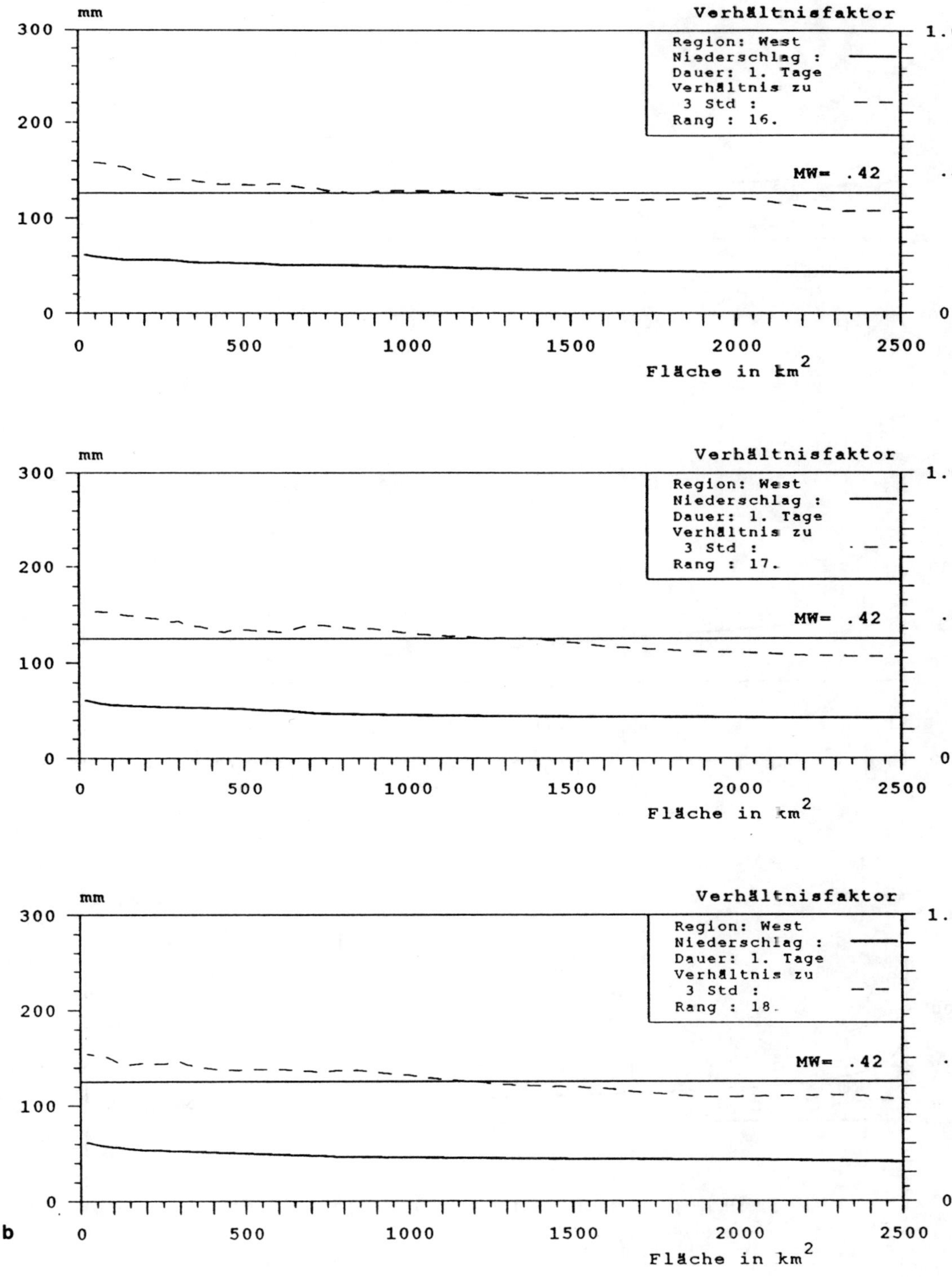

b

Abb. 6.4 b: Wie Abbildung 6.4 a für die Ränge 16 und 18 (d.h. schwächere Ereignisse). (Zunahme der Verhältnisfaktoren (Mittelwert MW) gegenüber Abbildung 6 a siehe Kapitel 6.2.2).

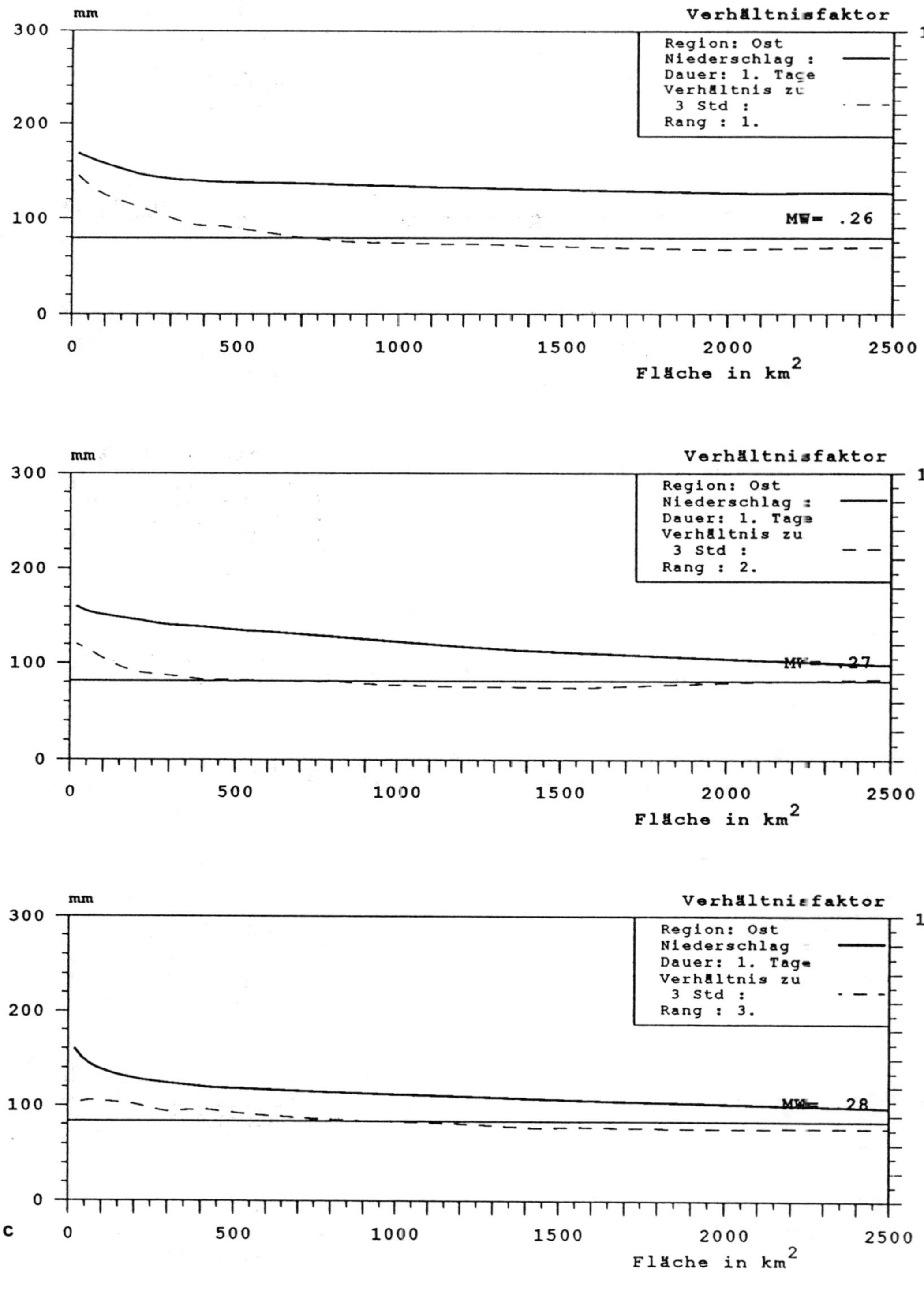

Abb. 6.4 c: Wie Abbildung 6.4 a für Region Ost.

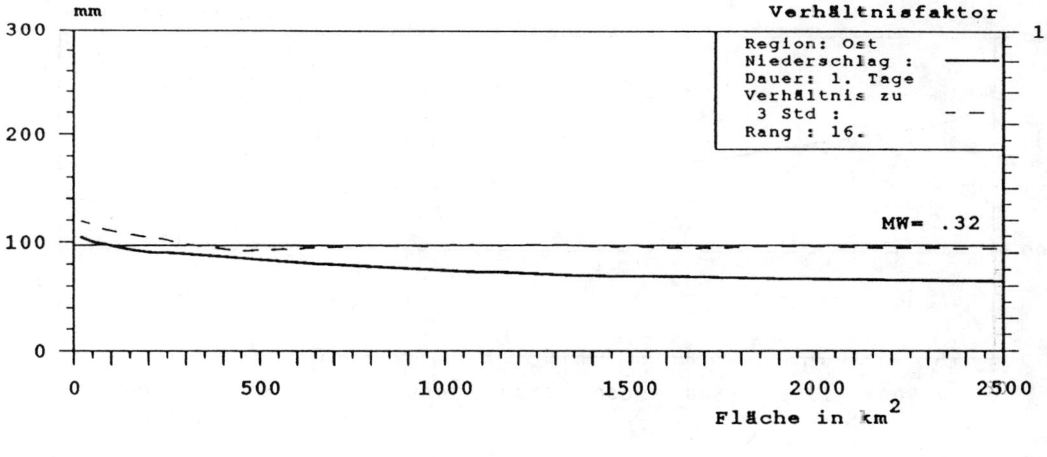

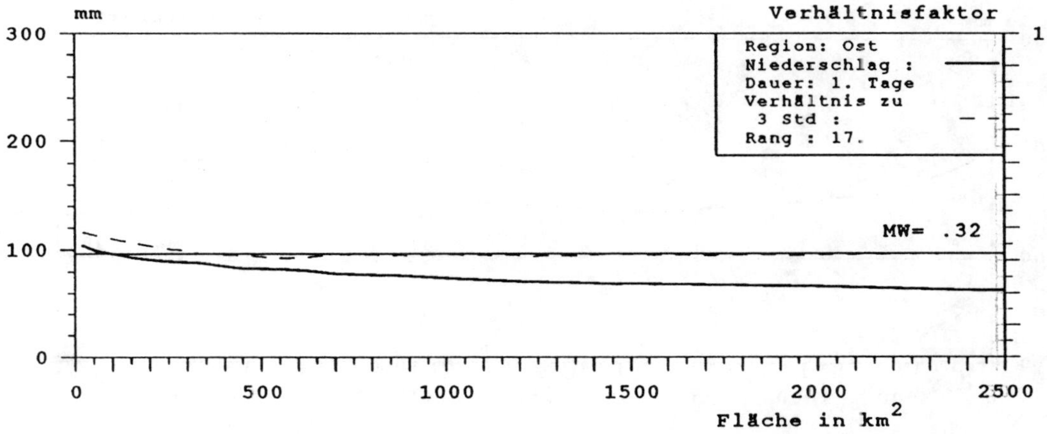

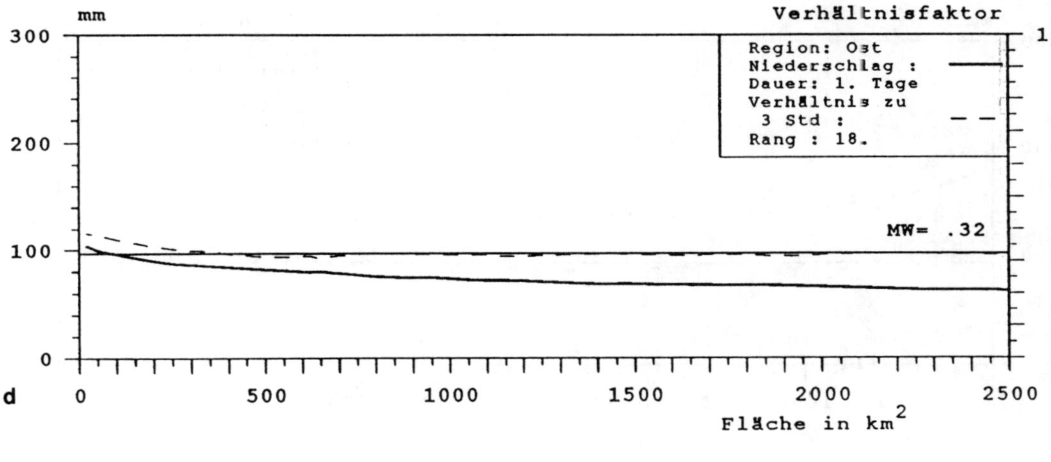

Abb. 6.4 d: Wie Abbildung 6.4 b für Region Ost.

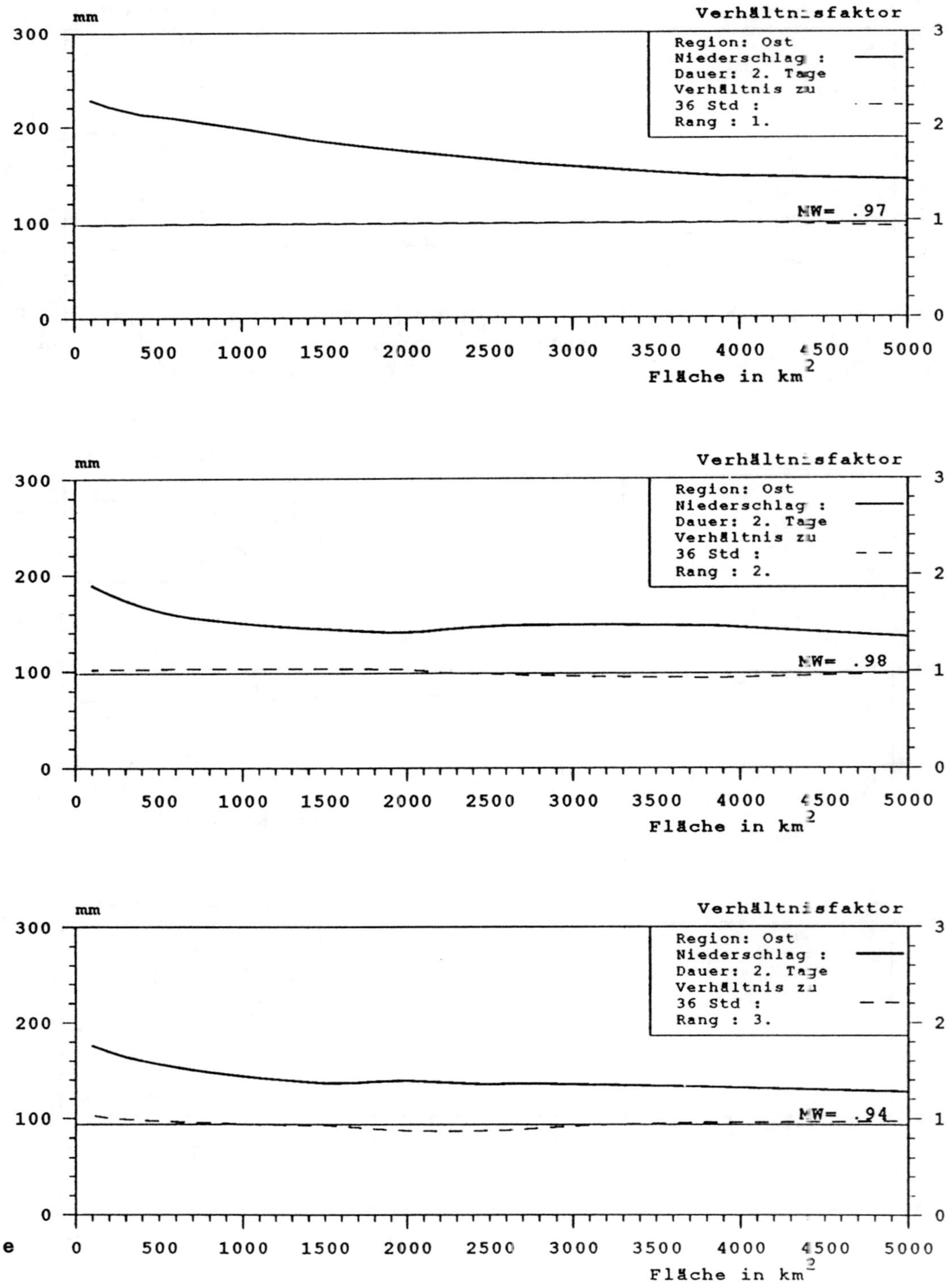

e

Abb. 6.4 e: Abminderungshüllkurven der Ränge 1 bis 3 von total 20 untersuchten Rängen (dicke Kurven) für 2tägige Gebietsniederschläge (Ordinate links) in der Region Ost und flächenabhängige Verhältnisfaktoren (gestrichelte Kurven; Ordinate rechts) zu den 36stündigen Hüllkurven im entsprechenden Rang sowie ihre Mittelwerte (horizontale Linie). Periode 1981-1988.

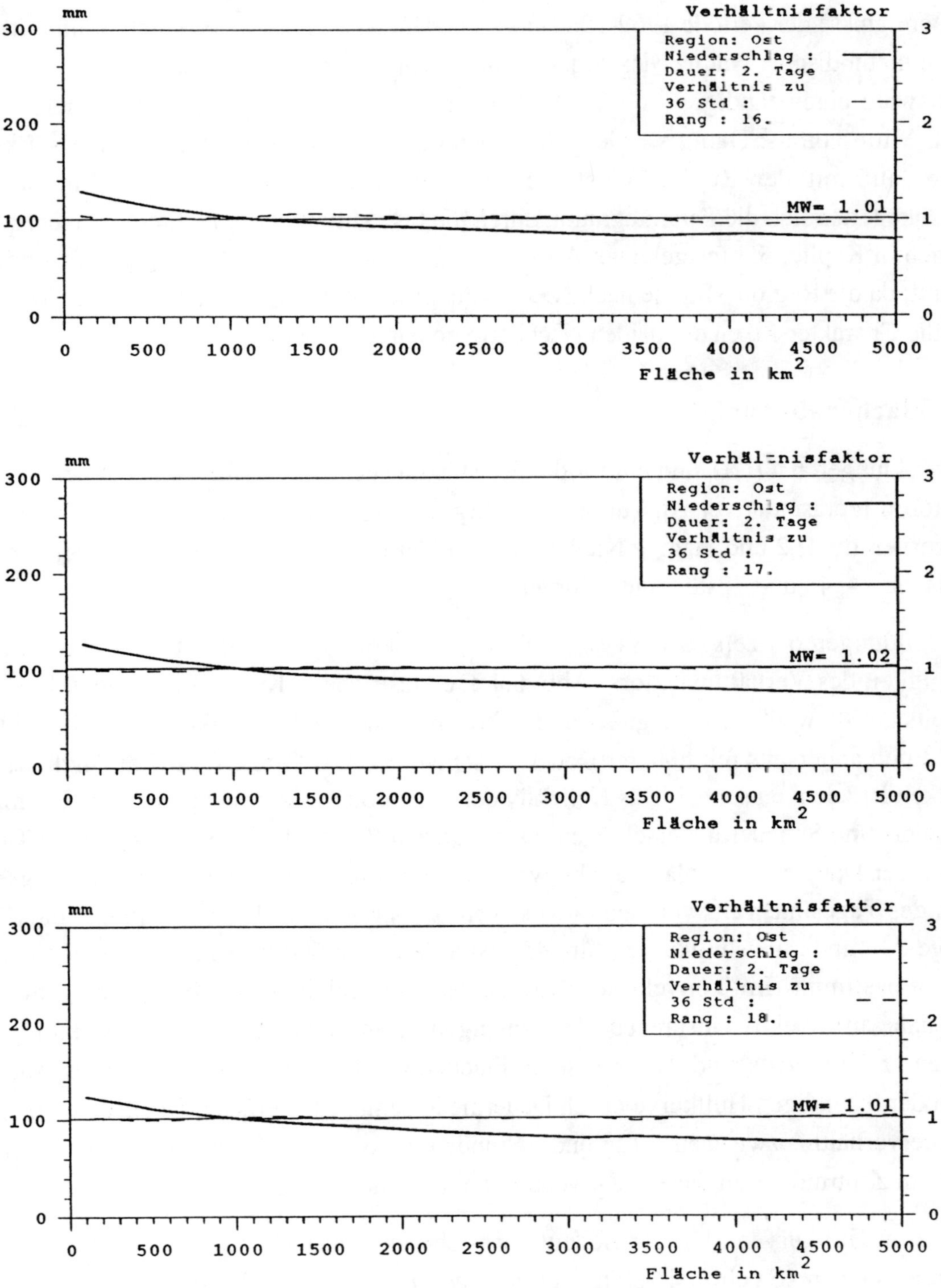

f

Abb. 6.4 f: Wie Abbildung 6.4 e für die Ränge 16 bis 18.

Eine wesentliche Entscheidung bei der Bearbeitung der Verhältnisfaktoren ist der Verzicht auf eine Verlängerung der Referenzperiode in der Region Mitte. Ihre mangelnde Eigenständigkeit deutet sich in den Häufigkeiten der Referenzereignisse (Abb. 6.1) und den Zentrumspositionen (Abb. 6.2) bereits an (Kap. 6.1) und bestätigt sich bei den Abminderungskurven (Kap. 6.3). Wenig realistische flächenabhängige Veränderungen der Verhältnisfaktoren und vergleichsweise hohe Beträge lassen in der Region Mitte keine repräsentative Umrechnung der Fixzeitereignisse der Periode 1969-1980 erwarten. Die Ursache ist jedoch nicht grundsätzlich, sondern methodischer Natur. Dies bedeutet, definitionsgerechte Abminderungskurven setzen die Auswahl eigenständiger nicht nach Osten angeschlossener Niederschlagsfelder in der Region Mitte voraus. Damit würde sich jedoch die Auswahl nicht mehr auf die stärksten, sondern auf mit der Region West vergleichbare Ereignisse abstützen. Eine weitere Möglichkeit, nämlich die Feldintegration durch die Ost-Mitte-Grenze zu limitieren, entspricht nicht den in Kapitel 5.3 festgelegten Auffassungen. Eine Ersatzbearbeitung drängt sich aber nicht auf, da die Region Mitte je nach Niederschlagsdauer (Kap. 6.3) und Gebiet ausreichend durch die Charaktersitiken der beiden Nachbarregionen vertreten ist.

6.2.1 Flächenabhängigkeit

Die Abbildungen 6.4 (a-f) sind ein für das Verständnis der Flächenabhängigkeit der Verhältnisfaktoren repräsentativer Auszug aus den Ergebnissen. Generell gilt, dass die Abminderungskurven für 1, 2 und 3tägige Niederschlagsfelder erwartungsgemäss im Betrag geringer sind als die 24, 48 und 72stündigen Kurven.

Die Abbildungen 6.4 zeigen, dass eine bei der Dauerkombination 3h:1d deutliche Flächenabhängigkeit des Verhältnisfaktors (Abb. 6.4 a, c, gestrichelte Kurven) bis ca 600 km^2 sich einerseits bei schwächeren Ereignissen, d.h. höheren Rängen der Hüllkurven (Abb. 6.4 b, d) abflacht und anderseits mit höherer Dauer verschwindet. Der Grund für die anfängliche Abhängigkeit ist leicht einsehbar. Das Kollektiv der Tagesereignisse besteht aus einer Sammlung von Dauer- und Schauerniederschlägen. Dabei übertreffen in den ersten Rängen die Tagessummen der Dauerniederschläge die konvektiven Ereignisse, sodass die Abminderungshüllkurven des Tagesintervalls von den (advektiven) Dauerniederschlägen bestimmt sind. Dreistündige Abminderungshüllkurven hingegen sind bis etwa 600 km^2 konvektiv, erst danach advektiv bestimmt. Im 'konvektiven Kurvenabschnitt' reichen die Niederschlagsmengen relativ nahe an advektiv entstandene Tagesmengen heran, sodass die Verhältnisfaktoren entsprechend relativ gross sind. Die grösseren Flächen werden nicht nur in der Tages- sondern auch in der 3stündigen Hüllkurve durch Dauerniederschläge beherrscht. Dadurch wird direkt das Dauerverhältnis zwischen 1 Tag und 3 Stunden wirksam; die Verhältnisfaktoren nehmen somit vom Zentrum bis zu diesem Kurvenabschnitt ab und bleiben dann konstant.

Bei tieferen Hüllkurven, d.h. der Bedeutung nach zunehmendem Rang, mischen sich über kleineren Flächen sowohl bei 3stündigen als auch bei den 'Tageskurven' zunehmend konvektive und advektive Ereignisse. Durch diese Gleichstellung der dominierenden Ereigniskollektive in den beiden Intervalltypen wird die Flächenabhängigkeit auch im Bereich unterhalb 600 km^2 vernachlässigbar. Bemerkenswert ist, dass sich in der Region Ost dieser Zustand rascher einstellt als in der Region West. Ursache dafür ist die Tatsache, dass die Ergiebigkeiten der alpenübergreifenden Niederschlagsfelder rasch in den schwächeren Rängen die Dominanz übernehmen. Ihre Mengen übersteigen auch über kleinen Flächen die konvektiven Ereignisse. Dadurch verschwindet die auf unterschiedlichen Niederschlagstypen basierende Flächenabhängigkeit der Verhältnisfaktoren.

Bei den Kombinationen höherer Dauer (z.B. 12h:1d, 24h:1d usw., siehe Tab. 5.2) gehen die Verhältnisfaktoren auf Hüllkurven zurück, denen letzlich nur noch advektive Niederschlagsereignisse zugrunde liegen. Die Flächenabhängigkeit der Verhältnisfaktoren verschwindet vollständig (Abb. 6.4 e, f).

6.2.2 Mengenabhängigkeit

Die Mengenabhängigkeit der Verhältnisfaktoren wurde zur Erklärung ihrer Flächenabhängigkeiten notwendigerweise zum Teil schon aufgegriffen (Kap. 6.2.1). Diese Betrachtung bezog sich jedoch nur auf die flächenabhängige Veränderung der Faktoren mit dem Rang, aber nicht auf die Faktorvariation von Rang zu Rang. Für diesen Vergleich sind in Abbildung 6.5 (a, b) die über die untersuchten Flächen gemittelten Verhältnisfaktoren aller Ränge für die verschiedenen Dauerkombinationen (Tab. 5.2) zu den beiden Regionen West und Ost dargestellt. Die eingezeichneten Faktoren sind zum Vergleich in der Abbildungsauswahl 6.4 jeweils am rechten Rand mit 'MW' angegeben.

Die über die Flächen gemittelten Faktoren zeigen in den Dauerkombinationen kein einheitliches Verhalten, womit sich eine Abhängigkeit von den Niederschlagsmengen (Rängen) abzeichnen würde (Abbildung 6.5 a, b). Augenfällig sind hingegen, besonders in der Region West, zum Teil nennenswerte Schwankungen (bis ca. ±5 %).

Gründe für die Schwankungen sind vor allem in der Länge der Referenzperiode sowie der Mengeneigenschaft der Ereignisse zu suchen. Wegen der kurzen Referenzperiode, bzw. geringen Ereigniszahlen werden Abminderungshüllkurven, insbesondere in den ersten Rängen von sehr wenigen Einzelereignissen bestimmt. Es muss sich dabei noch nicht um echte Ausreisser handeln. Ausschlaggebend für einen dauerspezifischen Verhältnisfaktor ist dann die zeitliche Anordnung der grössten Gebietsniederschlagssumme in Bezug auf den entsprechenden Fixzeitschritt (z.B. 06UTC bis 06UTC+24h = 1 Tag). Im weiteren treten gerade sehr intensive Dauerereignisse meist gleich in mehreren Dauertypen auf, wodurch Parallelitäten in den Schwankungen verschiedener Dauerkombinationen entstehen können. In höheren Rängen, d.h. kleineren Gebietsniederschlagsmengen sind mehrere Ereignisse mit geringeren Unterschieden beteiligt, sodass ein glatter Verlauf der Rangabhängigkeit entsteht.

Die mit zunehmendem Rang abnehmenden Faktoren bei den Dauerkombinationen 24h:1d (h: Stundenbasis; d: Tagesbasis) und 36h:1d sind ausser durch die Referenzperiode durch die zwangsläufig nicht streng identische Ereignisauswahl zum Gleitzeitkollektiv, bzw. zum Fixzeitkollektiv bedingt. Das Gleitzeitkollektiv wurde durch sorgfältige Auslese anhand verschiedener Kriterien zusammengestellt (Kap. 4.7 und Kap. 5.4). Erst schwächere Fälle schöpften die einzuräumende Toleranz stärker aus. Beim Fixzeitkollektiv ist wegen der groben zeitlichen Auflösung die Toleranz in allen Ereignisstärken implizit enthalten. Dies bedeutet, dass sich bei kleinen Stichproben die Ereigniseigenschaften des Gleitzeitkollektivs in höheren Rängen denen des Fixzeitkollektivs angleichen können. Im weiteren nimmt bei zeitlich ausgeglichenem Niederschlagsverlauf mit wenig ausgeprägtem Maximum der Unterschied zwischen dem Fixzeit- und dem Gleitzeitmesswert ab.

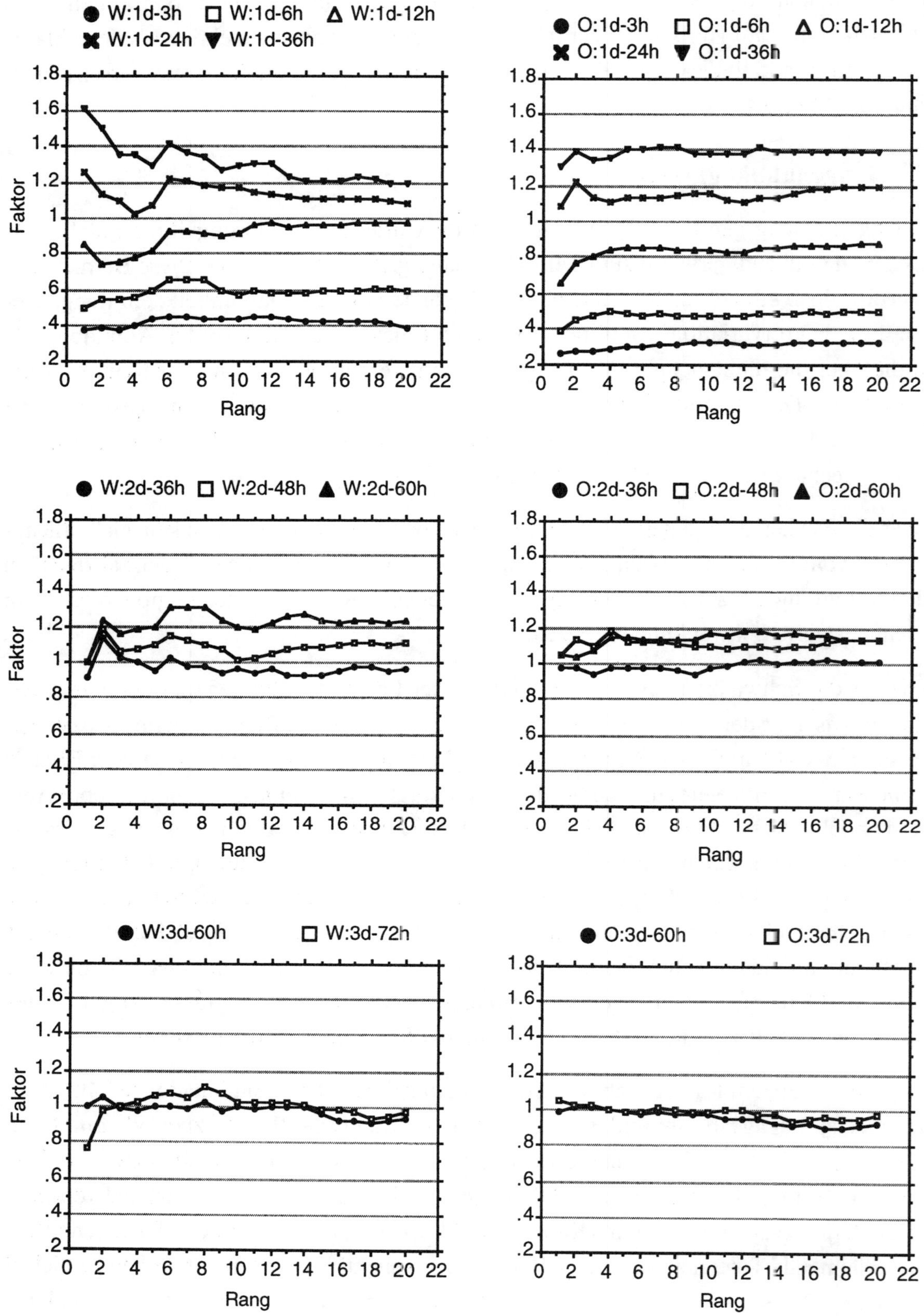

Abb. 6.5 a: Kombinationsvergleich von über die Flächen (siehe Abb. 6.4) gemittelten Verhältnisfaktoren zwischen den Abminderungshüllkurven der Fixzeit- und Gleitzeit-Ereignisse von den Rängen 1 bis 20 für verschiedene Kombinationen von Intervallen auf Stundenbasis (h) und Tagesbasis (d) (siehe Tab. 5.2). Linke Bildspalte: Region West; rechte Bildspalte: Region Ost.

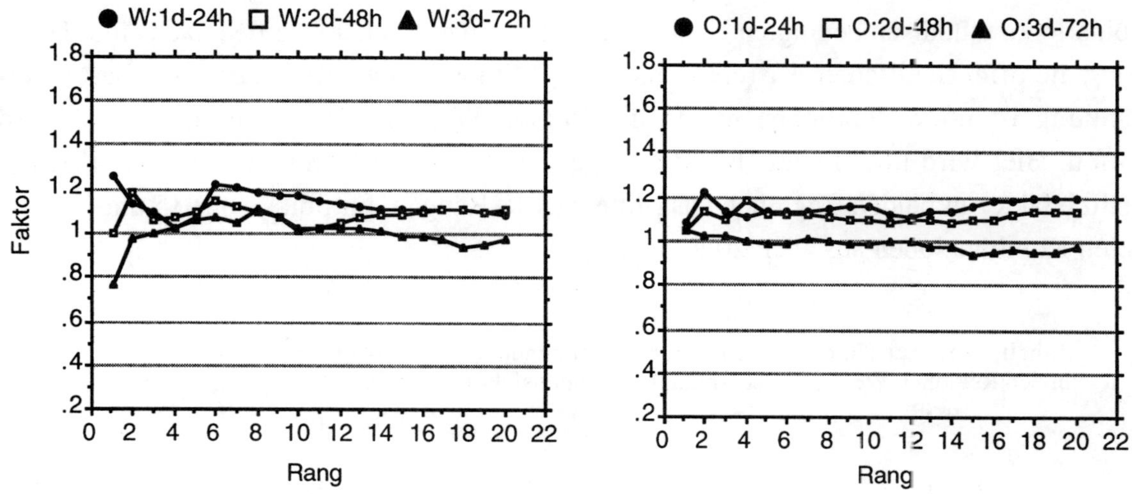

Abb. 6.5 b: Wie Abbildung 6.5 a, aber nur für gleiche Intervallängen der Fixzeit- und Gleitzeitereignisse.

Die Zunahme des Reduktionsfaktors in der Kombination 12h:1d in der Region West ist nur schwer zu kommentieren. Die Tatsache, dass die Region Ost keine derartige Abhängigkeit aufweist, lässt die Ursache in der Länge der Referenzperiode und diesbezüglich in der Existenz dominanter Ereignisse sowie in deren Wechsel vermuten. Letzteres zeigt sich in der Region West besonders deutlich bei Gegenüberstellung der Verhältnisfaktoren zwischen Niederschlagsintervallen gleicher Dauer (24h:1d, 48h:2d, 72h:3d; siehe Abb. 6.5 b). Grundsätzlich müssen in diesen Fällen Faktoren ≥ 1 entstehen. Eine erhebliche Abweichung liegt in der Region West für die Kombination 3 Tage und 72 Stunden im ersten Rang mit 0.76 vor. Dieser Wert entstand, indem im Gleitzeitkollektiv beim Uebergang von 60 auf 72 h das dominante Ereignis vom 24. September 1987 ausgeschieden werden musste, da die zusätzlichen 12 Stunden nicht mehr der geforderten Beregnungskontinuität entsprechen. In der Auswahl der Fixzeitereignisse waren solche Situationen nicht genügend erkennbar. Da die ca. 60stündige Niederschlagssumme vom 24.9.87 im 3tägigen Ereigniskollektiv deutlich über dem ersten Rang der bereinigten 72stündigen Gleitzeitfälle liegt, entsteht der erwähnt kleine Faktor. Er kann in diesem Zusammenhang als nicht repräsentativ vernachlässigt werden. Ähnliche, jedoch wesentlich schwächere Bedingungen sind für die 3tägigen Faktoren in den höheren Rängen gegeben. Dieser Aspekt kann gleichzeitig auch als Beispiel für Schwächen gesehen werden, die sich bei Untersuchungen allein aufgrund von Tageswertdateien ergeben.

Wie diese Feststellungen zeigen, ist nicht bei allen Dauerkombinationen jeweils ein konstanter Reduktionsfaktor zulässig. Die durch die Ränge der Ereignisse berücksichtigte Niederschlagsmenge ist zwar offensichtlich ohne Einfluss auf die flächengemittelten Faktoren; hingegen muss bei der Umrechnung von Tageswerten auf deutlich kürzere Dauern (3, 6, 12 h) die Flächenabhängigkeit berücksichtigt werden. Bemerkenswert ist, dass in der Region Ost auch noch die Kombination 24h:1d im ersten Rang eine nicht vernachlässigbare Flächenabhängigkeit besitzt (Tab. 6.1). Bei allen anderen Dauerkombinationen lässt sich jeweils ein für alle Ränge und alle Flächengrössen einheitlicher Faktor festlegen (Tab. 6.1). Diese Faktoren sind über alle Flächenstufen und die Ränge gebildete Mittelwerte. Um allerdings die je nach Dauerkombination methodisch bedingten Unsicherheiten zu unterdrücken, werden nach einer Überprüfung die offensichtlichen Ausreisser nicht zur Mittelbildung verwendet. Von dieser Einschränkung ist im wesentlichen nur in der Region West die Dauerkombination 24h:1d betroffen. Hier wird über lediglich 7 Ränge gemittelt. Für die Kombination 36h:1d ist der Verhältnisfaktor in beiden Regionen das Mittel aus 10 Rängen, für 36h:2d aus 15 und für alle weiteren Kombinationen aus allen 20 Rängen.

Tabelle 6.1: Zur Umrechnung der Fixzeit-Abminderungshüllkurven in Gleitzeitkurven in den Regionen West und Ost ermittelte Verhältnisfaktoren. Periode 1981-1988.

Dauer-kombination	Region West	Region Ost
1d - 3h	flächenabhängig	flächenabhängig
1d - 6h	flächenabhängig	flächenabhängig
1d - 12h	flächenabhängig	flächenabhängig
1d - 24h	(1.13)	flächenabhängig
1d - 36h	1.31	1.38
2d - 36h	0.97	0.99
2d - 48h	1.08	1.11
2d - 60h	1.22	1.14
3d - 60h	0.98	0.96
3d - 72h	1.03	1.01

Interessant ist noch der Vergleich der Verhältnisfaktoren von Punktniederschlägen mit denen der hier behandelten Gebietsniederschläge. Als vergleichbare Dauerkombination steht jedoch nur 24h:1d zur Verfügung. In den USA ergeben sich bei Punktniederschlägen Werte um 1.13, d.h. 24stündige Summen von Starkniederschlägen sind durchschnittlich 13 % grösser als die Tagesmenge (Hershfield, 1962). In der Schweiz liegt der Faktor mit 1.14, d.h. 14 % geringfügig höher (Geiger, 1975). Für die Gebietsniederschläge in der Region West ergibt sich für die gleiche Dauerkombination ebenfalls ein Faktor von 1.13 oder etwas darüber, d.h. ein Unterschied zwischen Gleitzeit- und Fixzeitintervall von 13 %. In der Region Ost liegt der Wert bei 1.17, bzw. 17 %, sofern man die Flächenabhängigkeit unberücksichtigt lässt.

6.3 Abminderungskurven der Regionen West, Mitte, Ost

6.3.1 Darstellungen

Das aufbereitete Datenmaterial bietet die Möglichkeit zu vielfältigen Betrachtungen. Um eine unübersichtliche Abbildungsflut zu vermeiden, sollen zur Beschreibung der wesentlichen Eigenschaften der Gebietsniederschläge nur einige Abbildungssätze wiedergegeben werden.

Zentrales Ergebnis der Untersuchung sind die dauerabhängigen Abminderungshüllkurven, daneben, mit aller gebotenen Vorsicht, deren Jährlichkeiten für den nordalpinen Teil der Schweiz (siehe Anhang). Dazu kommt aus weiteren niederschlagsklimatischen Überlegungen eine entsprechende Betrachtung von Teilgebieten der Region Ost, jedoch ohne Abschätzung von Jährlichkeiten der Hüllkurven (Kap. 5.6).

Zur Darstellung der Abminderungseigenschaften sind verschiedene Varianten möglich. Hier wurden konventionell die absolute Abhängigkeit der Gebietsniederschlagsmengen von der Ausdehnung des Niederschlagsfeldes sowie die relative, d.h. jeweils auf den höchsten Punktwert im Zentrum bezogene Abhängigkeit wiedergegeben. Die relative Darstellung ist die Abminderung der Flächenreduktionsfaktoren (ARF; siehe z.B. Kap. 1 und 3.1). Um ausreichende räumliche und zeitliche Quervergleiche zu ermöglichen, sind für diese beiden Varianten einerseits pro Region (West, Mitte, Ost) alle Dauertypen, aufgeteilt in die zwei Gruppen 3, 6, 12, 24 und 36, 48, 60, 72 Stunden (Abbn. 6.7 a-c) und anderseits pro Dauertyp alle Regionen zusammenfasst (Abbn. 6.8 a-h).

Die Abminderungskurven der Teilgebiete der Region Ost sind in einer separaten Folge, aber identisch wie für die 3 Regionen abgebildet (Abbn. 6.11 und 6.12).

Inhalt der Jährlichkeitsdiagramme sind Kurvenscharen zu den Wiederkehrperioden T = 2, 5, 10, 25, 50, 100 Jahre. Sie sind als ergänzende Information im Anhang dieses Berichtes aufgenommen. In dieser Dokumentation ist wie schon erwähnt die Region Mitte nicht enthalten (Kap. 6.2 und nachfolgende Beschreibung).

Da der Flächenbezug nicht auf Einzugsgebiete begrenzt wurde, konnten die Ausdehnungen der untersuchten Niederschlagsfelder innerhalb der Grenzen des Untersuchungsgebietes (Abb. 4.2) beliebig weit erfasst werden. Diese grossflächigen Analysen im untersuchten Gebiet sind u.a. auch für die heute von der Landeshydrologie und -geologie ausgegebenen operationellen Abflussvorhersagen für den Alpen- und Hochrhein bis Rheinfelden (bei Basel) von Interesse. Um jedoch kein Risiko beim Stichprobenumfang für grosse Flächen einzugehen und um die Kontinuitätsbedingung nicht mit zu stark wachsenden Feldern aufzuweichen, wurden dauerabhängige Flächenbegrenzungen festgelegt. Die 3stündigen Abminderungskurven sind bis 5000 km^2 aufgezeichnet. Für Niederschlagsdauern bis 24 Stunden reichen die Darstellungen bis 15000 km^2, für alle weiteren Intervalle bis 72 Stunden bis 20000 km^2 (Grebner und Richter, 1991 a). Im vorliegenden Bericht sind jedoch alle Darstellungen, einschliesslich der Frequenzdiagramme im Anhang, einheitlich auf Flächen bis 5000 km^2 (Abszisse) beschränkt.

Der Skalenbereich der Niederschlagsmengen (Ordinate) in den absoluten Darstellungen ist bis auf zwei Ausnahmen ebenfalls einheitlich. Die Abstufungen sind: 100 mm für das 3stündige, 200 mm für das 6stündige, bzw. 300 mm für alle längeren Zeitintervalle bis 72 Stunden. Bei den Frequenzdiagrammen musste für die kurzen, bis zu 12stündigen Intervalle eine etwas andere Skalierung der Niederschlagsmengen (Ordinate) gewählt werden (siehe Anhang).

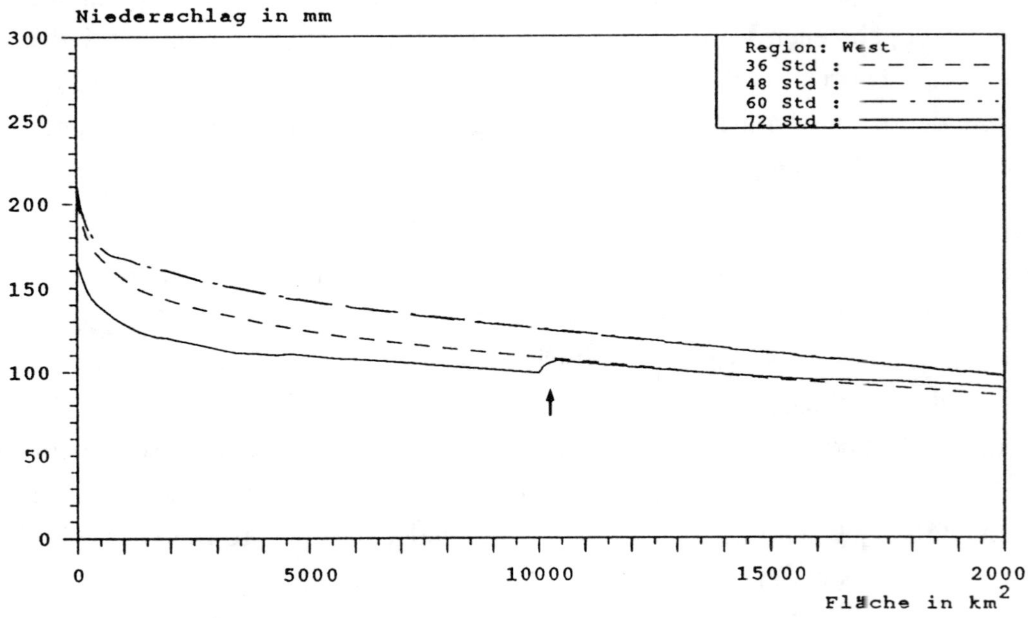

Abb. 6.6: Anstieg der Abminderungshüllkurve für Ereignisse der Dauer von 72 Stunden (Pfeil) aufgrund eines bei zunehmender berücksichtigter Gebietsniederschlagsfläche miterfassten sekundären Niederschlagszentrums bei ca. 10000 km^2. Region West. Referenzperiode 1981-1988. – Die fast gleiche Lage der Kurven für 48 und 60 Stunden erklärt sich dadurch, dass im massgebenden Ereignis über 48 Stunden hinaus nur noch geringfügig Niederschlag auftrat. Da bei etwa 55 Stunden der Niederschlag dieses Ereignisses ganz abbrach, wurde es im 72stündigen Kollektiv nicht mehr berücksichtigt. Dadurch fällt diese Kurve insgesamt zurück.

Bei der Aufbereitung der in den verschiedenen Abbildungen gezeigten Abminderungskurven wurde keine explizite Glättung durchgeführt. Dies bedeutet auch, dass Anstiege im ausgedehnteren Verlauf von individuellen Abminderungskurven durch sekundäre Niederschlagszentren während eines Termins, die nach einer gewissen Feldausdehnung mit einbezogen wurden, nicht eliminiert worden sind. Dadurch bleibt für alle Flächengrössen der Realitätsbezug erhalten. Im Einzelfall können sich derartige individuelle Kurvenverläufe auf die Hüllkurve übertragen. Das geschieht dann, wenn ein solches Ereignis im entsprechenden Flächenbereich gerade dominiert oder durch den ansteigenden Gebietsniederschlag dominant wird. Der Einfluss eines sekundären Niederschlagszentrums auf die dargestellte Hüllkurve ist umgekehrt proportional zu seinem Abstand vom Hauptzentrum und proportional zur Stärke des Nebenzentrums sowie zum Rang des Ereignisses im betroffenen Flächenbereich. Hinsichtlich Abstand und Stärke besteht bezüglich Einfluss auf die Abminderungskurve eine gegenläufige Auswirkung. Starke Nebenzentren setzen im nordalpinen Untersuchungsgebiet eine entsprechende Distanz vom Hauptzentrum voraus (Kap. 2.1). Mit wachsender Distanz, d.h. wachsender Niederschlagsfläche nimmt jedoch der Einfluss eines dann erfassten Nebenzentrums bestimmter Stärke und Ausdehnung ab. Die Beobachtungen zeigen, dass nennenswerte Anstiege in Abminderungskurven aufgrund der beschriebenen Bedingung erst bei Ausdehnungen der Niederschlagsfelder über 5000 km^2 auftreten. Sie sind demzufolge in den nachfolgenden Darstellungen nicht ersichtlich. Ein besonders deutliches Beispiel zeigt Abbildung 6.6. Schwächere derartige Mengenschwankungen, wie ebenfalls in Abbildung 6.6, bei etwa 2000 und 5000 km^2, sind ausser durch sekundäre Mengenspitzen auch durch gegenseitiges Ablösen individueller Abminderungskurven im entsprechenden Rang möglich.

Aufgrund des im weiteren nicht gezeigten Flächenmassstabes der Abbildung 6.6 (Abszisse) kommen auch schwächere Stufen schärfer zur Geltung als in der im vorliegenden Bericht verwendeten Abszissenskala bis 5000 km^2 (Abb. 6.7 und folgende).

Der beschriebene Zunahmeeffekt durch Nebenzentren ist eine wesentliche Eigenschaft räumlich ausgedehnter Gebietsniederschläge. Die dazu gehörende Mengeninformation wird bei der Variante 'Abminderungsmittelkurve' (Kap. 2.3) weggedämpft, sodass Hüllkurven auch in dieser Beziehung als vorteilhafter erachtet werden (Kap. 3.2).

Abschliessend sei noch erwähnt, dass die Abminderungskurven der erweiterten Periode 1969-1988 aus Übersichtsgründen hier nicht wiedergegeben werden. Einige vergleichende Hinweise während der nachfolgenden Beschreibung des Flächen-Mengen-Verhaltens in der primären Referenzperiode (1981-1988) sollen die wesentlichen Aspekte aus der erweiterten Periode (1969-1988) erfassen.

Auf die Darstellung der radialen Abminderungen wird hier wie erwähnt nicht eingegangen (Kap. 5.5.2).

6.3.2 Diskussion der absoluten Hüllkurven

Die anschliessenden Abbildungen sind stets in der Reihenfolge West, Mitte, Ost zusammengestellt. In einem eigenen Kapitel folgen die Resultate zur aufgeteilten Region Ost mit den Gegenüberstellungen Thur/Hinterrhein und Mittelland/Hinterrhein (Kap 6.4).

Grundsätzlich sind mit wachsender Niederschlagsdauer dem Betrag nach zunehmend höher liegende Abminderungskurven zu erwarten. Die Resultate erfüllen mit wenigen und leicht begründbaren Ausnahmen diese Erwartung (Abb. 6.7 a bis c).

Vergleich der Abhängigkeiten von der Dauer pro Region
Region West: Ein tendenziell ausgesprochen regelmässiges Verhalten besteht in der Region West bis zur Dauer von 36 Stunden (Abb. 6.7 a). Lediglich geringfügige Schwankungen der Kurven nach oben (siehe Kap. 6.3.1), für 3 h bei 2700 km^2, für 6 h und 12 h jeweils bei 1700 bis 1800 km^2, verschieben die Mengenverhältnisse zwischen den Dauern. Der Zuwachs in den 12 Stunden von 36 bis 48 h Dauer fällt dann aber etwas zu tief, unterhalb 1000 km^2 sichtbar zu tief aus. Nicht repräsentativ sind die Kurven für 60 Stunden Dauer, sie ist annähernd identisch mit 48 h, sowie für 72 Stunden, sie fällt in den Stützstellenwerten sogar erheblich zurück (Abb. 6.7 a). Grund dafür ist die Bedingung der zeitlichen Kontinuität (Kap. 4.7). Unterbrechungsfreie Niederschläge werden mit zunehmender Dauer seltener und die Möglichkeit, dass ein einzelnes Ereignis die Hüllkurve zunehmend bestimmt, wächst. In der Referenzperiode 1981-1988 dominiert das Ereignis vom 24. bis 26. September 1987 die Hüllkurve in allen Flächen bis 15000 km^2, auch in der erweiterten Referenzperiode 1969-1988, obwohl die Transformation der Fix- in Gleitzeitereignisse zu einer Überschätzung neigt. Das Ereignis vom September 1987 erbrachte im Intervall zwischen 48 und 60 Stunden nur noch

sehr wenig Niederschlag und brach dann ganz ab. Der Ausfall für die 72stündige Stichprobe erklärt den Rücksprung dieser Abminderungskurve zu tieferen Werten. Für Anwendungszwecke muss für 72stündige Dauern zumindest mit den 60stündigen Verhältnissen oder besser angenähert mit einer um 10 bis 15% über den 48stündigen Werten liegenden Abminderungskurve gerechnet werden.

Region Mitte: In der Region Mitte (Abb. 6.7 b) werden die in Kapitel 6.1 beschriebenen Positionseigenschaften der dortigen stärksten Gebietsniederschläge deutlich. Bei den Ereignissen mit 3, 6 und 24 Stunden Dauer liegen offensichtlich 'regionseigene' Niederschlagsfelder vor, d.h. mit absoluten Zentren in der Region Mitte. In den übrigen Dauertypen (12, 36, 48, 60, 72 h) werden die Kurven von Ereignissen bestimmt, die nur ein relatives Maximum oder eventuell ein sekundäres Zentrum in dieser Region besitzen. Die Auswirkung ist derjenigen gleich, die bereits in Kapitel 6.3.1 bezüglich graduellem Erfassen eines sekundären Niederschlagszentrums vom Hauptzentrum aus beschrieben wurde. Im Unterschied dazu beginnt der Anstieg der Abminderungskurve vom Nebenzentrum jedoch bereits vom Start an bis zu Flächen um 500 km^2. Da die Stützstellen für diese Kurvenverläufe offensichtlich durch Gebietsniederschlagsmengen bestimmt werden, deren Feldbereiche nicht zur untersuchten Region gehören, sind die resultierenden 5 Abminderungskurven nur für einen örtlich bedingten Teil der Region repräsentativ.

Bei der Region Mitte weisen die Hüllkurven der maximalen Ereignisse der Referenzperiode im Gegensatz zur Region West mit wachsender Niederschlagsdauer der Erwartung entsprechend graduell steigende Niederschlagsmengen aus, bei gleichzeitig fallendem Mengenzuwachs, (Abb. 6.7 b).

Region Ost: Für die Region Ost ergeben sich aus Abbildung 6.7 (c) keine neuen Aspekte. Die Abminderungskurven beziehen sich auf 'regionseigene' Niederschlagsfelder, jedoch mit der Einschränkung, dass diese stark ortsgebunden und damit nicht repräsentativ für die gesamte Region sind, wie sich später mit der Analyse zu den einzelnen Zonen innerhalb der Region noch zeigen lässt (siehe Kap. 6.4.2). Die Lage der Abminderungskurven zueinander verhält sich wie bereits bei der Region Mitte beschrieben, mit Ausnahme der 60stündigen Dauer ab ca. 1500 km^2. Allerdings ist die Auswirkung des Wegfalls von Einzelfällen aufgrund des Kontinuitätskriteriums bei den 60- bis 72stündigen Kollektiven bei weitem nicht so ausgeprägt wie in der Region West. Die erweiterte Referenzperiode (1969 bis 1988 anstatt 1981 bis 1988) gibt keine höheren Abminderungskurven, obwohl mit den Ereignissen vom 7./8. August 1978 im Thurgebiet und vom 31.7./1.8.1977 im Reussgebiet/Schächental, zwei ausgesprochen starke Fälle in die Stichprobe kommen. Sie wirken sich aber im ersten Rang der Dauern 12, 24 und 36 Stunden aus. Die Kurven (Abb. 6.7 c) können somit im Sinne der regional stärksten Ereignisse für die Saison Mai - Oktober als repräsentativ angesehen werden.

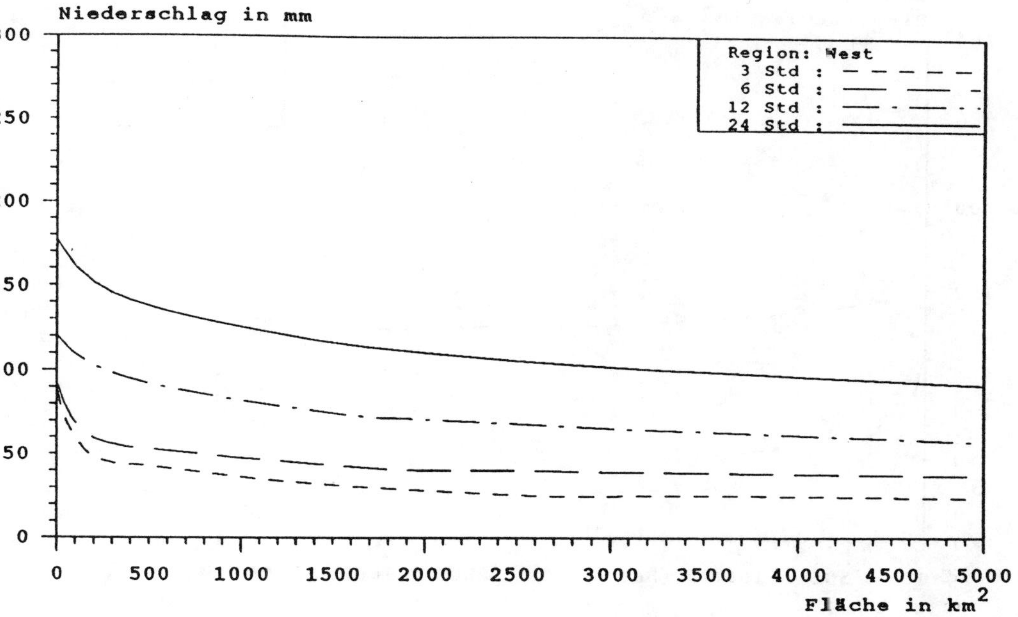

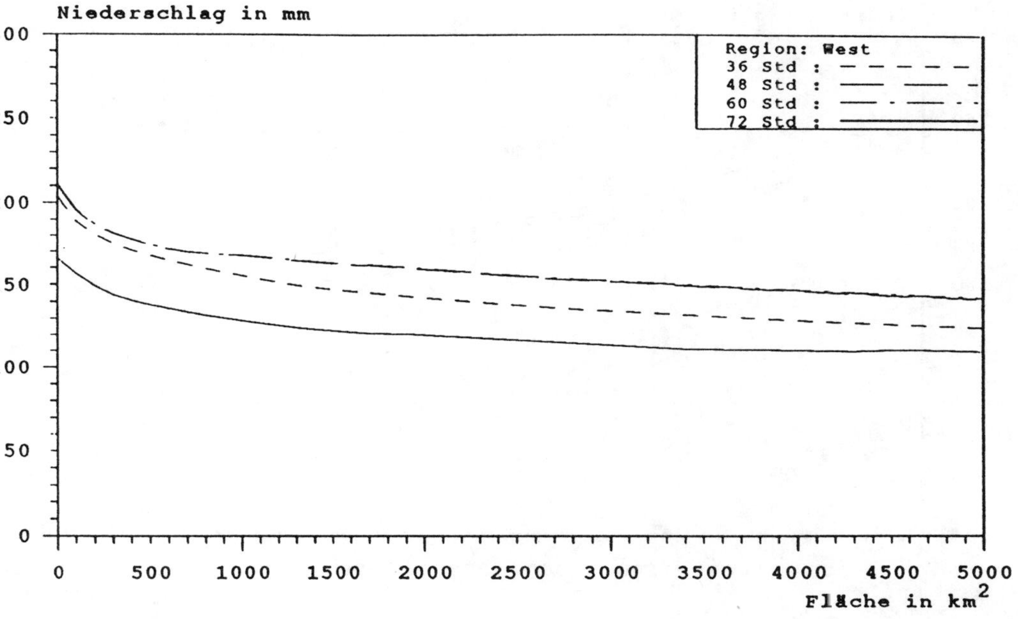

a

Abb. 6.7 a: Absolute Abminderungshüllkurven der Region West für die Dauern 3 bis 24 Stunden (oben) und 36 bis 72 Stunden (unten). Referenzperiode 1981-1988.
Die fast gleiche Lage der Kurven für 48 und 60 Stunden erklärt sich dadurch, dass im massgebenden Ereignis über 48 Stunden hinaus nur noch geringfügig Niederschlag auftrat. Da bei etwa 55 Stunden der Niederschlag dieses Ereignisses ganz abbrach, wurde es im 72stündigen Kollektiv nicht mehr berücksichtigt. Dadurch fällt diese Kurve insgesamt zurück.

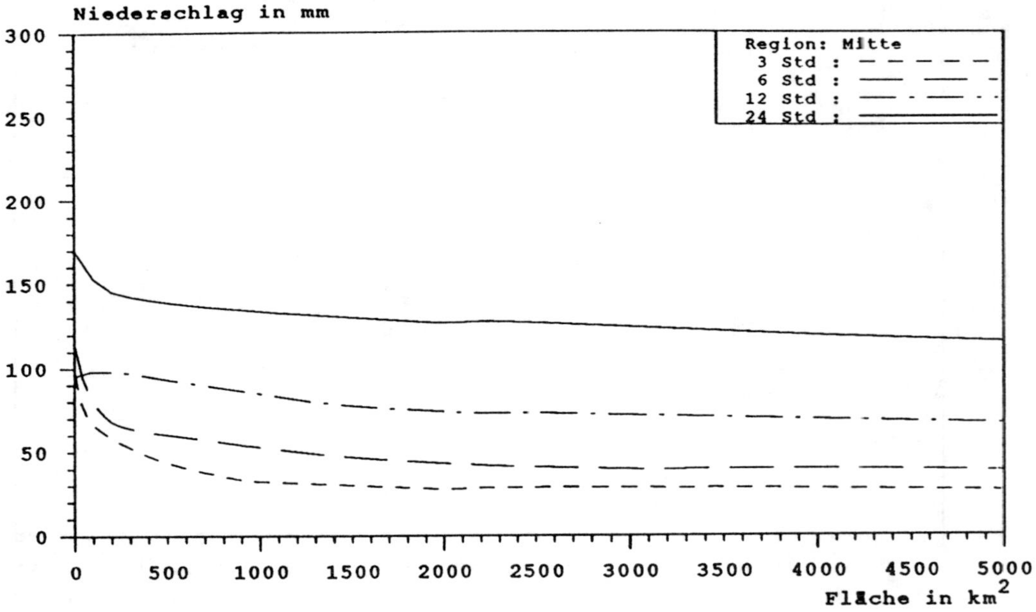

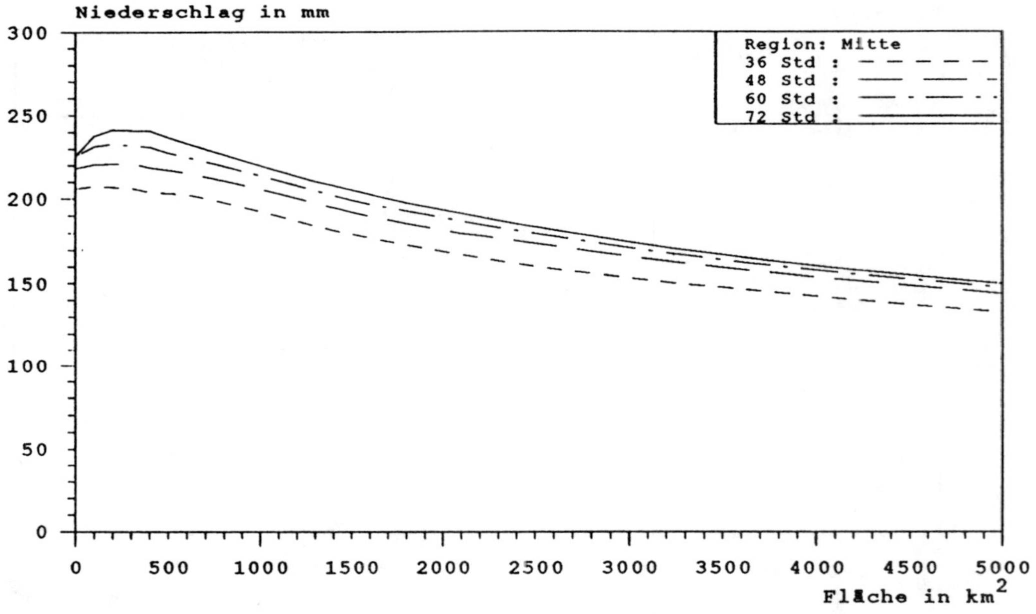

b

Abb. 6.7 b: Absolute Abminderungshüllkurven der Region Mitte für die Dauern 3 bis 24 Stunden (oben) und 36 bis 72 Stunden (unten). Referenzperiode 1981-1988.
Der Kurvenanstieg in den Dauern 12 sowie 36 bis 72 Stunden erklärt sich dadurch, dass die massgebenden Ereignisse in der Region Mitte sekundäre Zentren von Feldern der Region Ost sind. Mit Zunahme der betrachteten Niederschlagsfläche steigen somit die Kurven zunächst an (vergleiche Abb. 6.6).

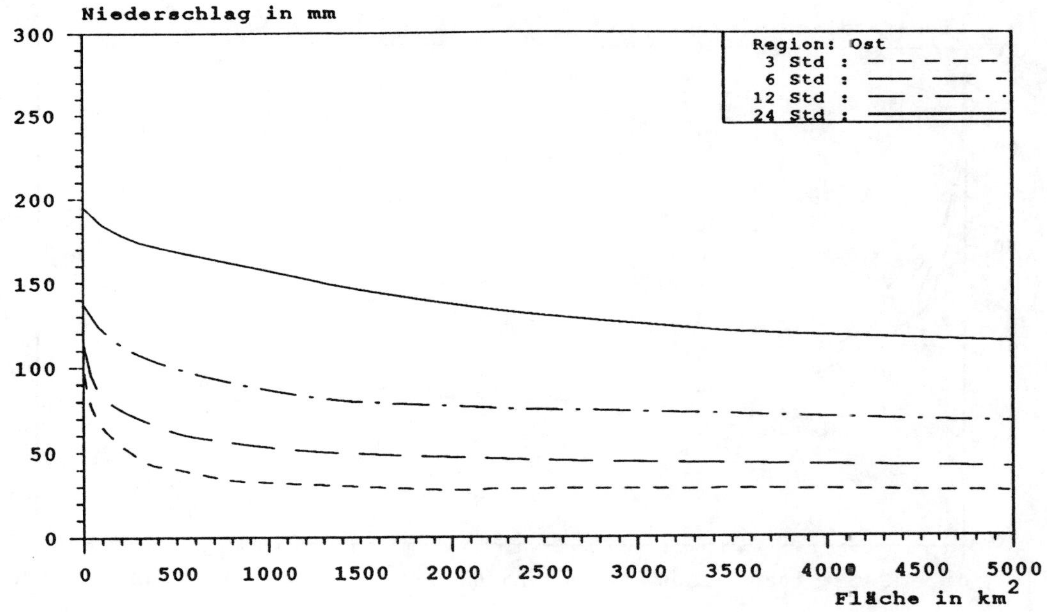

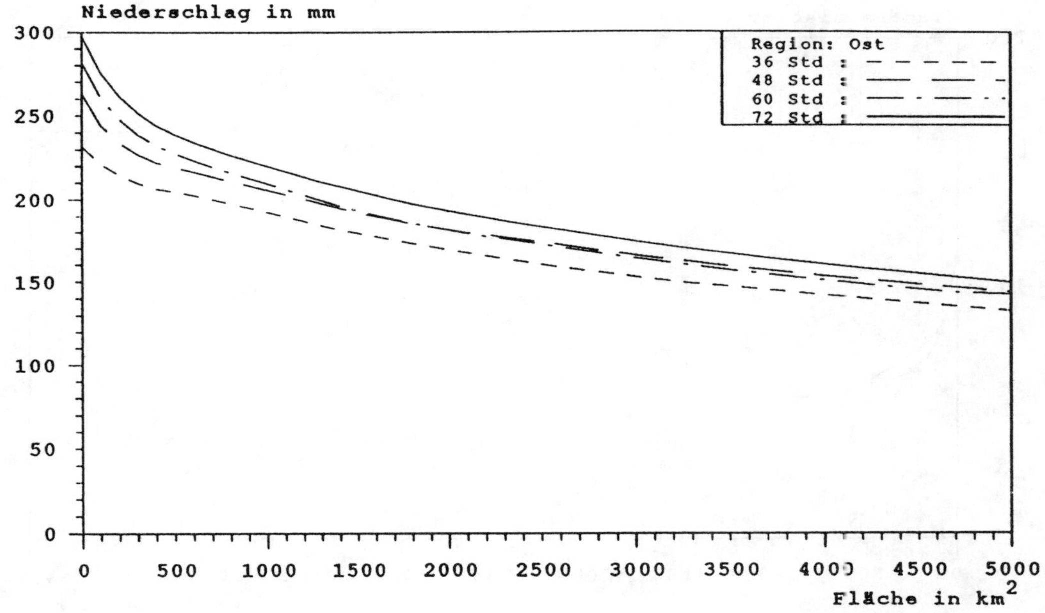

c

Abb. 6.7 c: Absolute Abminderungshüllkurven der Region Ost für die Dauern 3 bis 24 Stunden (oben) und 36 bis 72 Stunden (unten). Referenzperiode 1981-1988.

Vergleich der Regionen pro Dauer

Einen vermehrt niederschlagsklimatologischen Einblick bietet der Vergleich zwischen den Regionen. Auch hier soll vorläufig die Region Ost ohne Unterteilung betrachtet werden.

Dauer 3 Stunden (Abb. 6.8 a): Um keiner Überinterpretation zu erliegen, sei speziell bei diesem Dauertyp noch einmal auf die Grenzen der Analyse hingewiesen. Die sorgfältige Datenaufbereitung lässt die Abminderungskurven über den kleinen Flächen bis ca. 300 km^2

a
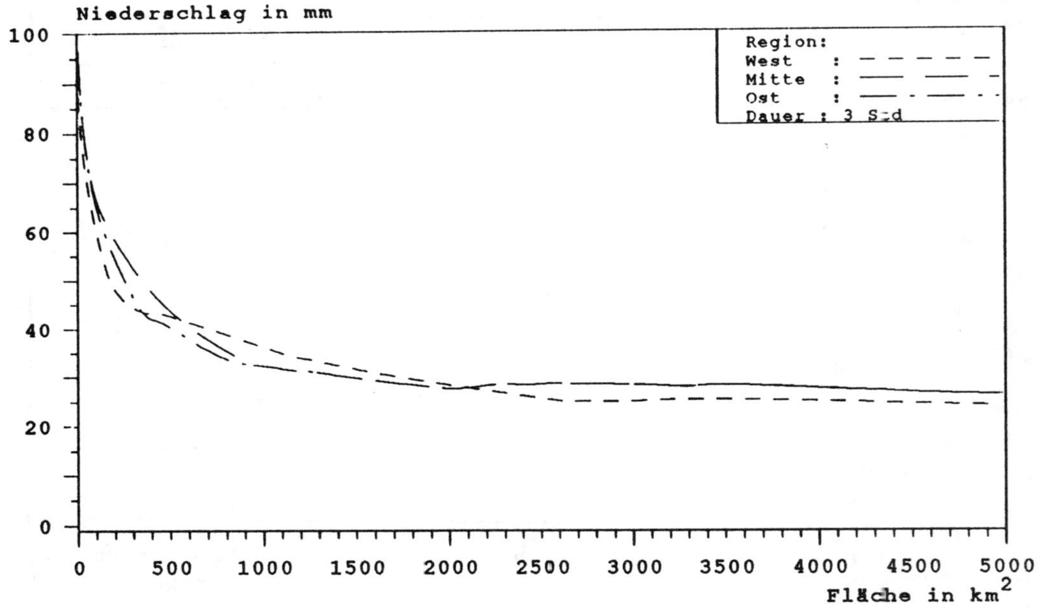

b
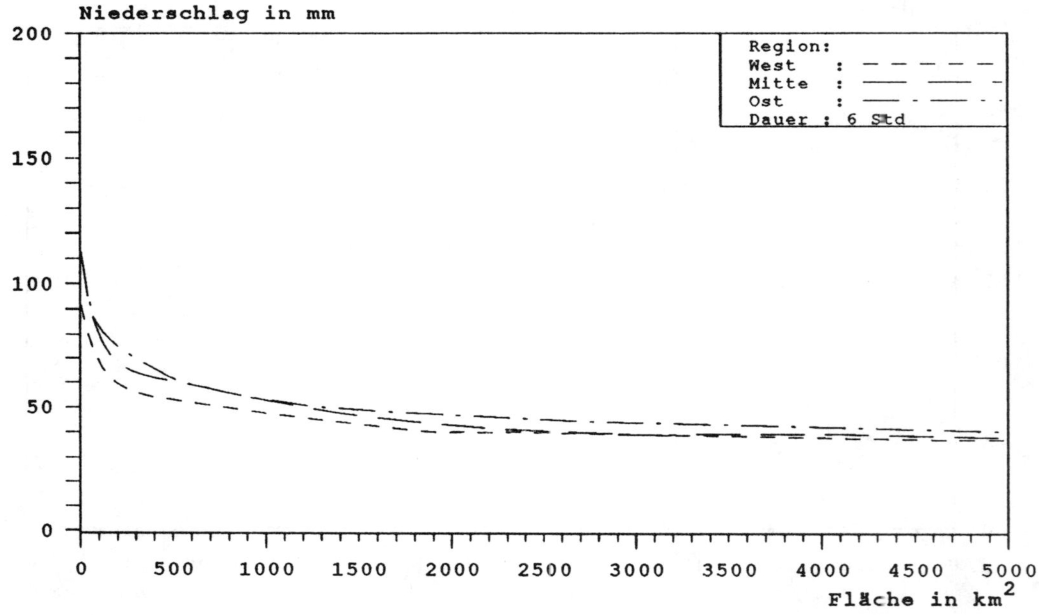

Abb. 6.8: Absolute Abminderungshüllkurven der Regionen West, Mitte und Ost für die Dauern (a) 3 Stunden und (b) 6 Stunden. Referenzperiode 1981-1988.

zwar als gute, aber doch bedingte Näherung einstufen. Die Einschränkungen ergeben sich aus der räumlichen Erfassungsdichte durch die Niederschlagsmessnetze (Kap. 4.5), der zeitlichen Interpolation von Tagesmesswerten (Kap. 5.1) und der sehr beschränkten Referenzperiode.

In den Zentrums- und zentrumsnahen Gebietsniederschlägen bis ca. 100 km^2 unterscheiden sich die 3 Regionen nur wenig; Region West unterliegt dabei bis etwa 5 %. Diese geringen Differenzen entsprechen den Erwartungen, da die massgebenden Randbedingungen für Schauer, – Höhenlage der Gebiete, potentiell orographische Auslösung, potentielle bodennahe Feuchtekonvergenz und die übergeordneten erforderlichen Atmosphärenzustände –, wenig

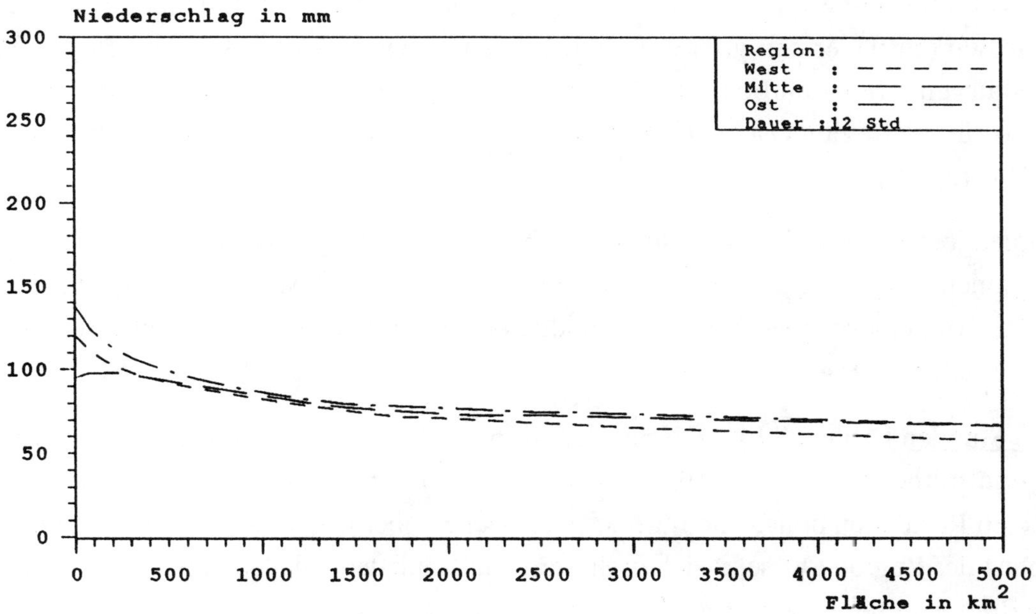

c

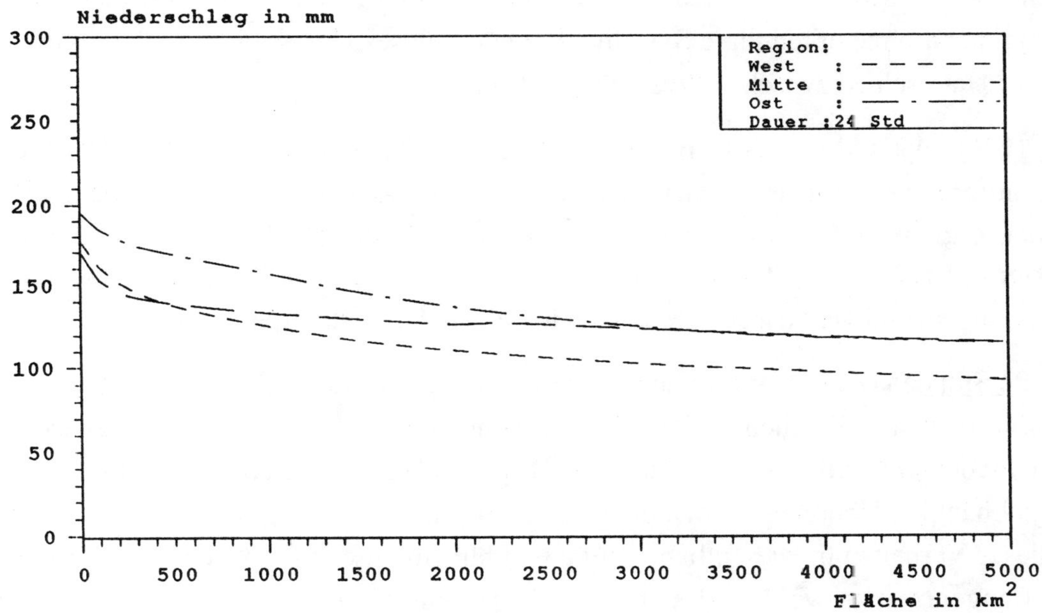

d

Abb. 6.8: Absolute Abminderungshüllkurven der Regionen West, Mitte und Ost für die Dauern (c) 12 Stunden und (d) 24 Stunden. Referenzperiode 1981-1988.

Unterschiede aufweisen. Eine gewisse Bestätigung dafür ist auch die gleichmässige räumliche Verteilung der Ereignisse (Abb. 6.2 a). Unterschiede in den Niederschlagsmengen sind vor allem frequenz- und deshalb in der kurzen Referenzperiode zufallsbedingt. Auf diese Überlegung weisen auch die Frequenzdiagramme hin (Anhang). Im Gegensatz zum gemessenen Höchstwert der Region West liegen die Werte der einzelnen Wiederkehrperiode leicht über denen der Region Ost. Region Mitte wurde bei den Frquenzdiagrammen ausgeschlossen.

Der steile Abfall der Abminderungskurve der Region West beruht auf einer Prägung durch bewegungsarme Luftmassenkonvektion (Kap. 2.1). Während sich im übrigen Gebiet bereits ab etwa 200 km^2 Intensitäten von advektiven Ereignissen alpenübergreifender Niederschlagsfelder auswirken. Über den grösseren Flächen, z.B. über 500 km^2, schwanken die Abminderungskurven offensichtlich zufällig (Stichprobe). Die Frequenzdiagramme geben ab 2000 km^2 für die Region Ost bei einer bestimmten Wiederkehrperiode etwas höhere Werte an als für West.

Zusammengefasst treten bei den 3stündigen Ereignissen nur geringe Unterschiede zwischen den Regionen, d.h. zwischen dem nordalpinen West- und dem Ostteil, auf. Region Mitte kann durch das Abminderungsverhalten der beiden Nachbarregionen als ausreichend genau vertreten angesehen werden.

Dauer 6 Stunden (Abb. 6.8 b): Dieser Dauertyp wird bereits massgebend durch advektive Ereignisse mitbestimmt. Generell weisen die Abminderungskurven im Vergleich zu den 3stündigen Resultaten höhere Beträge aus und flachen oberhalb von 500 km^2 sichtbar ab. Die Dominanz der Region Ost setzt sich in diesen Flächenniederschlägen gegenüber den anderen beiden Regionen tendenziell fort. Die westlichen Ereignisse sind in allen Ausdehnungsbereichen etwas schwächer. Die Abminderungskurve der Region Mitte schwankt bei diesem Dauertyp noch ohne erkennbare Systematik. Durch dieses Übergangsverhalten wird gleichzeitig der Unterschied zwischen West und Ost hervorgehoben.

Dauer 12 Stunden (Abb. 6.8 c): Bei der weiteren Zunahme der Beträge der Abminderungskurven aufgrund der höheren Dauer bleiben die zur 6stündigen Dauer beschriebenen Verhältnisse der Regionen zueinander erhalten. In der Region Mitte tritt aber erstmals der Sekundärcharakter in Erscheinung, d.h. die Abminderungskurve steigt vom Zentrum bis etwa 300 km^2 Ausdehnung an und geht danach allmählich in die Hüllkurve der Region Ost über.

Dauer 24 Stunden (Abb. 6.8 d): Die Dauererhöhung um weitere 12 Stunden schafft nun eine deutliche, über alle Flächen gleichmässige Mengendistanz von ca. 30 mm zwischen den Gebietsniederschlägen von West und Ost. Entsprechend deutlich fällt dadurch auch das flächenabhängige Übergangsverhalten der Region Mitte aus. Es sei allerdings daran erinnert, dass dieses Verhalten im wesentlichen auf auswahlmethodische Ursachen zurückzuführen ist. Es darf angenommen werden, dass regionseigene Niederschlagsfelder anstatt der Auswahl von maximalen Ereignissen einen eigenständigen Abminderungsverlauf der Region Mitte, angenähert an die Region West, zur Folge hätte.

Dauern 36, 48, 60 und 72 Stunden (Abbn. 6.8 e bis h): Ein einheitliches und besonders interessantes Resultat zeigen die Abminderungskurven für 36 bis 72 Stunden Niederschlagsdauer. Über den kleinen Flächen nehmen die Betragsunterschiede zwischen den Gebietsniederschlägen von West und Ost weiter etwas zu. Die Kurven konvergieren aber mit zunehmend grösseren Flächen markant. Das betragsmässige Absinken der 72stündigen Kurve der Region West ist, wie schon in der regionsinternen Diskussion der Kurveneigenschaften besprochen, auf den Ausfall des September-Ereignisses von 1987 zurückzuführen und ist demzufolge nicht repräsentativ. Wesentlich bleibt die Form der Abminderungskurve.

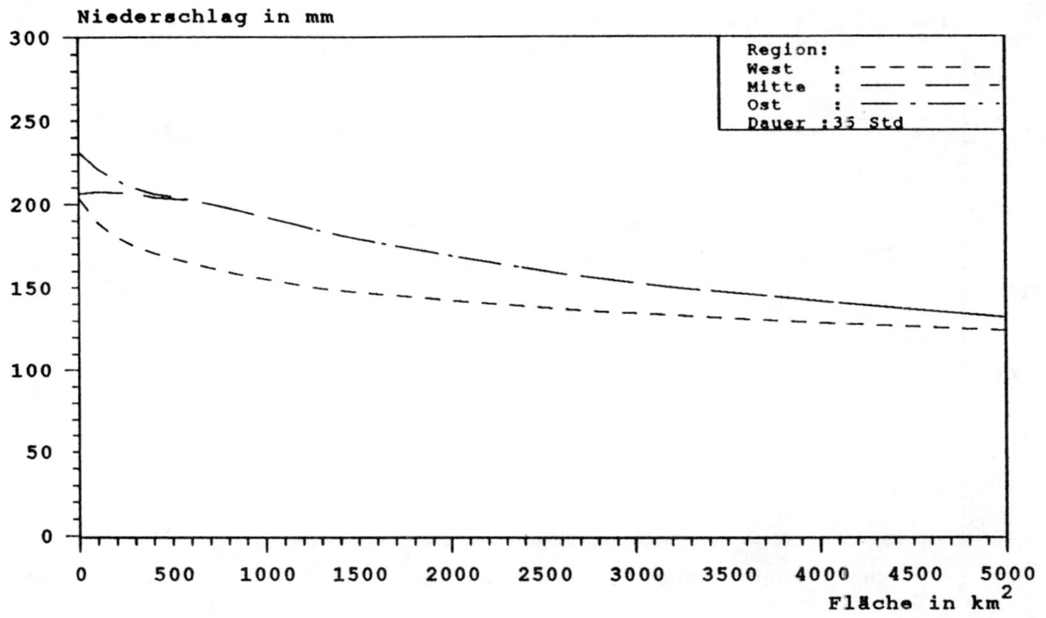

e

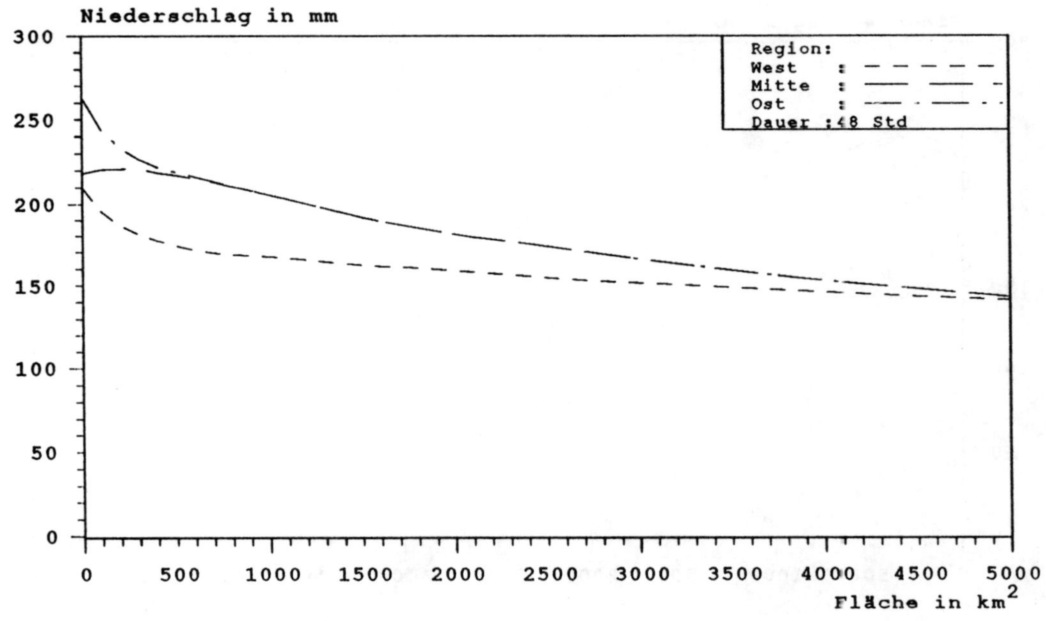

f

Abb. 6.8: Absolute Abminderungshüllkurven der Regionen West, Mitte und Ost für die Dauern (e) 36 Stunden und (f) 48 Stunden. Referenzperiode 1981-1988.

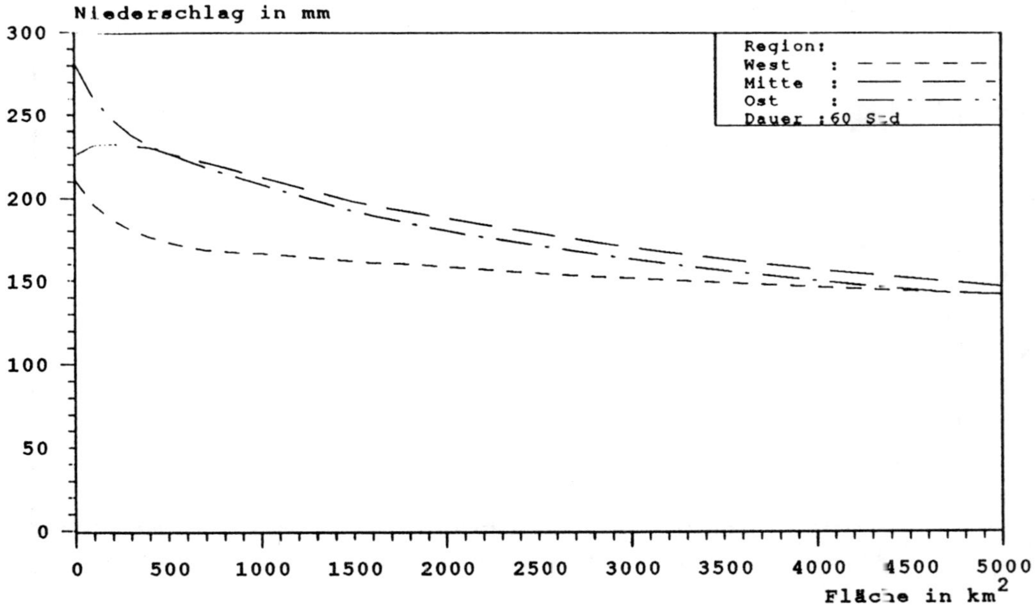

g

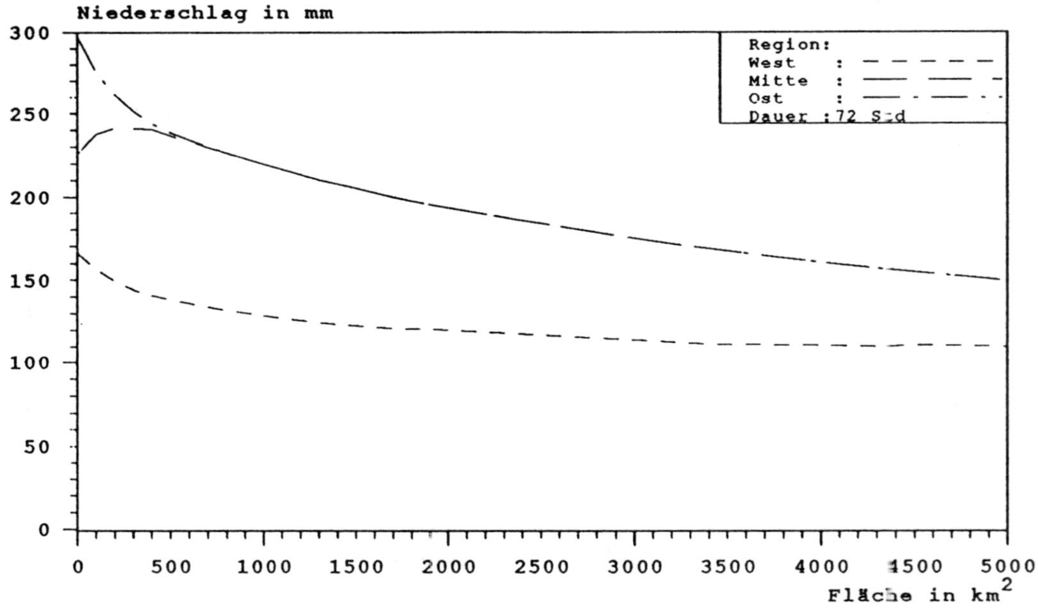

h

Abb. 6.8: Absolute Abminderungshüllkurven der Regionen West, Mitte und Ost für die Dauern (g) 60 Stunden und (h) 72 Stunden. Referenzperiode 1981-1988.

Das Konvergieren der Abminderungsverhaltens entsteht dadurch, dass einerseits die alpenübergreifenden Niederschlagsfelder bis 1000 km^2 durch 'importierte', mediterrane Atmosphärenzustände Niederschlagsmengen erzeugen, die rein nordalpin kaum zu erwarten sind. Anderseits verliert der alpenübergreifende Niederschlagsmechanismus (z.B. Grebner, 1980; Grebner und Richter, 1989; und z.B. Abb. 2.3 a) mit zunehmender Ausdehnung der betrachteten Fläche des Gebietsniederschlags seine Wirksamkeit. Ausserdem verlieren die grossen alpenkammnahen Niederschlagsmengen durch die Mittelung über zunehmenden Flächen an Bedeutung. Somit geht die Charakteristik der Gebietsniederschläge in den Zustand nordalpin zentrierter Ereignisse über. Die Abminderungskurven der Region Ost nähern sich dementsprechend bei grösseren Flächen den rein nordalpinen Bedingungen an.

Die bei alpenübergreifenden Niederschlagssystemen auftretenden hohen Intensitäten sind vor allem auch deshalb bemerkenswert, da die nordalpin massgebende Niederschlagsproduktion in diesen Fällen im Lee des Gebirges und damit oberhalb der Alpenkammhöhe von ca. 2000 m ü.M. stattfindet (Grebner, 1993 a). Dies belegt, dass die verbreitete, scheinbar plausible Ansicht, wonach Stau ein wesentlicher Anlass für Extremniederschläge ist, nicht den Tatsachen entspricht (z.B. Grebner, 1980).

Auch die schon mehrfach angesprochenen Eigenschaften des Ereigniskollektives der Region Mitte werden in den Dauertypen 36 bis 72 Stunden eindeutig. Die Niederschlagsmengen in den Zentren der ausgewählten Maximalereignisse entsprechen etwa den Bedingungen der Region West. Mit zunehmender Ausdehnung des betrachteten Niederschlagsfeldes wird das Hauptzentrum mit einbezogen. Die Abminderungshüllkurve geht rasch in diejenige der Region Ost über. Wie sich bei der detaillierten Analyse der Region Ost noch weiter zeigen wird, bedeutet dies für die Beurteilung der Region Mitte, dass eine örtliche Unterscheidung zu treffen ist. Im überlappenden alpennahen Bereich der Region Mitte zur Region Ost (Abb. 4.2) können die Stützbeträge der Hüllkurve betragsmässig von unten her der östlichen Abminderung angenähert angenommen werden. Die übrige Region Mitte lässt sich durch die Abminderungen 'Mittelland' (siehe Kap. 6.4.2, Abb. 6.11) vertreten.

6.3.3 Diskussion der relativen Hüllkurven

Die relativen Hüllkurven sind die mit den jeweiligen Zentrumswerten normierten Abminderungskurven. Sie stellen somit die flächenabhängigen Funktionen der Flächenreduktionsfaktoren dar (siehe Kap. 1 und 3) und eignen sich zum Vergleich der Kurvensteigungen der verschiedenen Dauern und Regionen sowie mit einigen der in Kapitel 3 erwähnten Arbeiten.

Vergleich der Dauerabhängigkeiten pro Region

Region West (Abb. 6.9 a): Mit zunehmender Niederschlagsdauer nimmt das Gefälle der Abminderungskurven bis zu 48stündigen Ereignissen konsequent ab. Dieses prinzipielle Verhalten wird in der Literatur aufgrund der Mittelbildung für den mittleren Flächenreduktionsfaktor (ARF, ACF) vielfach übersehen und wurde in Kapitel 3 entsprechend diskutiert. Die kurzzeitigen, im Bereich kleiner Flächen konvektiven Ereignisse von 3 und gegebenenfalls 6 Stunden Dauer zeigen eine sehr starke Abnahme des Mengenverhältnisses zwischen dem Niederschlagszentrum und den Niederschlagsmengen über den Flächen. Für 3stündige Fälle erreicht der Gebietsniederschlag von 300 km^2 maximal nur noch 50 % des Zentrumswertes. Dies bedeutet unter Voraussetzung einer etwa kreissymmetrischen Niederschlagsabnahme mit parabolischen Mengen-Querschnitt (z.B. nach Frühling 1894) eine radiale Niederschlagsabnahme auf 50 % des Zentrumswertes in maximal 5 km Zentrumsdistanz (siehe auch Kap. 2.1). Bei Flächen von mehr als 300 km^2 setzen sich nach einem raschen Übergang die Eigenschaften der advektiven Ereignisse durch (Abb. 6.9 a). Die Kurvenschar verläuft, abgesehen von den bereits beschriebenen Schwankungen (Kap. 6.3.1), annähernd parallel.

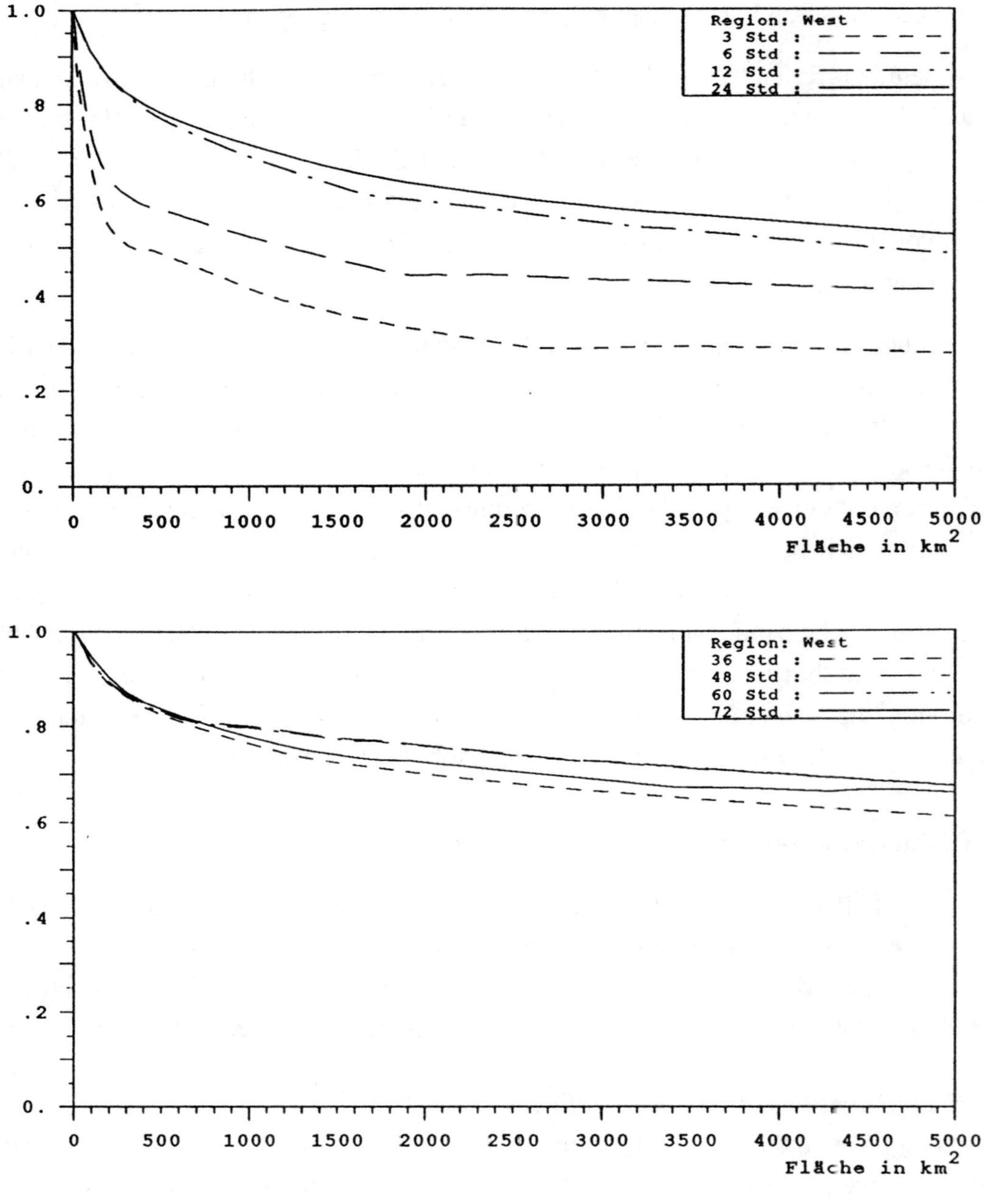

a

Abb. 6.9 a: Relative Abminderungshüllkurven der Region West für die Dauern 3 bis 72 Stunden. Referenzperiode 1981-1988.

Der generelle Übergang zu den massgeblich advektiv bestimmten Ereignissen, von 6 zu 12 Stunden Dauer, drückt sich in der vergleichsweise starken Abflachung der Kurvensteigungen über den kleinen Flächen bis ca. 700 km^2 aus. Bemerkenswert ist die bereits bei der absoluten Kurvendarstellung erwähnte Stärke des Ereignisses der Region West vom September 1987. Es hebt nicht nur den absoluten, sondern auch den relativen Kurvenverlauf an (Abb. 6.9 a, vergleiche 36 und 48 Stunden). Sein Wegfall führt auch in dieser Darstellungsform ab ca. 700 km^2 zur Verkleinerung des Verhältnisses.

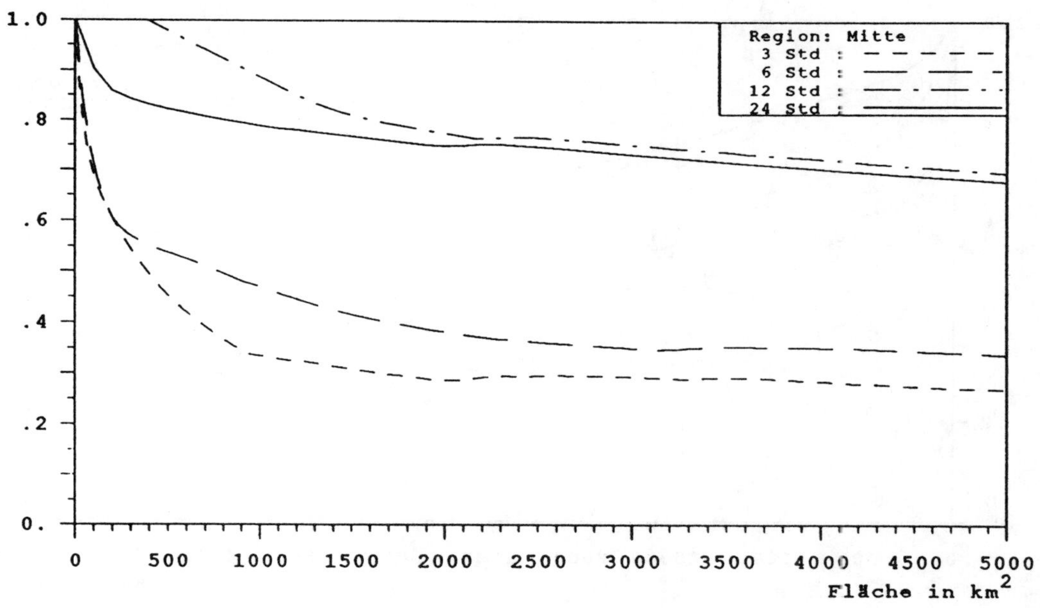

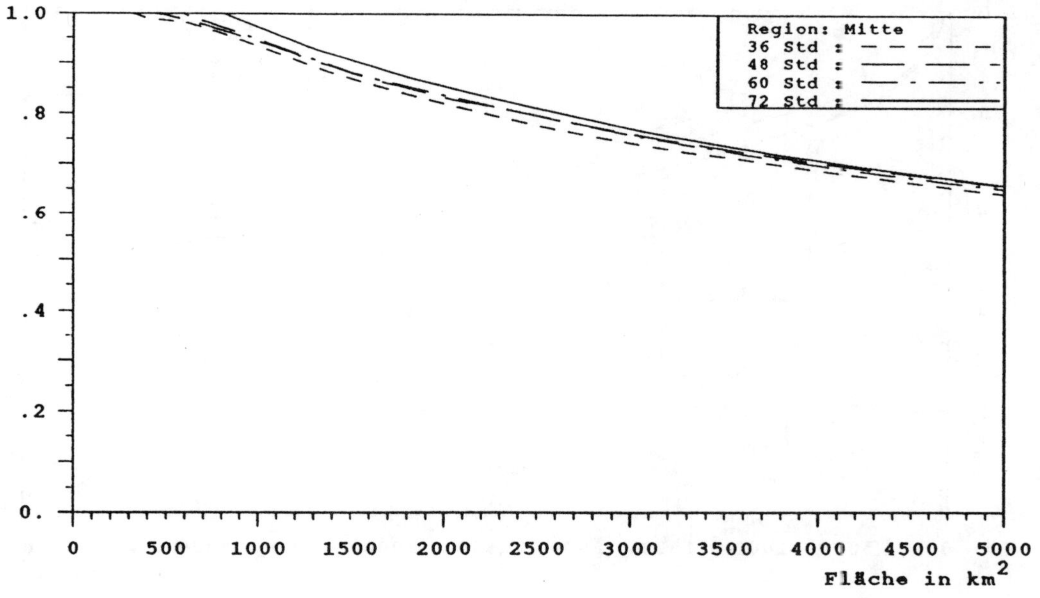

b

Abb. 6.9 b: Relative Abminderungshüllkurven der Region Mitte für die Dauern 3 bis 72 Stunden. Referenzperiode 1981-1988.
Das Überschreiten des Wertes 1.0 in den Dauern 12 sowie 36 bis 72 Stunden erklärt sich dadurch, dass die massgebenden Ereignisse in der Region Mitte sekundäre Zentren von Feldern der Region Ost sind. Mit Zunahme der betrachteten Niederschlagsfläche steigen somit die Kurven zunächst an (vergleiche Abb. 6.7 b).

Region Mitte (Abb. 6.9 b): Die Diskussion zur Region West lässt sich prinzipiell auch auf die Region Mitte übertragen. Im Detail macht sich jedoch zwangsläufig wieder das definitionsfremde Verhalten in den bereits bekannten Dauertypen 12, 36, 48, 60 und 72 Stunden bemerkbar. Durch den Bezug der Gebietsniederschläge auf den nicht als tatsächliches Ereignismaximum in Erscheinung tretenden Zentrumswert ergeben sich über den Flächen bis 800 km^2 Reduktionsfaktoren grösser als 1.0.

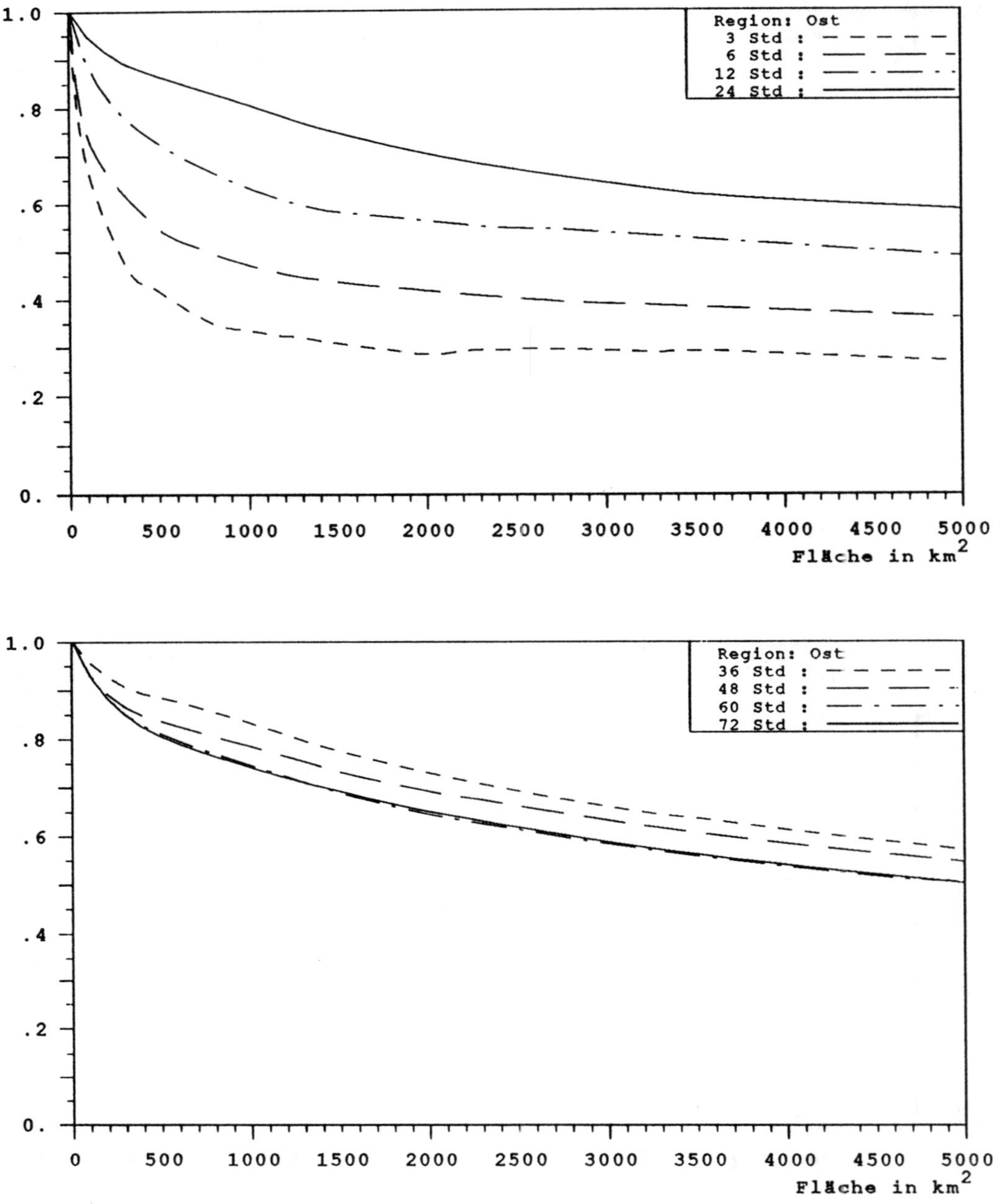

c

Abb. 6.9 c: Relative Abminderungshüllkurven der Region Ost für die Dauern 3 bis 72 Stunden. Referenzperiode 1981-1988.

Region Ost (Abb. 6.9 c): Auch in der Region Ost zeigen sich bis zur Dauer von 24 Stunden qualitativ die gleichen Veränderungen wie in Region West. Die Umkehr in der Abflachungstendenz in den Dauertypen 36 bis 60 Stunden ist als stichprobenabhängig zu beurteilen. Das Ereignis vom 16. bis 19. Juli 1987 bildet von der 12stündigen Dauer an zum Teil deutlich die Stützstellen der Hüllkurve aller weiteren Dauern, mit Ausnahme der 48 Stunden-Charakteristik. Dadurch übertragen sich die Eigenschaften dieses Ereignisses und seine Veränderungen auf die Hüllkurve. Demzufolge ist die 36stündige Faktorenkurve als erste Näherung für alle längeren Dauern anzusehen.

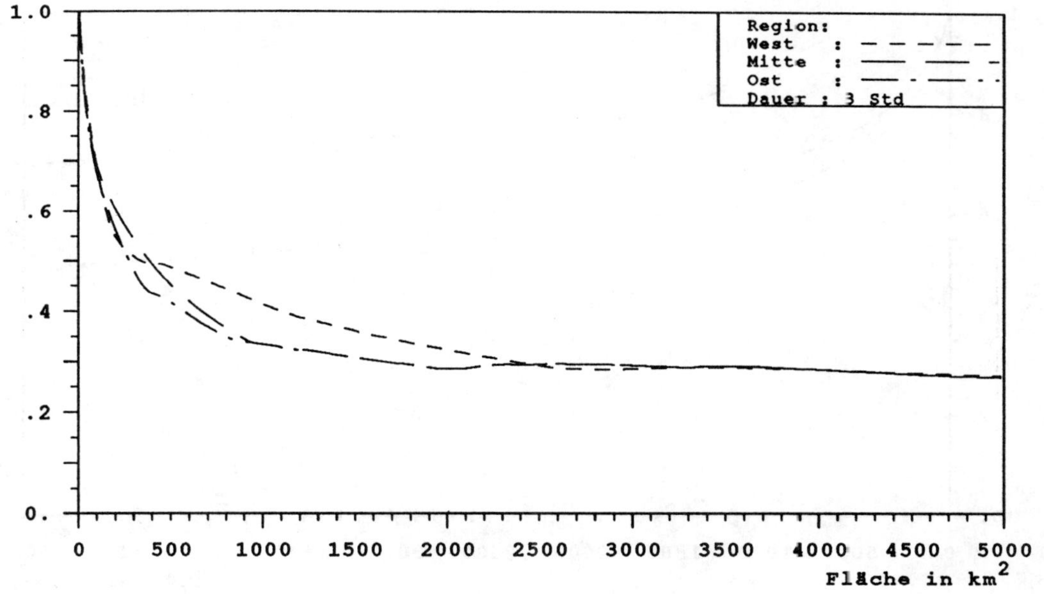

a

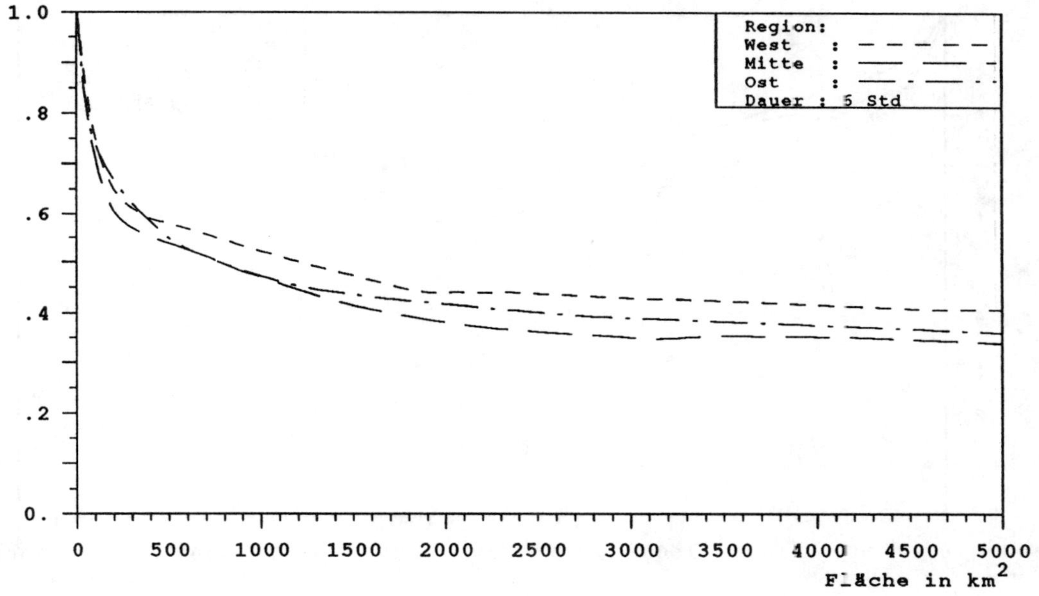

b

Abb. 6.10: Relative Abminderungshüllkurven der Regionen West, Mitte und Ost für die Dauern (a) 3 Stunden und (b) 6 Stunden. Referenzperiode 1981-1988.

Vergleich der Regionen pro Dauer

Dauer 3 Stunden (Abb. 6.10 a): Die relative Abminderung verhält sich in allen 3 Regionen bemerkenswert gleich, sowohl im Flächenbereich der Schauer als auch der advektiven Niederschlagsfelder. Dies verifiziert sowohl die Hinweise aus der absoluten Darstellung in Kapitel 6.3.2 als auch die Datenaufbereitung. Der Übergang vom konvektiven zum advektiven Kurvenast liegt zwischen 300 und 600 km^2 und ist im vorliegenden Fall stichprobenabhängig fliessend bis schroff.

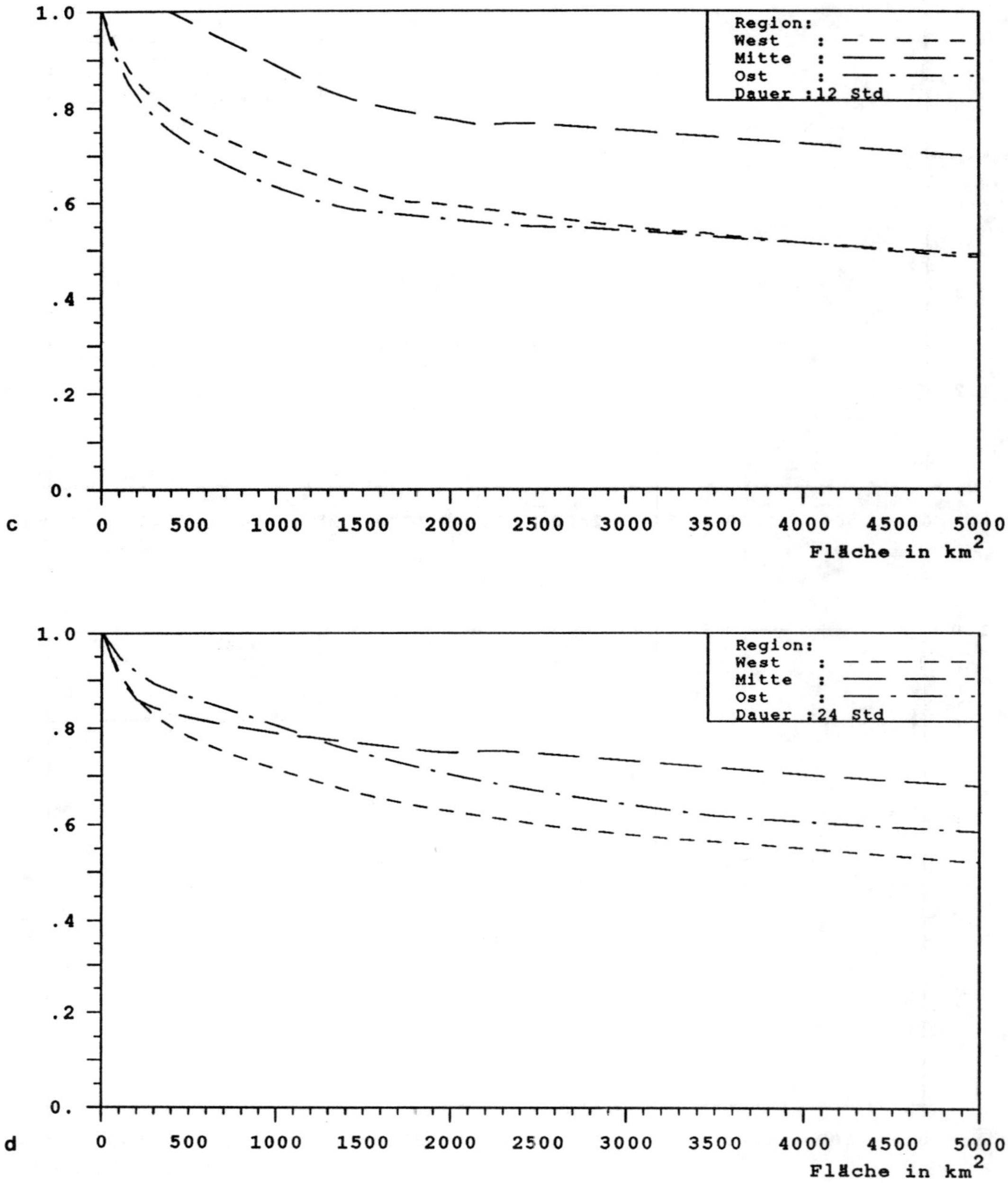

Abb. 6.10: Relative Abminderungshüllkurven der Regionen West, Mitte und Ost für die Dauern (c) 12 Stunden und (d) 24 Stunden. Referenzperiode 1981-1988. Kurvenabschnitte > 1.0 der Region Mitte siehe Erklärung zu Abbildung 6.9 b.

<u>Dauer 6, 12 und 24 Stunden</u> (Abb. 6.10 b, c, d): Die Grösse der Kurvensteigungen der Regionen Ost und West wechseln sich von Dauerstufe zu Dauerstufe gegenseitig ab. Eine generelle Aussage hinsichtlich Regionsunterschieden ist damit in diesen Dauertypen kaum möglich. Die Faktorenkurven der beiden Regionen zeigen also zumindest aufgrund der Stichprobe ein ähnliches Verhalten. Region Mitte wird wegen der bekannten Deformation des erfassten Abminderungsverhaltens in diesem relativen Zusammenhang nicht berücksichtigt.

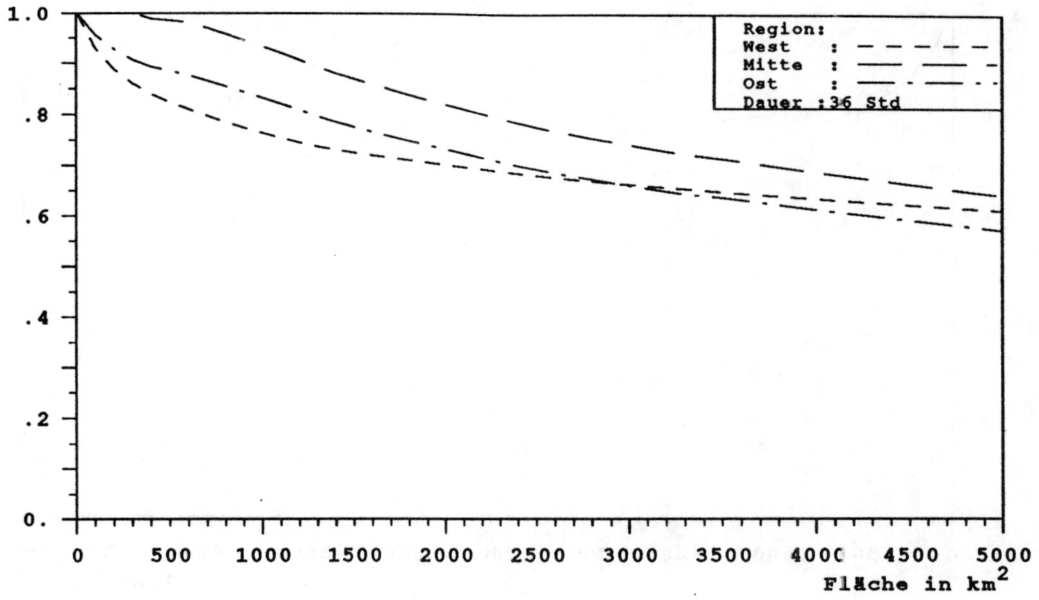

e

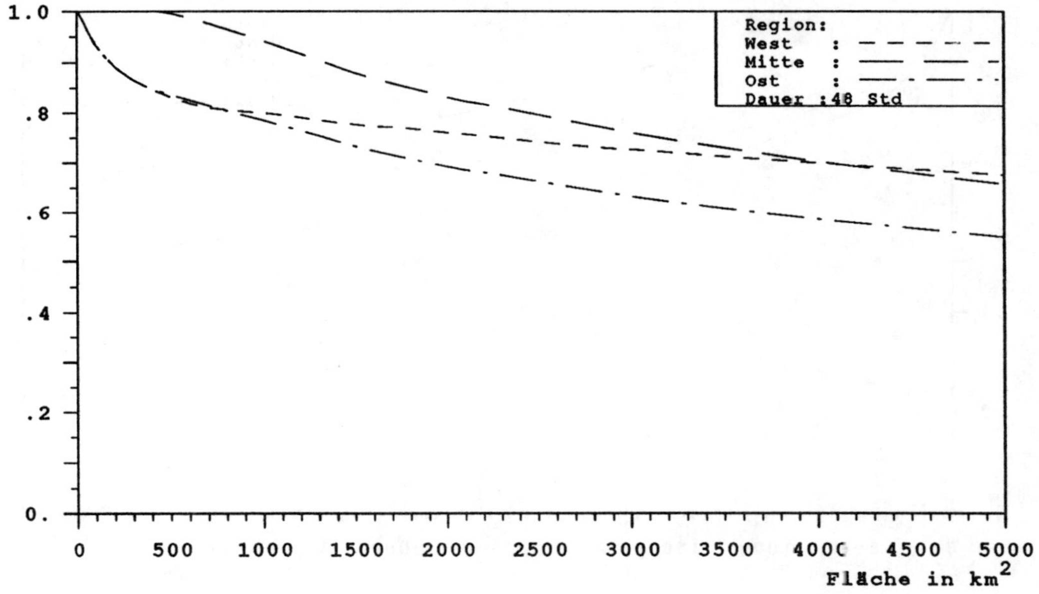

f

Abb. 6.10: Relative Abminderungshüllkurven der Regionen West, Mitte und Ost für die Dauern (e) 36 Stunden und (f) 48 Stunden. Referenzperiode 1981-1988. Kurvenabschnitte > 1.0 der Region West siehe Erklärung zu Abbildung 6.9 b.

Dauern 36, 48, 60 und 72 Stunden (Abb. 6.10 e bis h): In diesen Dauerstufen wirkt sich das in Kapitel 6.3.2 beschriebene, konvergente Verhalten der absoluten Hüllkurven in den relativen Darstellungen zwangsläufig als divergenter Verlauf aus. Diese Eigenschaft beginnt meist schon im Zentrum der Kurven. Die Erklärung, dass besonders ergiebige Niederschlagsfelder eine stärkere Abminderung aufweisen, wurde bereits gegeben.

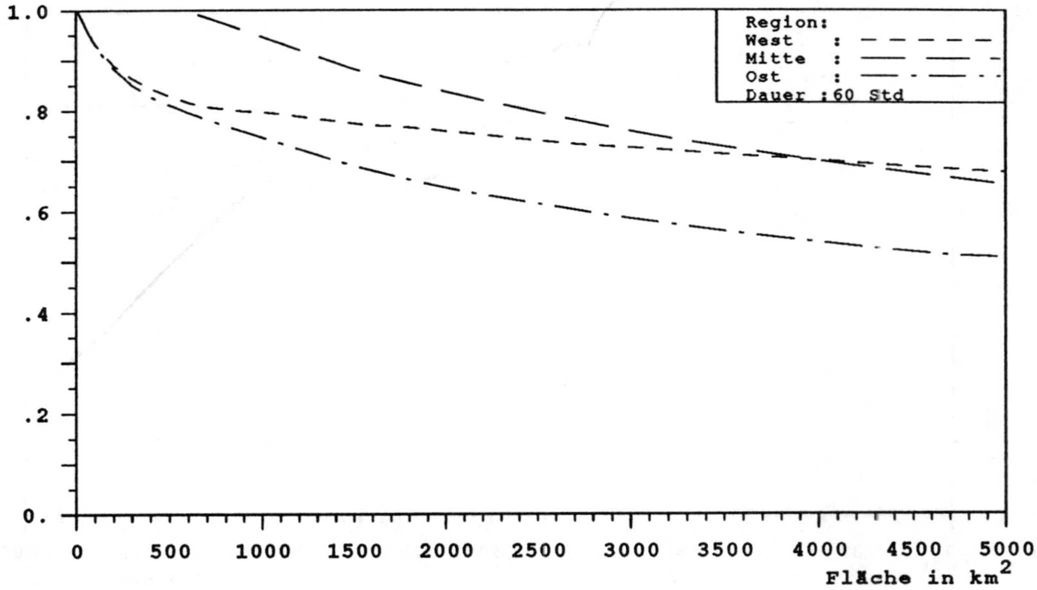

g

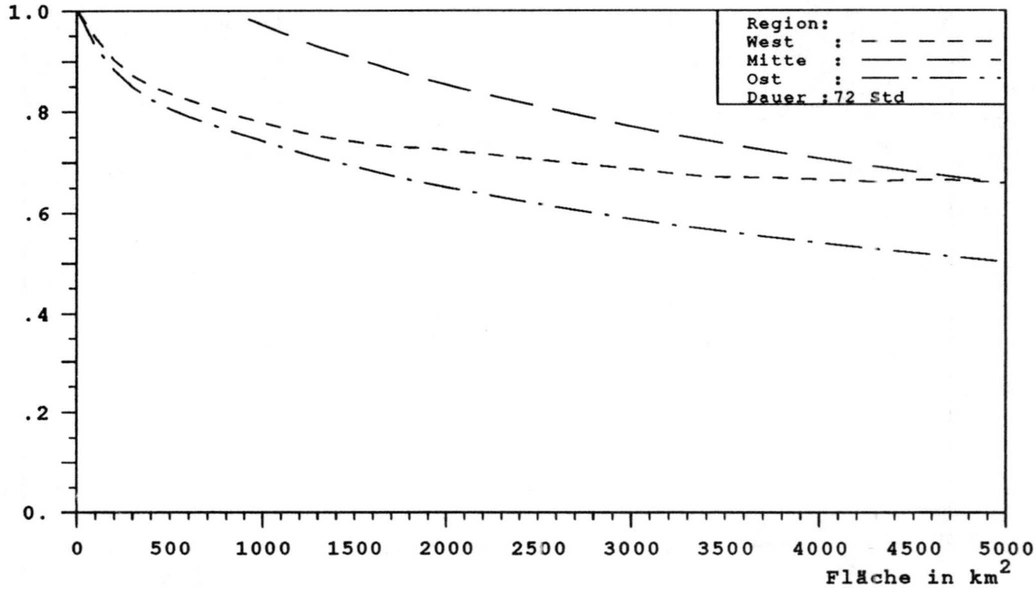

h

Abb. 6.10: Relative Abminderungshüllkurven der Regionen West, Mitte und Ost für die Dauern (g) 60 Stunden und (h) 72 Stunden. Referenzperiode 1981-1988. Kurvenabschnitte > 1.0 der Region Mitte siehe Erklärung zu Abbildung 6.9 b.

6.4 Abminderungskurven der Zonen innerhalb der Region Ost

6.4.1 Darstellungen

Ziel der nachfolgenden Kapitel 6.4.2 und 6.4.3 ist die insbesondere niederschlagsklimatologisch interessante Gegenüberstellung der Gebietseigenschaften nordalpin zentrierter, bzw. südalpin zentrierter Niederschlagsfelder mit Auswirkung auf die Alpennordseite (Grebner, 1993 a).

In den beiden Abbildungsvarianten, absolute und relative Abminderung, sind analog zu den Kapiteln 6.3.2 und 6.3.3 pro Dauerstufe die Zonenvergleiche wiedergegeben. Zur besseren Übersicht werden jedoch die Gegenüberstellungen der Zone 'Thur' mit der für alpenübergreifende Ereignisse repräsentativen alpinen Zone 'Hinterrhein' sowie 'Mittelland' und 'Hinterrhein' jeweils auf einer Seite, aber in zwei getrennten Abbildungen gezeigt (Abbn. 6.11 a-h und 6.12 a-h). Die Skalierungen der Koordinaten sind mit denen der Kapitel 6.3.2 und 6.3.3 identisch.

Die Gegenüberstellung der 8 Dauertypen pro Zone ist im vorliegenden Zusammenhang von sekundärer Bedeutung und wird demzufolge, im Gegensatz zu den Kapiteln 6.3.2 und 6.3.3, hier nicht wiedergegeben.

6.4.2 Diskussion der absoluten Hüllkurven der 'Zonen Ost'

Vergleich der Zonen pro Dauer

Dauer 3 Stunden (Abb. 6.11 a): Im konvektiven Ereigniskollektiv, das bedeutet kurze Dauern und kleine Flächen bis ca. 700 km^2, sind die nordalpinen Schauer der tiefen Lagen den inneralpinen Schauern betragsmässig zum Teil deutlich überlegen. Ursache dafür sind die inneralpin ungünstigeren thermodynamischen Randbedingungen für Konvektion verglichen mit dem Alpenvorland (siehe Kap. 2.1). Die Kurvenunterschiede über den kleineren Flächen können deshalb als systematisch eingestuft werden. Der bemerkenswerte Unterschied zwischen der Zone 'Thur' und der wesentlich ausgedehnteren Zone 'Mittelland' ist nicht niederschlagsklimatisch als vielmehr statistisch zu begründen.

Bei zunehmenden Niederschlagsflächen ab etwa 700 km^2 übernehmen, wie bereits früher erwähnt, advektive Niederschläge die Stützstellen der Hüllkurven. Die Abminderungskurven der verglichenen Zonen nähern sich an. Allerdings darf davon nicht auf gleiche Randbedingungen der Niederschlagsbildung geschlossen werden. Die Niederschlagsproduktion nordalpin zentrierter Ereignisse findet i.a. in einer vertikal tiefer reichenden Schicht statt, allerdings offensichtlich bei geringerer spezifischer Niederschlagsbildung als bei südalpin zentrierten, über den Alpenkamm reichenden und primär stabilen Aufgleitprozessen (Grebner, 1980; Grebner und Richter, 1989; Grebner, 1993 a).

Über ausgedehnteren Flächen (über 1500 km^2) übersteigen die alpenübergreifenden Gebietsniederschläge bereits geringfügig die rein nordalpinen Zustände. Obwohl die Unterschiede klein sind, dürfen sie aufgrund dieser bei allen weiteren Dauertypen zu beobachtenden Verhältnisse als systematisch angesehen werden.

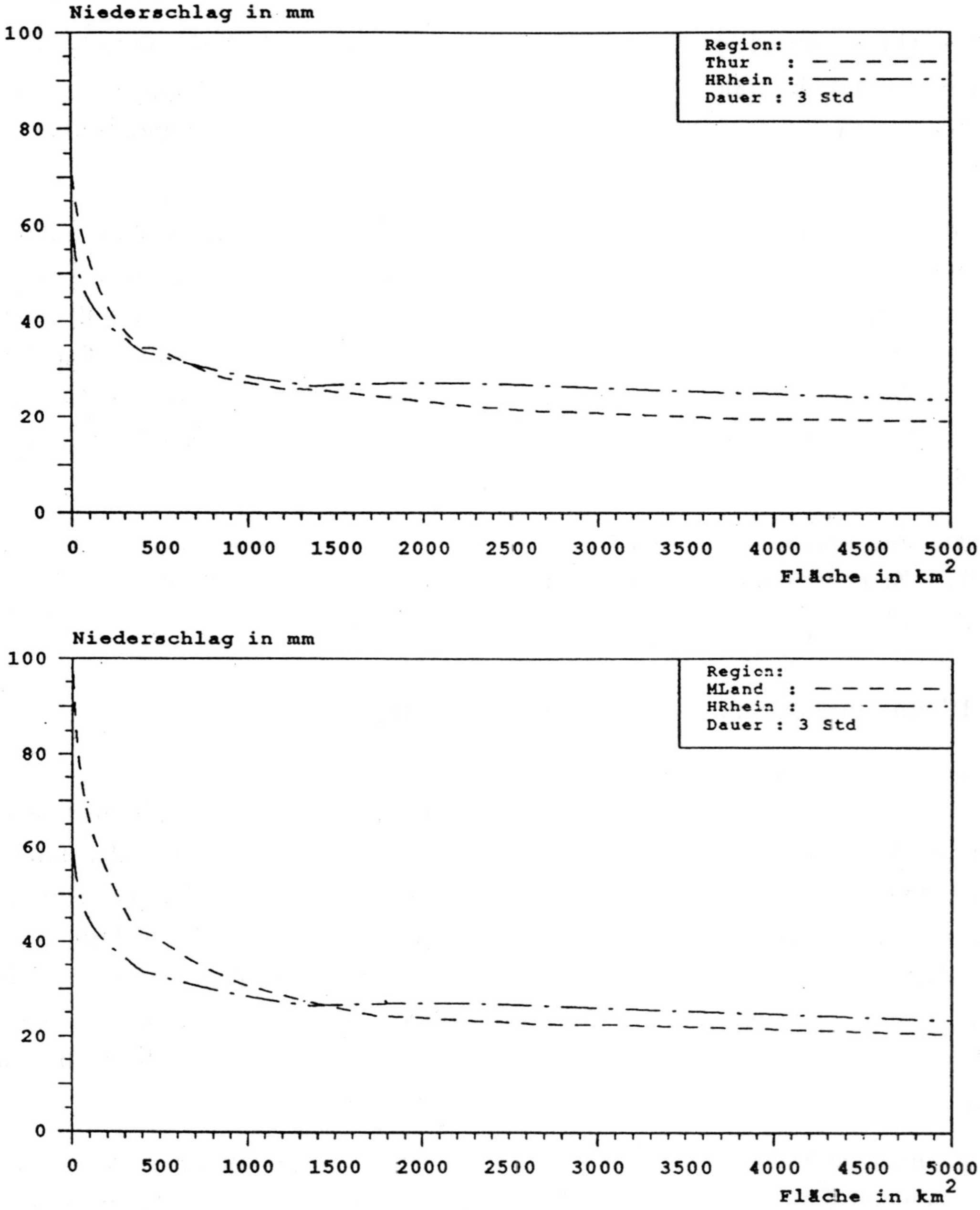

a

Abb. 6.11 a: Absolute Abminderungshüllkurven der Zonen Thur und Hinterrhein (oben) sowie Mittelland und Hinterrhein (unten) in der Region Ost für 3 Stunden Niederschlagsdauer. Referenzperiode 1981-1988.

<u>Dauer 6 Stunden</u> (Abb. 6.11 b): Die Anordnung der Abminderungskurven Thur und Mittelland zueinander bleibt in dem für 3 Stunden beschriebenen Sinn erhalten. Die alpenübergreifenden Ereignisse haben in der 6stündigen Dauerstufe, die als Übergang zu Ereigniskollektiven mit primär rein advektiv bestimmten Niederschlägen angesehen werden kann, bereits

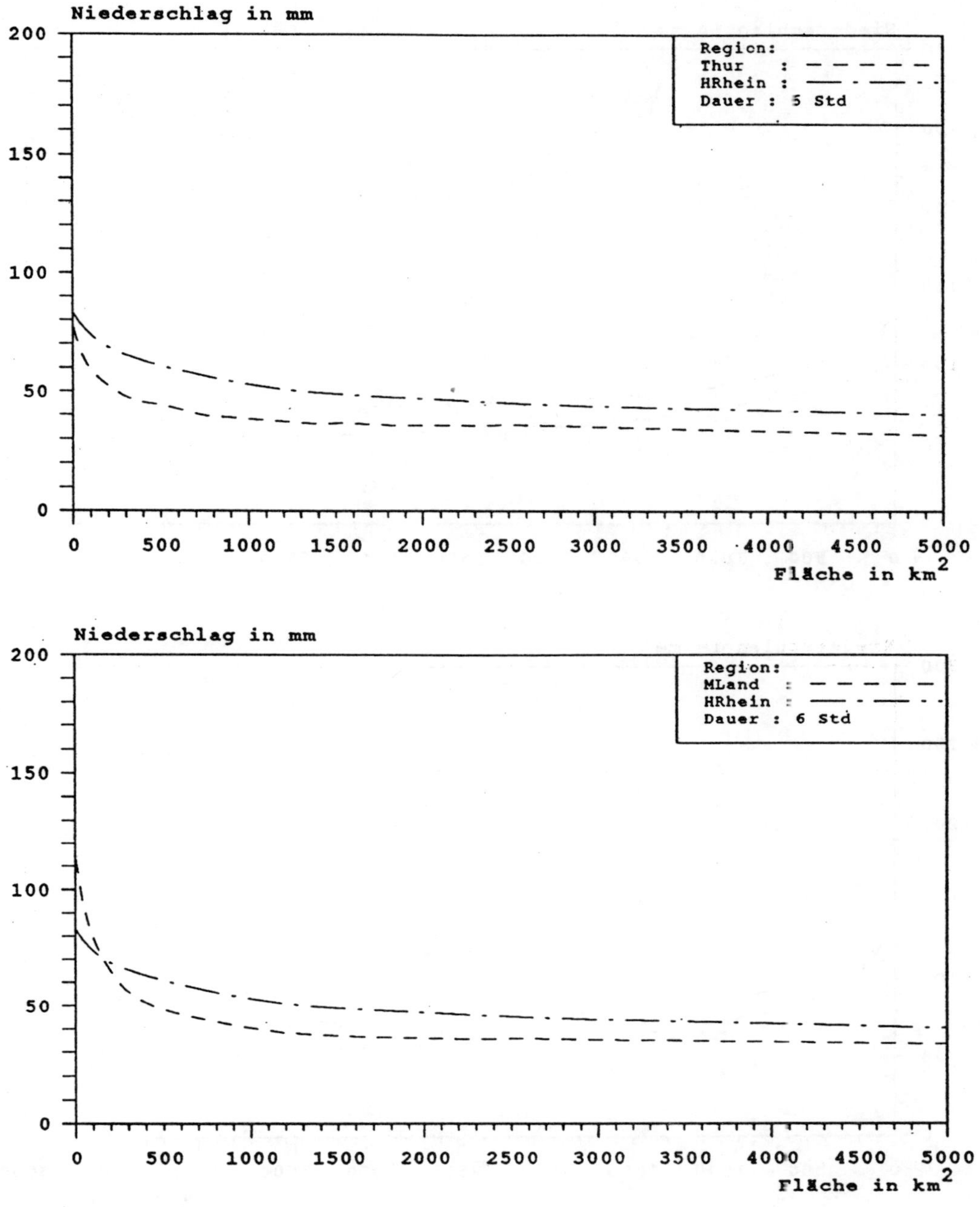

b

Abb. 6.11 b: Wie Abbildung 6.11 (a) für 6 Stunden Niederschlagsdauer.

wesentlich an Bedeutung gewonnen. Die Dominanz des Mittellandes bis Flächen um 200 km^2, d.h. im Bereich der Niederschlagszentren, kann dadurch erklärt werden, dass bei 6stündiger Dauer zwar bereits advektive Fälle in die Stichprobe eingehen, aufgrund der synoptischen Voraussetzungen sind jedoch noch lokal massgebende konvektive Verstärkungen möglich, wie z.B. in aktiven Frontpassagen. Den alpenübergreifenden Ereignissen mit ausgedehnter Reichweite auf die Alpennordseite liegt zwangsläufig eine statisch stabile Schichtung mit advektiver Niederschlagsproduktion zugrunde. Dies drückt sich einerseits in den unterlegenen Zentrumswerten und anderseits im deutlich flacheren Verlauf der Hüllkurve aus.

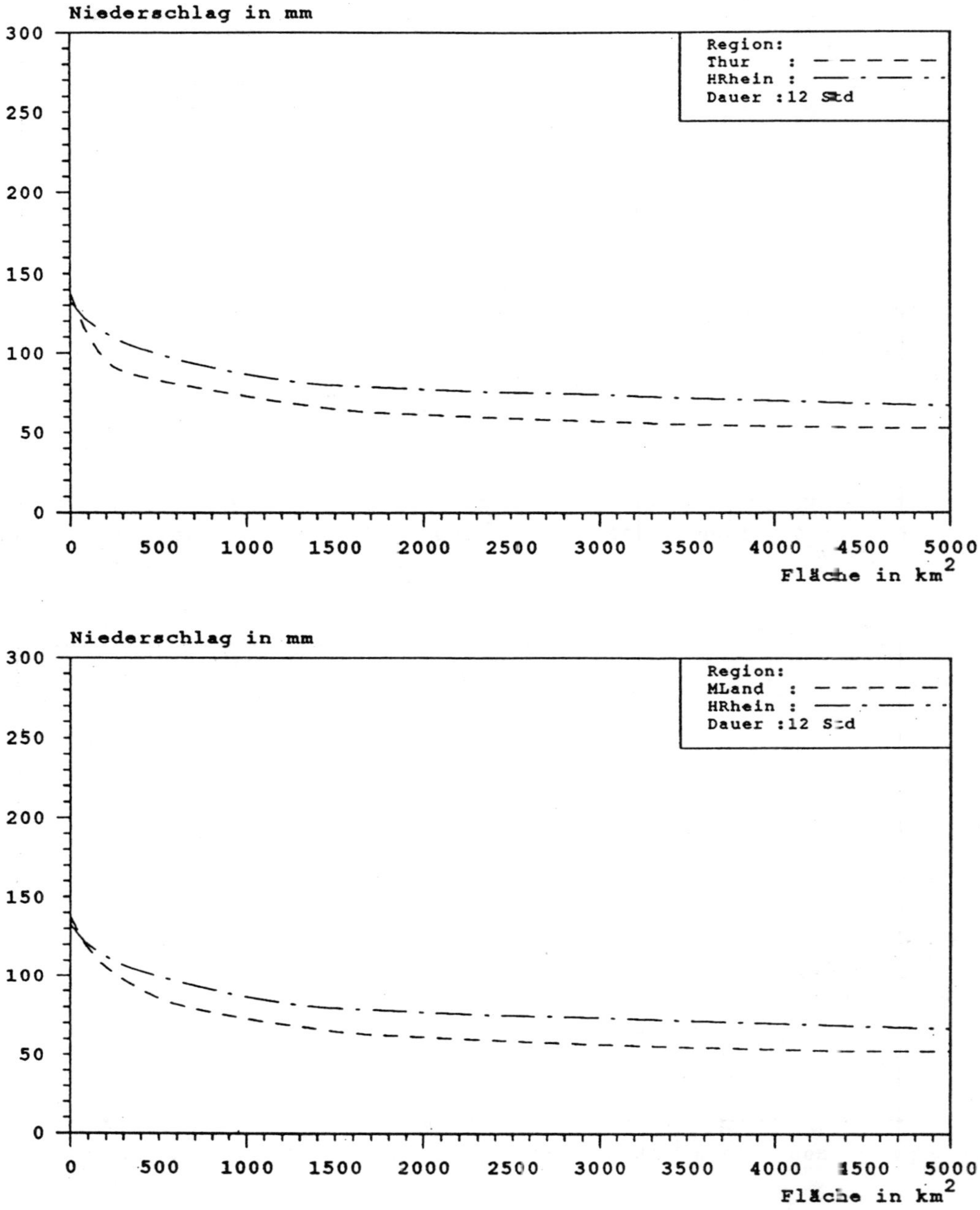

c

Abb. 6.11 c: Wie Abbildung 6.11 (a) für 12 Stunden Niederschlagsdauer.

<u>Dauern 12 bis 72 Stunden</u> (Abb. 6.11 c-h): Die vorangehend beschriebenen Verhältnisse und deren Veränderungen von den 3- zu 6stündigen Bedingungen setzen sich konsequent fort. Bei 24stündigen Niederschlagssummen sind die alpenübergreifenden Ereignisse bis 5000 km^2 deutlich überlegen. Erwähnenswert sind Anstiege der Abminderungskurven des Alpenvorlandes durch Erfassen von sekundären Zentren z.B. in Abbildung 6.11 e (36 Stunden) bei 2500 km^2. Ab dieser Flächenausdehnung ist es möglich, dass wie schon früher erwähnt sekundäre Zentren erreicht und in die Gebietsmittelung mit einbezogen werden. Dies können

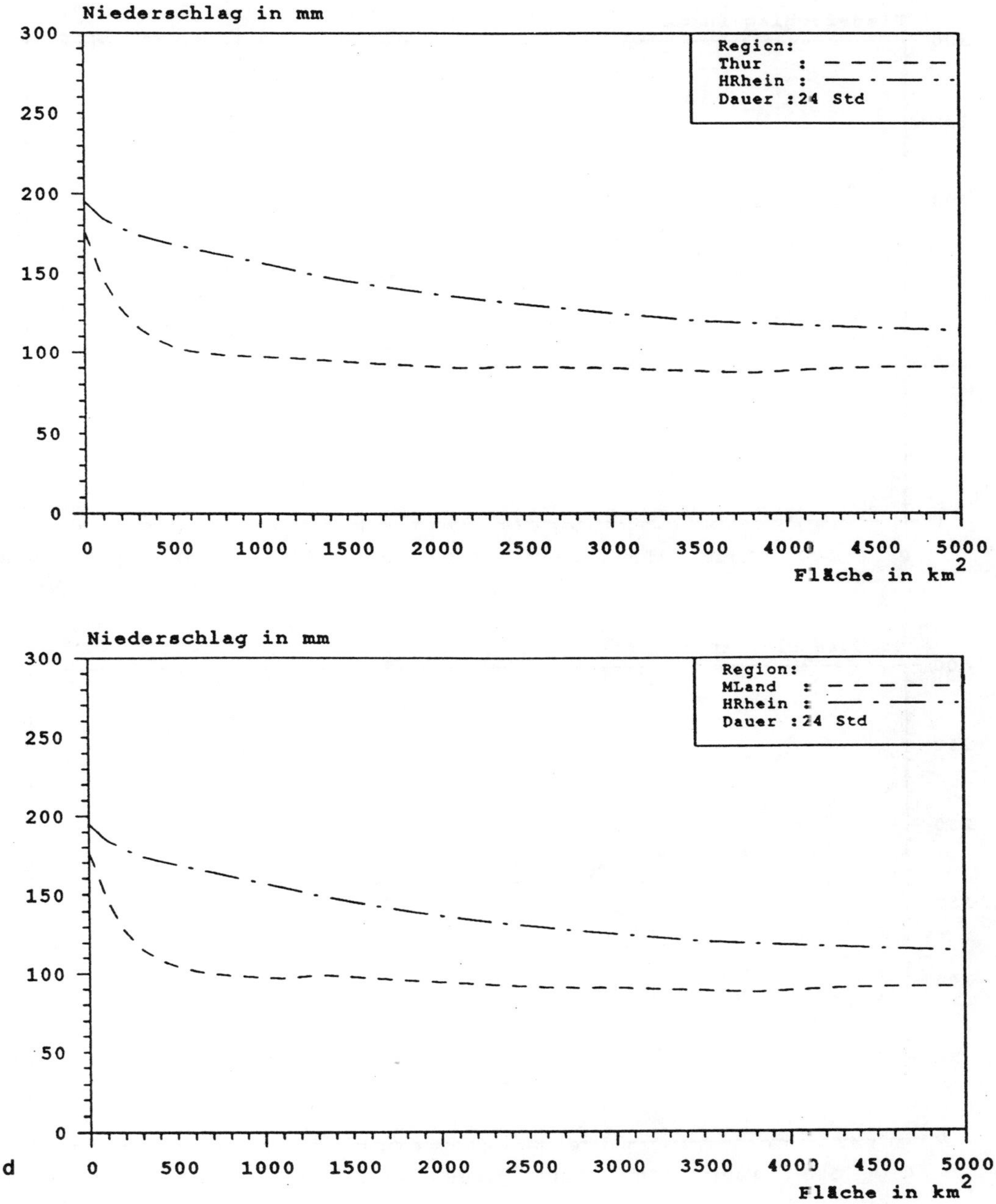

Abb. 6.11 d: Wie Abbildung 6.11 (a) für 24 Stunden Niederschlagsdauer.

auch alpenübergreifende Felder sein, die mit geringerer Ausdehnung gleichzeitig mit nordalpin zentrierten Ereignissen auftreten können. Mit wachsenden Flächen verlieren die dominierenden, inneralpinen Zentren durch die Flächenmittelung ihre Bedeutung. Die von den Abminderungshüllkurven ausgewiesenen Niederschlagsmengen voralpiner und inneralpiner Ereignisse sind ab etwa 5000 km^2 annähernd gleich. Es ergibt sich somit folgende Feststellung: Für advektive Niederschläge in der Region Ost sind bei nordalpin zentrierten und bei südalpin zentrierten übergreifenden Ereignissen über Flächengrössen bis 5000 km^2 getrennte Hüllkurven zu verwenden. Für grössere Flächen (untersucht bis 20000 km^2, jedoch hier nicht wiedergegeben) lassen sich keine Unterschiede mehr feststellen.

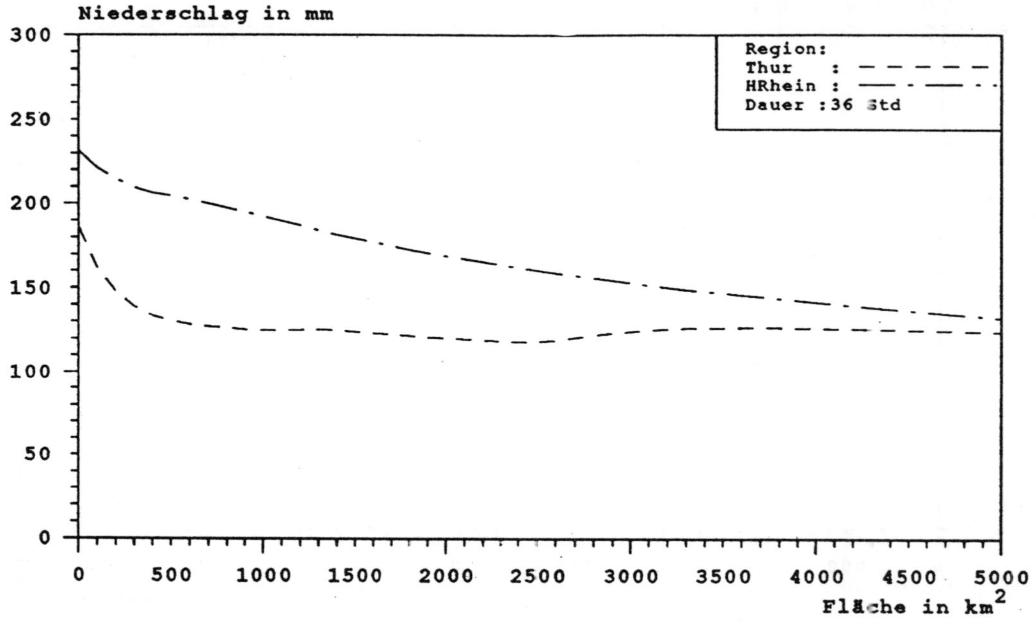

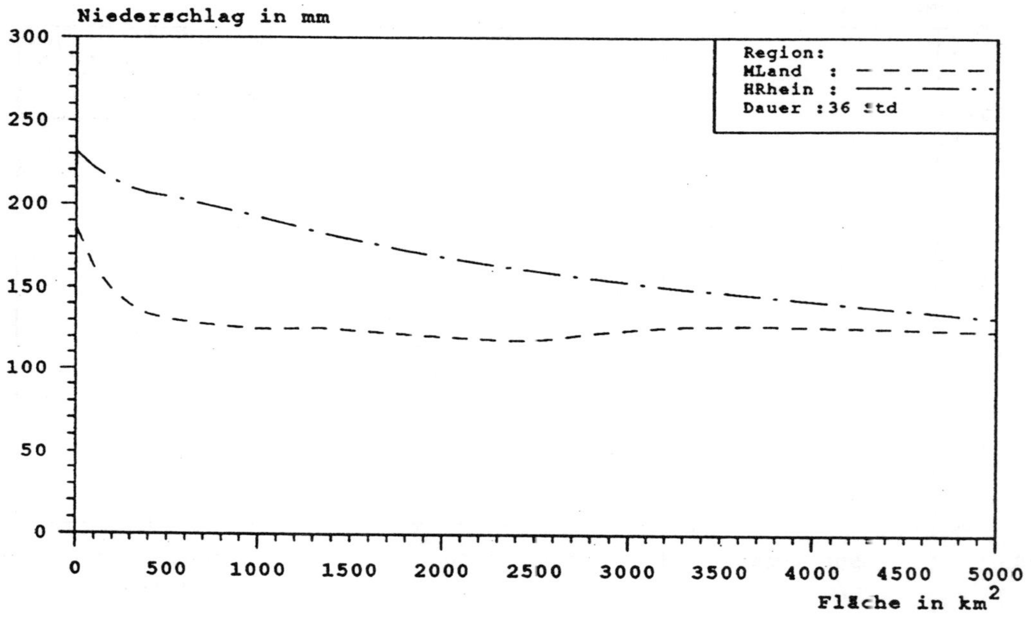

e

Abb. 6.11 e: Wie Abbildung 6.11 (a) für 36 Stunden Niederschlagsdauer.

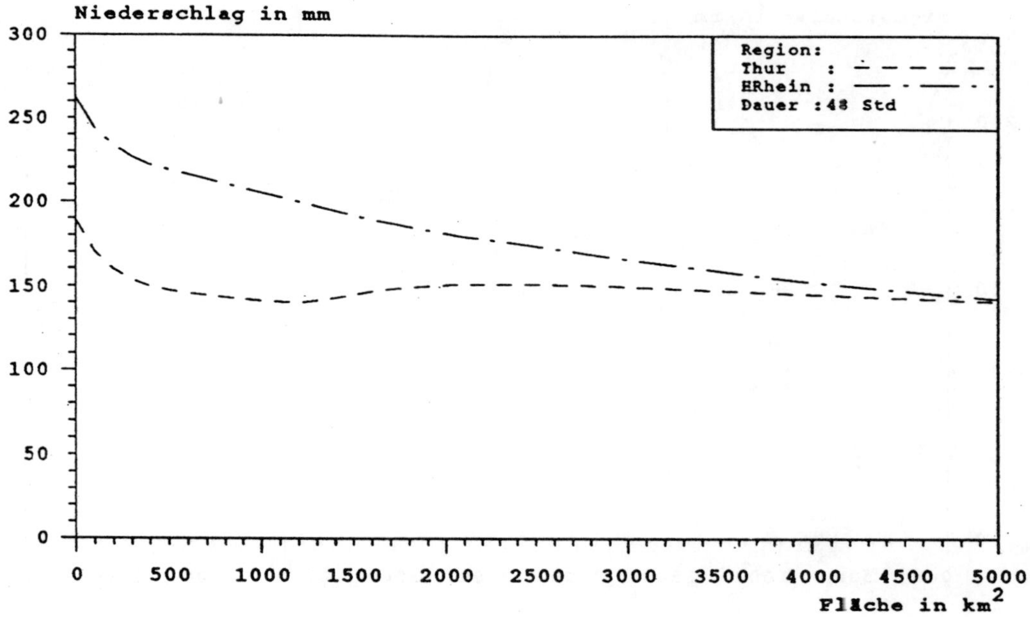

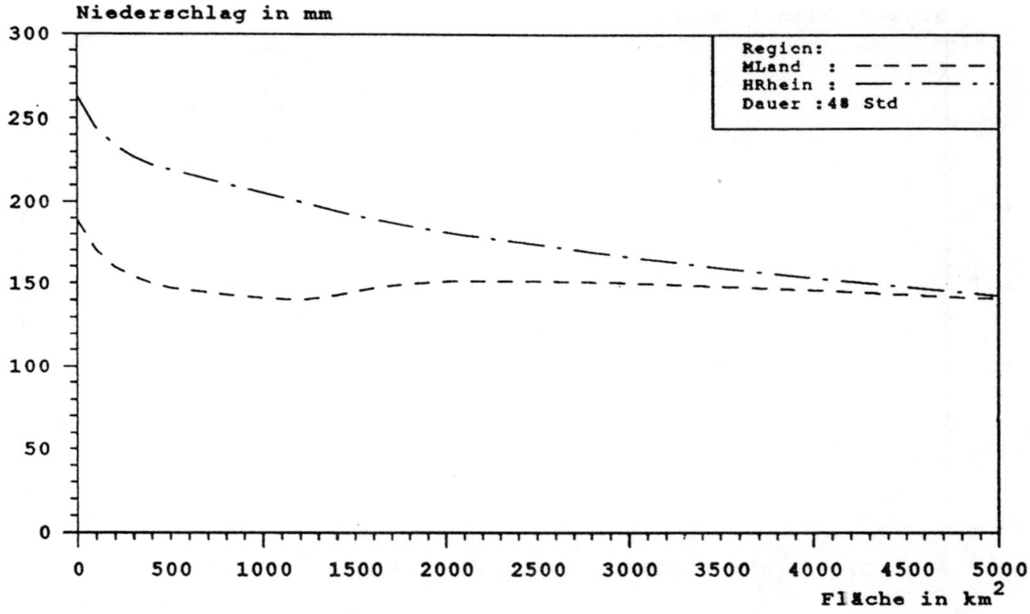

f

Abb. 6.11 f: Wie Abbildung 6.11 (a) für 48 Stunden Niederschlagsdauer.

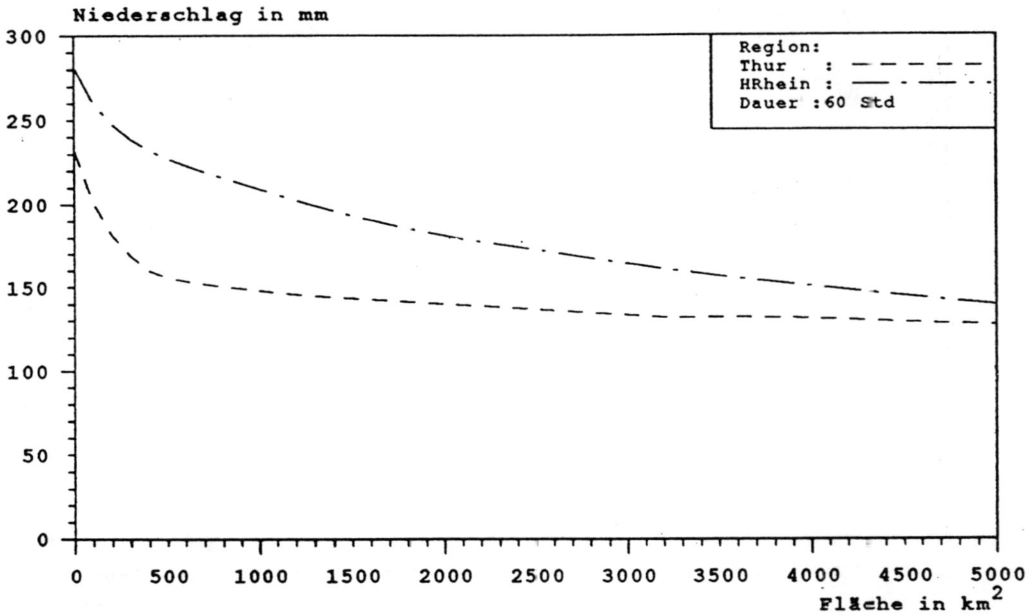

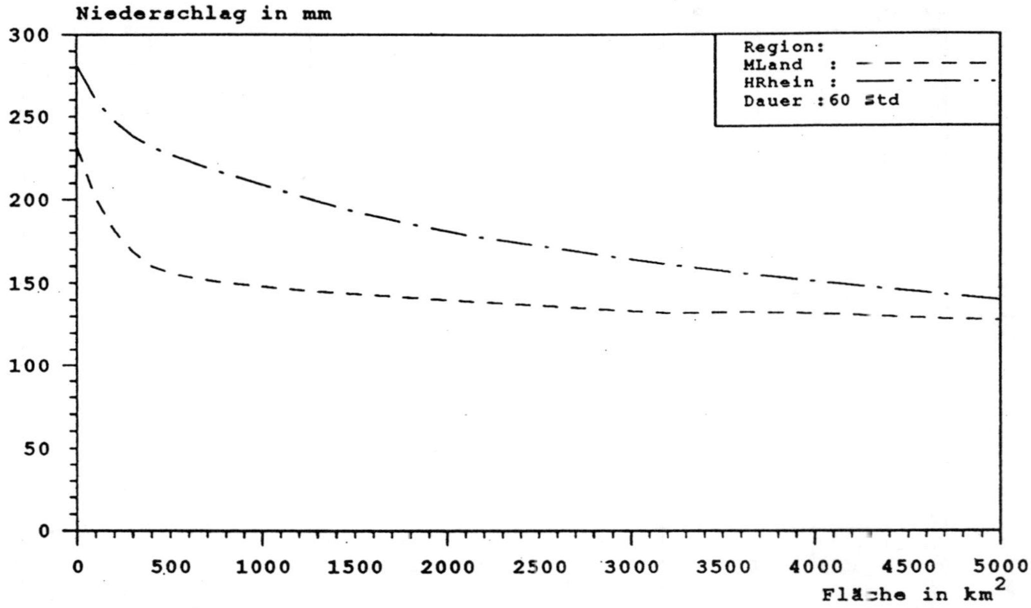

g

Abb. 6.11 g: Wie Abbildung 6.11 (a) für 60 Stunden Niederschlagsdauer.

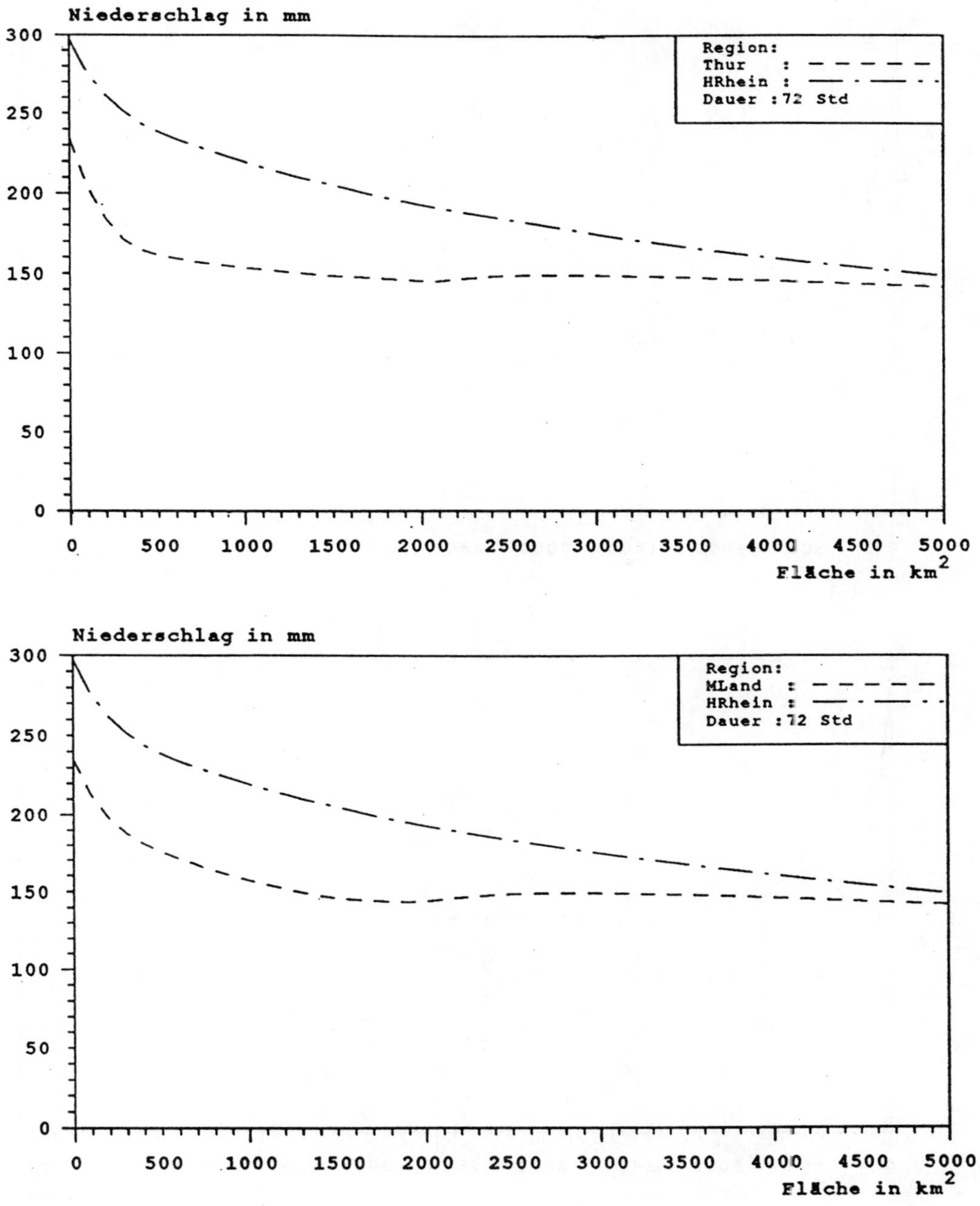

h

Abb. 6.11 h: Wie Abbildung 6.11 (a) für 72 Stunden Niederschlagsdauer. (Kurvenanstieg: siehe Erklärung zu Abbildung 6.6).

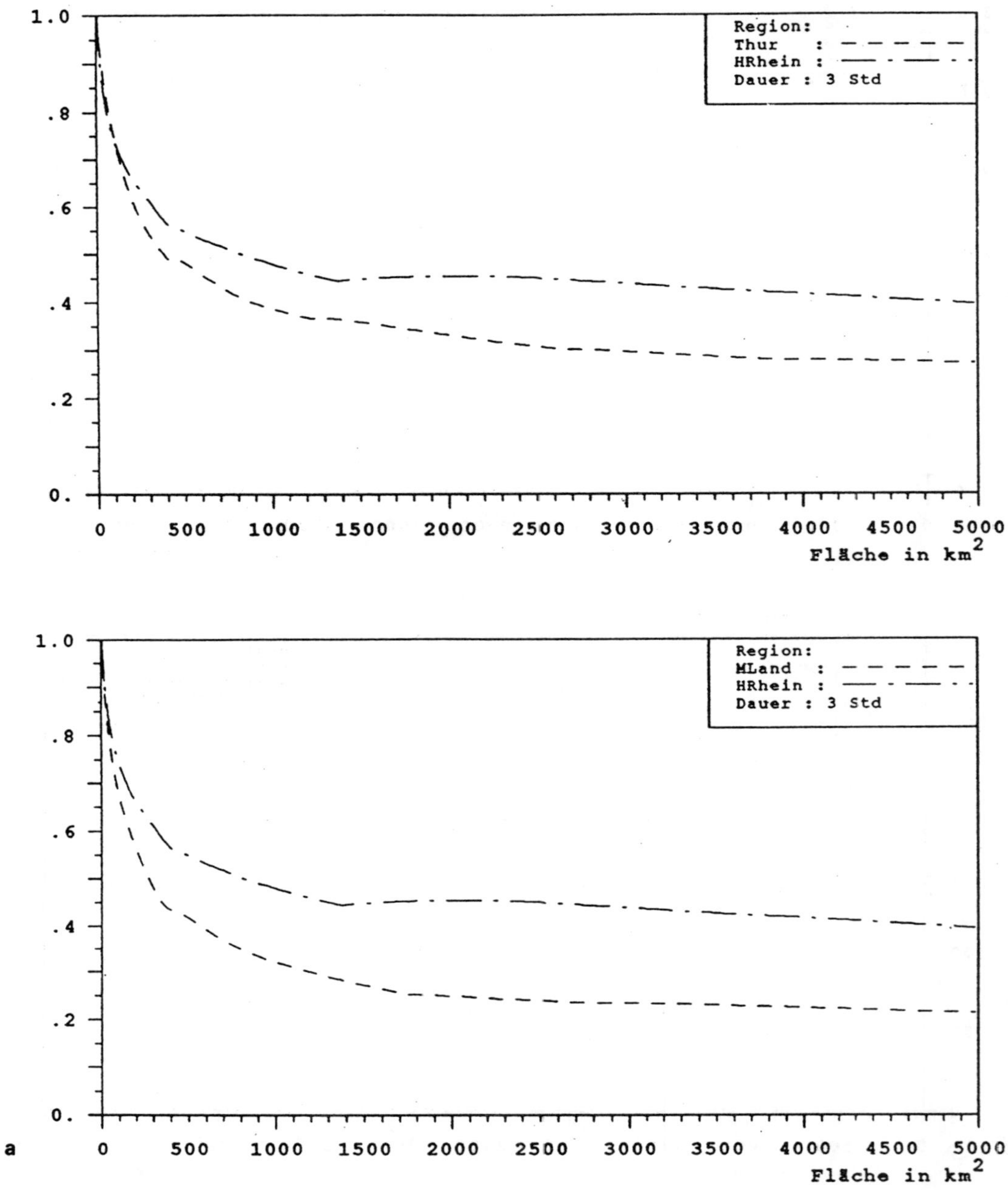

Abb. 6.12 a: Relative Abminderungshüllkurven der Zonen Thur und Hinterrhein (oben) sowie Mittelland und Hinterrhein (unten) in der Region Ost für 3 Stunden Niederschlagsdauer. Referenzperiode 1981-1988. (Kurvenanstieg: siehe Erklärung zu Abbildung 6.6).

6.4.3 Diskussion der relativen Hüllkurven der 'Zonen Ost'

Vergleich der Zonen pro Dauer

Dauern 3 und 6 Stunden (Abb. 6.12 a, b): Die in den Beträgen überlegenen Ereignisse der Voralpenzonen Thur und Mittelland (siehe Abb. 6.11 a, b) weisen sich speziell in den relativen Abminderungskurven vom Zentrum weg mit einem typisch steilen Abfall als konvektiv bestimmt aus. Zwischen 500 bis 1000 km^2 gleichen sich die Kurvensteigungen inneralpiner und ausseralpiner Ereignisse einander an; allerdings mit von den absoluten Darstellungen her zu erwartenden Unterschieden in den Faktoren. So beträgt der Reduktionsfaktor für 6stündige Niederschläge z.B. bei 5000 km² für die Zone Mittelland 0.3 und für die Zone Hinterrhein 0.5.

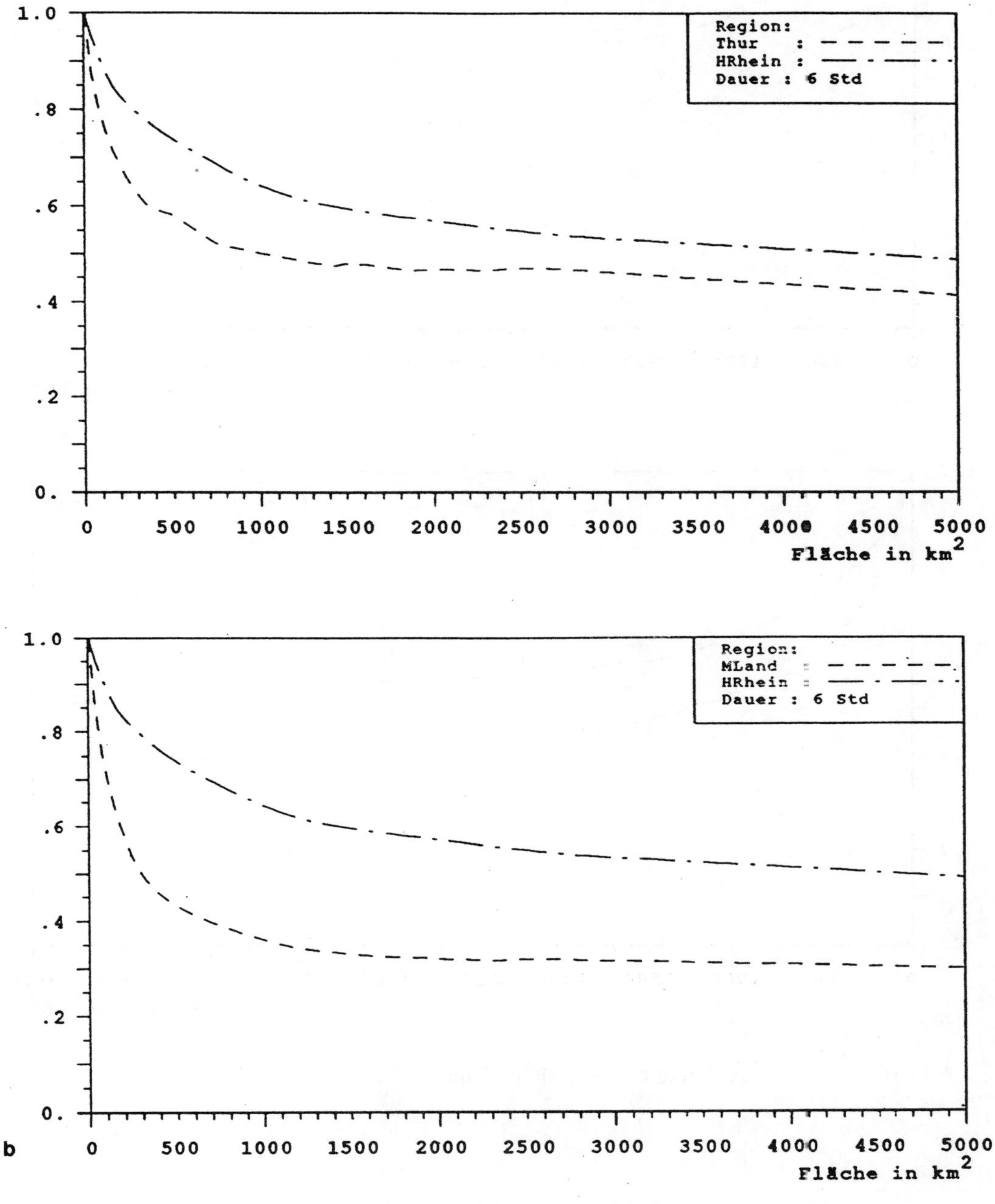

Abb. 6.12 b: Wie Abbildung 6.12 (a) für 6 Stunden Niederschlagsdauer.

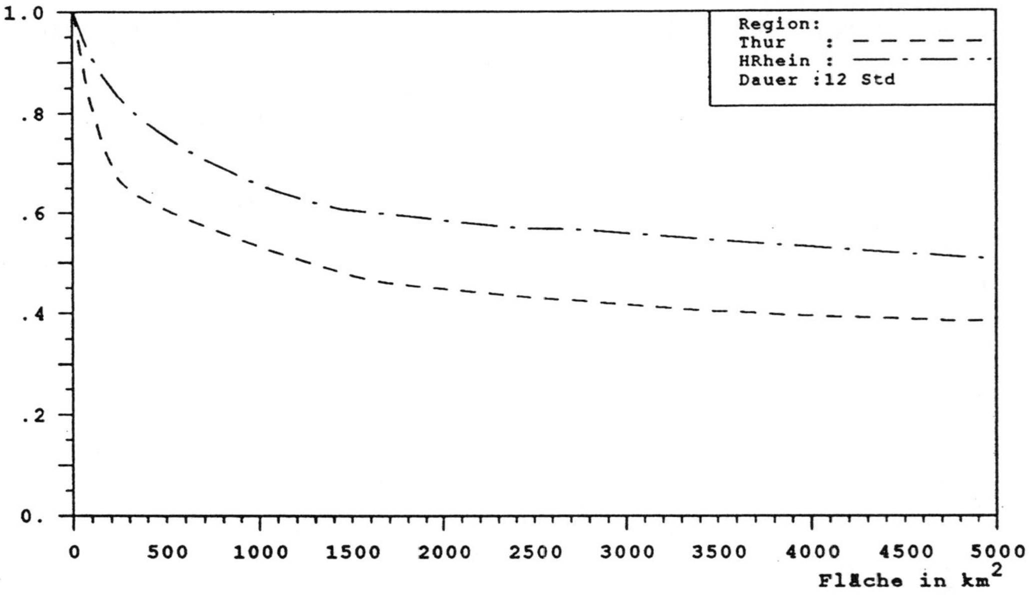

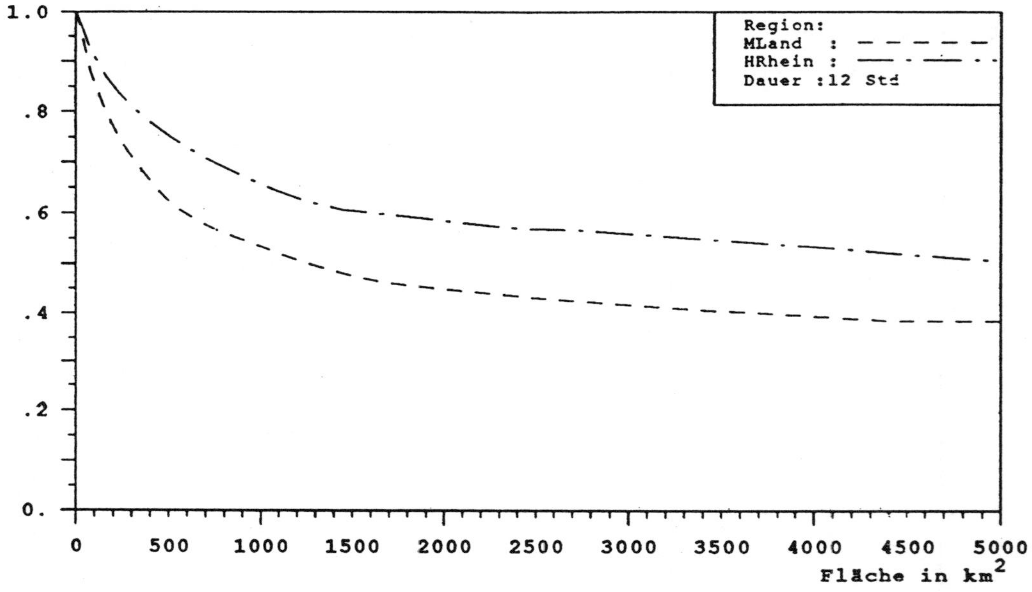

c

Abb. 6.12 c: Wie Abbildung 6.12 (a) für 12 Stunden Niederschlagsdauer.

<u>Dauern 12 bis 72 Stunden</u> (Abb. 6.12 c, h): Mit zunehmender Dauer, d.h. bei längeren advektiven Gebietsniederschlägen, nähern sich die Flächenreduktionsfaktoren der inneralpinen und ausseralpinen Ereignisse einander zusehends an. Allerdings bleiben die steileren Faktorkurven der ausseralpinen, d.h. nordalpin zentrierten Fälle bis Flächen um 2500 km^2 systematisch erhalten. Sie sind durch die in Kapitel 6.4.2 erwähnte, in begrenzten Schichten der Atmosphäre bestehende Tendenz zu konvektiven Intensitätsverstärkungen oder durch frontal tiefe Konvektion erklärbar .

Steigungsschwankungen der ausseralpinen gegenüber den inneralpinen Kurven von Dauer zu Dauer, über Flächen bis 2500 km^2, werden der relativ kurzen Stichprobe von 8 Jahren zugeschrieben. Kurvenüberschneidungen aufgrund des Einflusses von Sekundärzentren sind die triviale Folge der bereits in Kapitel 6.4.2 beschriebenen Umstände.

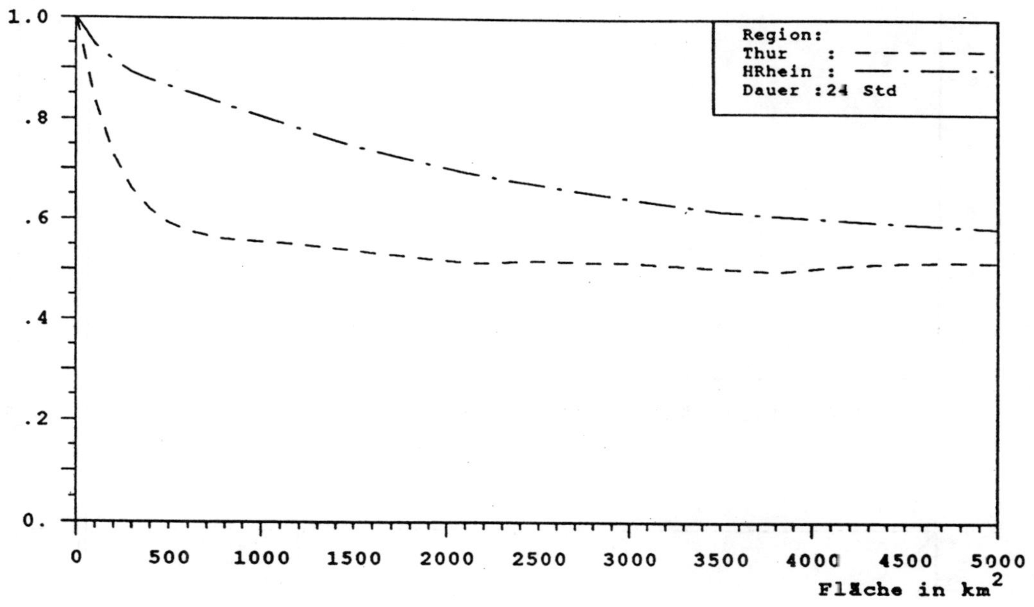

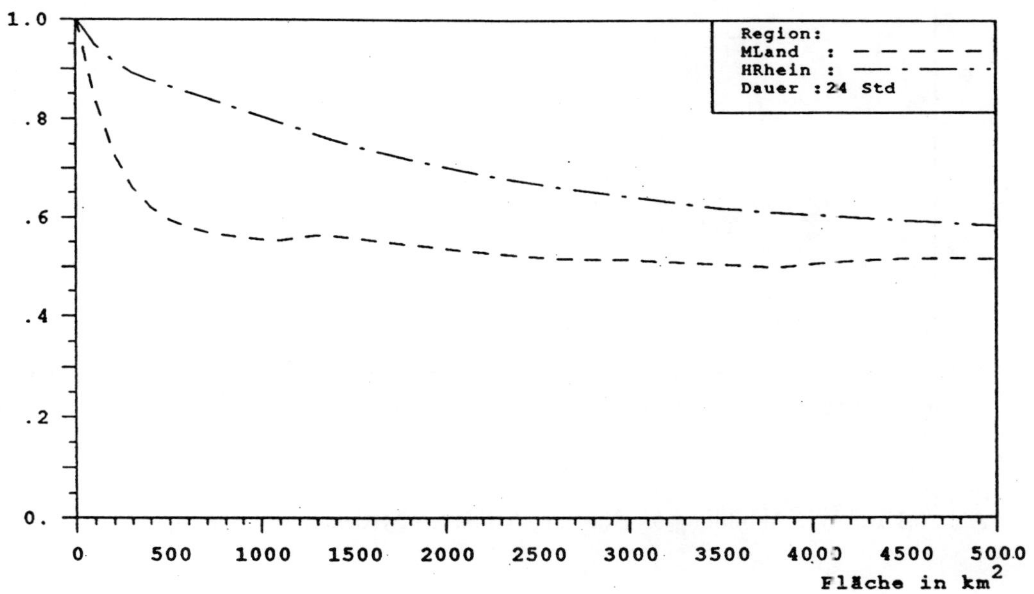

d

Abb. 6.12 d: Wie Abbildung 6.12 (a) für 24 Stunden Niederschlagsdauer.

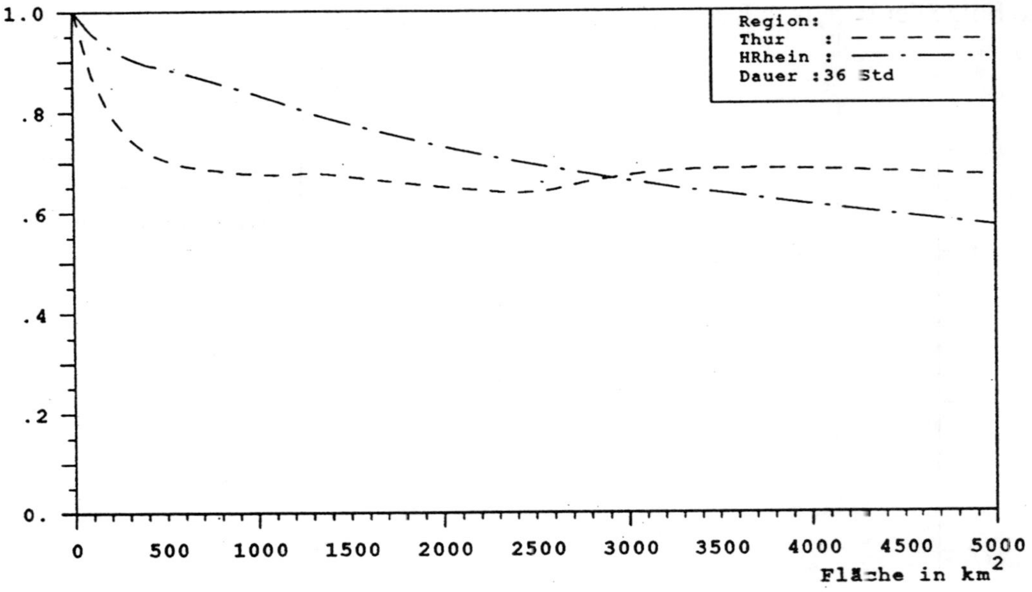

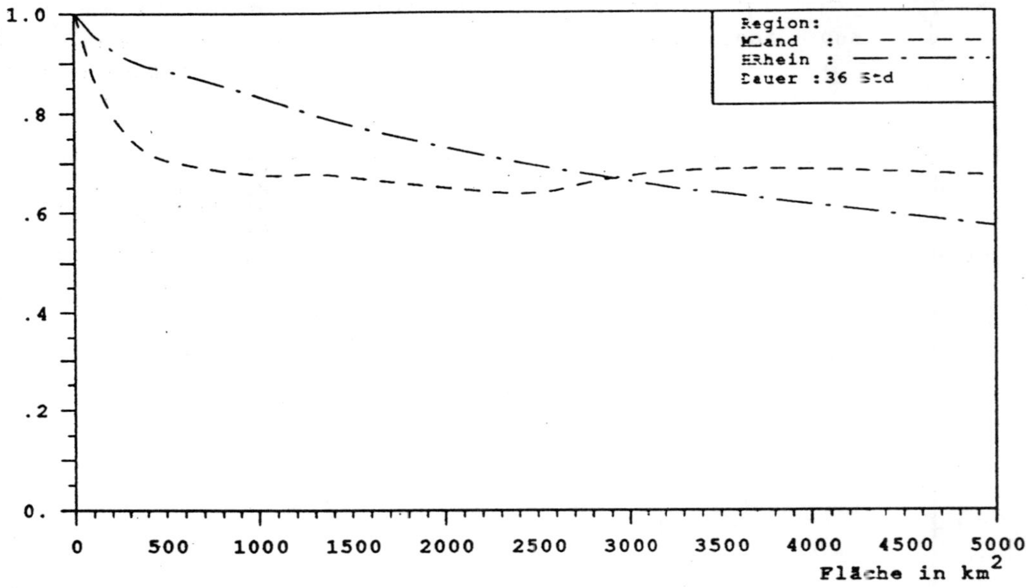

e

Abb. 6.12 e: Wie Abbildung 6.12 (a) für 36 Stunden Niederschlagsdauer.

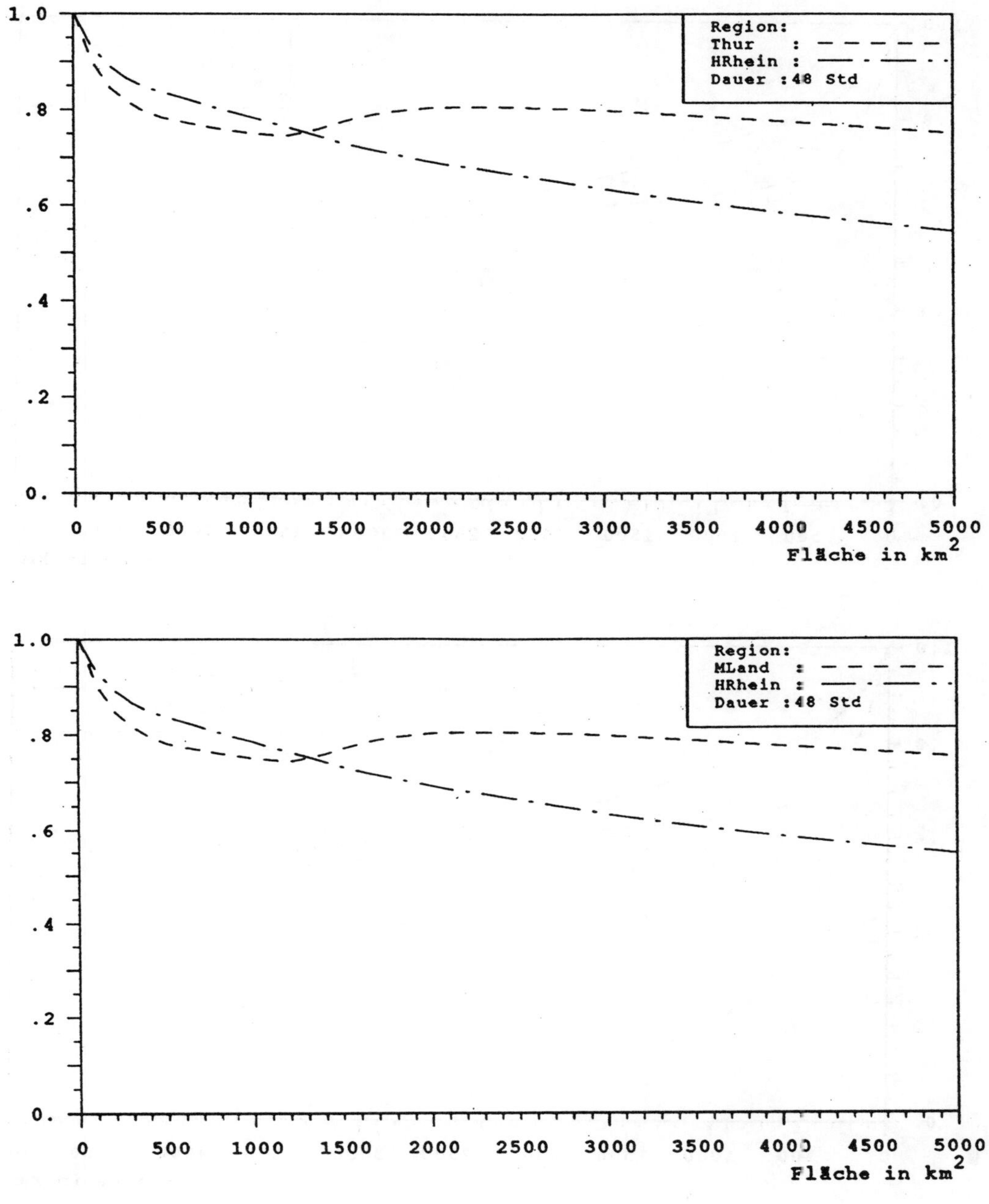

f

Abb. 6.12 f: Wie Abbildung 6.12 (a) für 48 Stunden Niederschlagsdauer.

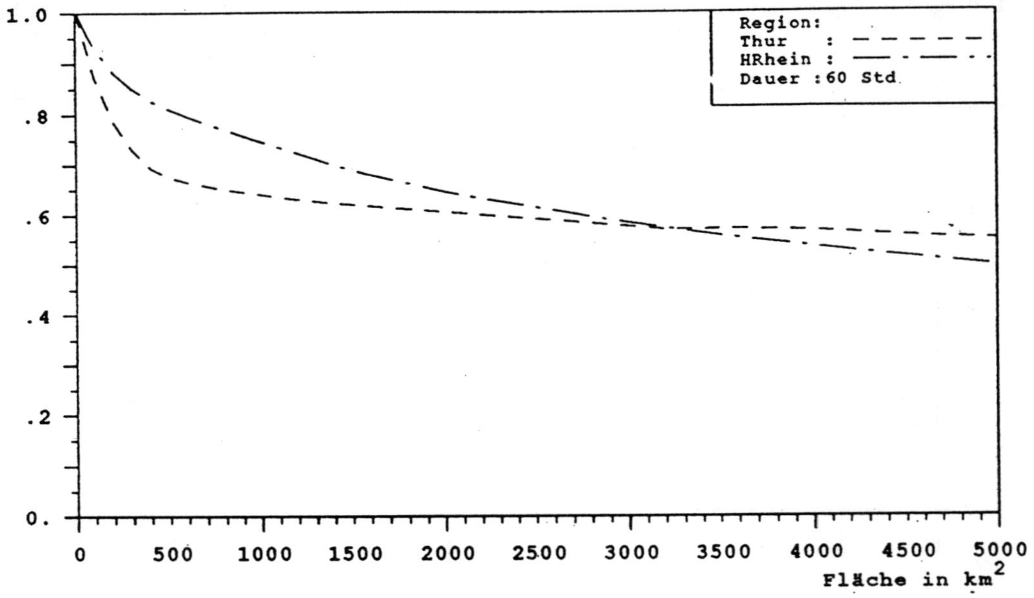

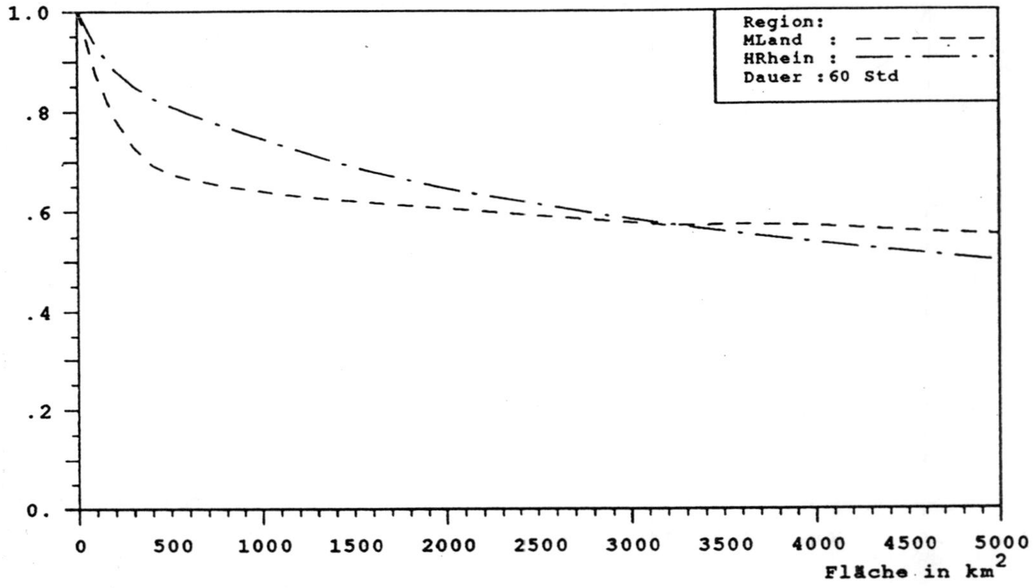

g

Abb. 6.12 g: Wie Abbildung 6.12 (a) für 60 Stunden Niederschlagsdauer.

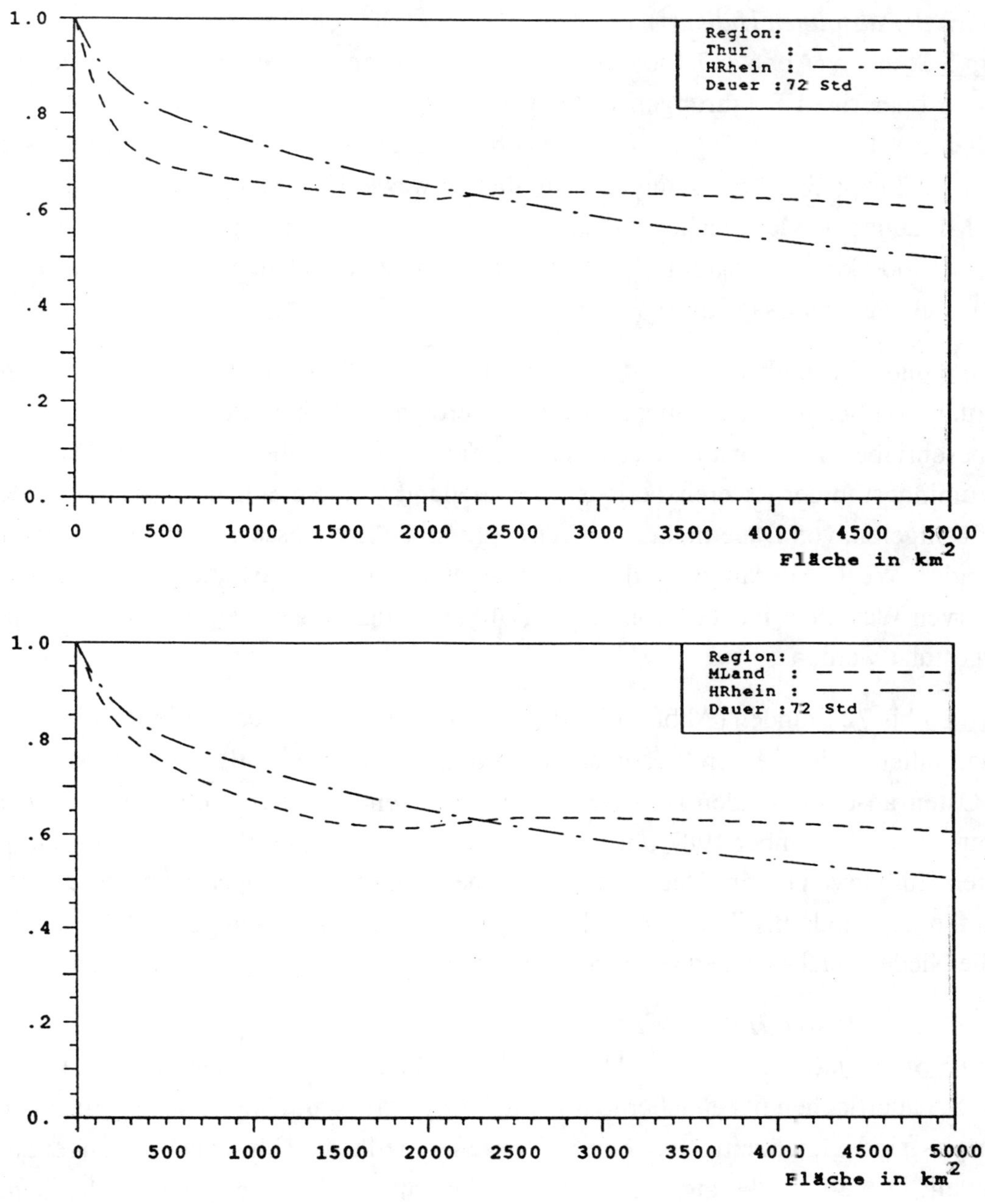

h

Abb. 6.12 h: Wie Abbildung 6.12 (a) für 72 Stunden Niederschlagsdauer.

6.4.4 Vergleich der Region West mit der Zone Mittelland

Die getrennte Bearbeitung der Zone Mittelland zieht die Frage nach dem Unterschied ihrer Niederschlagscharakteristik zu derjenigen der Region West nach sich, die in verschiedener Hinsicht als ähnlich anzunehmen ist. Nachfolgend werden wieder sowohl die absoluten als auch die relativen Abminderungsverhalten betrachtet. Dabei ist allerdings wegen der schon wiederholt erwähnten kurzen Referenzperiode vom Vergleich des normierten Flächen-Mengen-Verhaltens die repräsentativere Aussage zu erwarten.

Vergleich der absoluten Hüllkurven

Dauern 3 Stunden (Abbn. 6.7 a und 6.11 a): Bei diesem kurzen Dauertyp zeichnen sich nach den bisherigen Erfahrungen fast erwartungsgemäss keine eindeutigen Unterschiede zwischen den Beträgen in beiden Gebieten ab. Über den kleinen, d.h. konvektiv bestimmten Flächen bis knapp 300 km^2 treten im Mittelland etwas höhere Mengen auf als in der Region West. Mit zunehmender Fläche ist dieses Verhältnis bis zur gesamten abgebildeten Ausdehnung von 5000 km^2 umgekehrt. Aufgrund der begrenzten Datenbasis sind die Unterschiede jedoch noch wenig aussagekräftig.

Dauern 6 und 12 Stunden (Abbn. 6.7 a und 6.11 b, c): Bei den bezüglich der Stichprobenbesetzung von Schauer- zu Dauerniederschlagsereignissen übergehenden Typen bleiben die eben beschriebenen Verhältnisse erhalten, werden sogar erheblich deutlicher. Dies bedeutet, dass zumindest in der Referenzperiode im Mittelland aktivere Schauerphasen auftreten. Die grossflächigeren, von Dauerniederschlägen bestimmten Ereignisse unterliegen dagegen denen der Region West. Allerdings ist dabei festzuhalten, dass vom 6stündigen Dauertyp an die Hüllkurven West über Flächen von mehr als 400 km^2 durch das Ereignis vom 25. September 1987 gestützt werden.

Dauern 24 bis 72 Stunden (Abbn. 6.7 a und 6.11 d - h): Die Dauerniederschläge ab 24 Stunden fallen in der Region West während der Referenzperiode allgemein stärker aus als im nach Osten anschliessenden Mittelland. Einschränkend ist aber auch hier wieder auf das Unwetter vom September 1987 hinzuweisen. Es trägt im dargestellten Flächenspektrum alle weiteren Hüllkurven bis zur Dauer von 48 Stunden und überragt sogar die weiteren Ereignisse der Referenzperiode bis 72 Stunden. Bei Niederschlagsfeldgrössen gegen 5000 km^2 nähern sich die Niederschlagsmengen auch dieser beiden Gebiete weitgehend einander an.

Vergleich der relativen Hüllkurven

Dauern 3 Stunden (Abbn. 6.9 a und 6.12 a): Die über dem Mittelland über den kleinen, d.h. reinen Schauerflächen bis annähernd 300 km^2 etwas grösseren Niederschlagsmengen dieses Dauertyps sind gleichzeitig mit einer schwächeren flächenabhängigen Mengenänderung gekoppelt. Diese Feststellung deckt sich mit dem allgemein proportionalen Verhalten von Konvektionstiefe, horizontaler Ausdehnung und Niederschlagsmenge. Bei allen grösseren Niederschlagsfeldern ist in der Region West die Niederschlagsabnahme mit der Fläche deutlich geringer als in der Zone Mittelland.

Dauern 6 bis 72 Stunden (Abbn. 6.9 a und 6.12 b - h): Ausser bei den kleinräumigen 3stündigen Ereignissen sind in der Region West in allen anderen Kombinationen von Fläche und Dauer die Niederschlagsabnahmen vom Zentrum zum Feldrand flacher als im Mittelland.

6.5 Vergleich der Ergebnisse mit Werten aus der Literatur

Ein besonders interessanter Aspekt ist der Vergleich der Resultate mit den in der Literatur angegebenen Flächenabhängigkeiten der Gebietsniederschläge. Zur Diskussion eignen sich allerdings nur die relativen Abminderungen, d.h. die Flächenreduktionsfaktoren (ARF).

Aus der Vielzahl der Untersuchungen sollen stellvertretend die von Hershfield (1960) angegebenen Faktoren, diejenigen aus dem Flood Studies Report (1975) und von Rodriguez-Iturbe und Mejia (nach Omolayo, 1993) herausgegriffen werden. Damit sind die verschiedenen aktuellen Methoden zur Erfassung der Niederschlagsfelder berücksichtigt: Planimetrierung (Hershfield) und verschiedene Versionen der Parametrisierung (siehe Kap. 3.1). Wie Omolayo (1993) zeigt, unterscheiden sich die Flächenreduktionsfaktoren des Flood Studies Report bis 1000 km² nur wenig von einer Reihe anderer – amerikanischer und englischer – Ansätze (Kap. 3.1), sodass die Vergleichsaussagen auch auf diese Verfahren übertragbar sind.

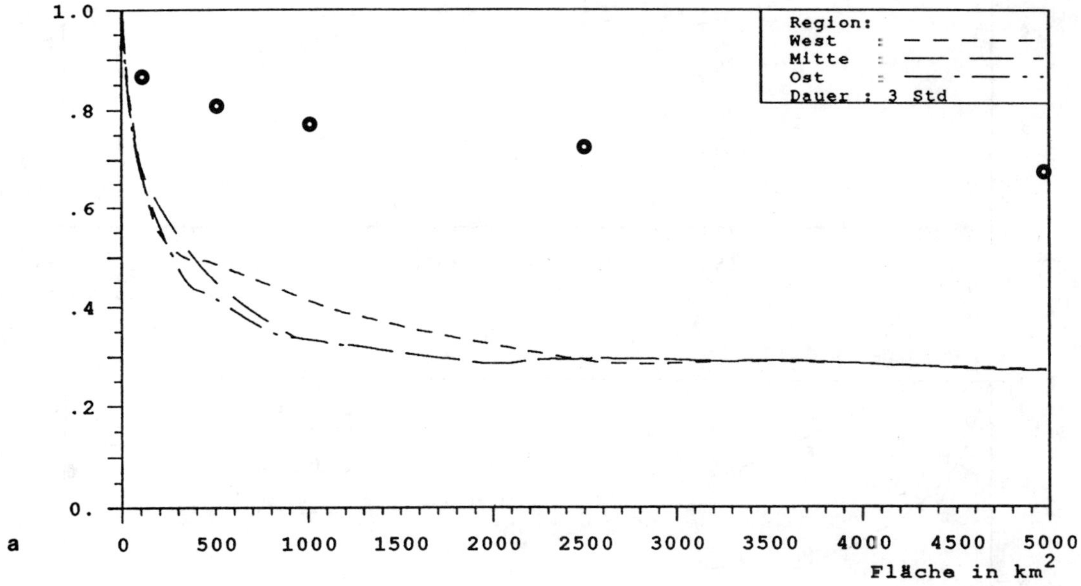

Abb. 6.13 a: Vergleich der Flächenreduktionsfaktoren aus dem Flood Studies Report (1975; Kreise) mit Ergebnissen der vorliegenden Untersuchung (Kurven) für die Niederschlagsdauer von 3 Stunden.

Die hier vom Flood Studies Report vertretene Verfahrensgruppe liefert in allen hier vergleichbaren Dauerstufen (3, 6, 12, 24 und 48 h) markant flachere relative Abminderungskurven als die im vorliegenden Bericht gewonnenen Funktionen (Abbn. 6.13 a - e). Die 3- und 6stündigen Verhältnisse über kleineren Flächen zeigen Steigungen, die in der nordalpinen Schweiz erst etwa bei 24stündigen Dauerniederschlägen zu finden sind. Mit zunehmender Dauerstufe, bis 48 Stunden, nähern sich die Charakteristiken einander etwas an. Vor gewissen niederschlagsklimatischen Unterschieden zwischen beiden Erhebungsgebieten – Grossbritannien, Schweiz – sind primär methodische Eigenschaften als Ursache für das stark unterschiedliche Verhalten der Resultate zu sehen (Kap. 3). Es handelt sich in diesem Fall um die Herleitung einer Form mittlerer Abminderungsfaktoren. Für eine bestimmte Niederschlagsdauer und Gebietsgrösse wird im Prinzip das Verhältnis zwischen einem Stationsniederschlag $\hat{N}_i$ während des pro Jahr höchsten Gebietsniederschlags und dem Jahreshöchstwert N_i^* an derselben Station verwendet (Bell, 1976). Gemittelt über alle Stationen des Gebietes (i = 1, ... m) und über alle Jahre der Referenzperiode (j = 1, ... n) ergibt sich schliesslich der Faktor als $F = (\frac{1}{mn}\sum_i \sum_j \frac{\hat{N}_{ij}}{N^*_{ij}})$. Die Tatsache, dass die Werte $\hat{N}_i$ und

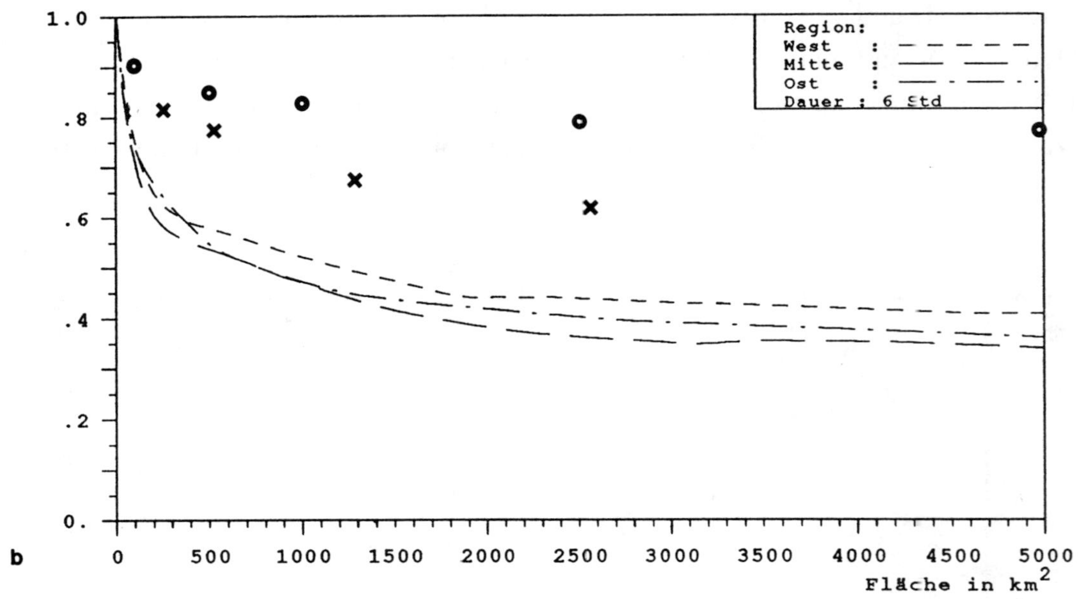

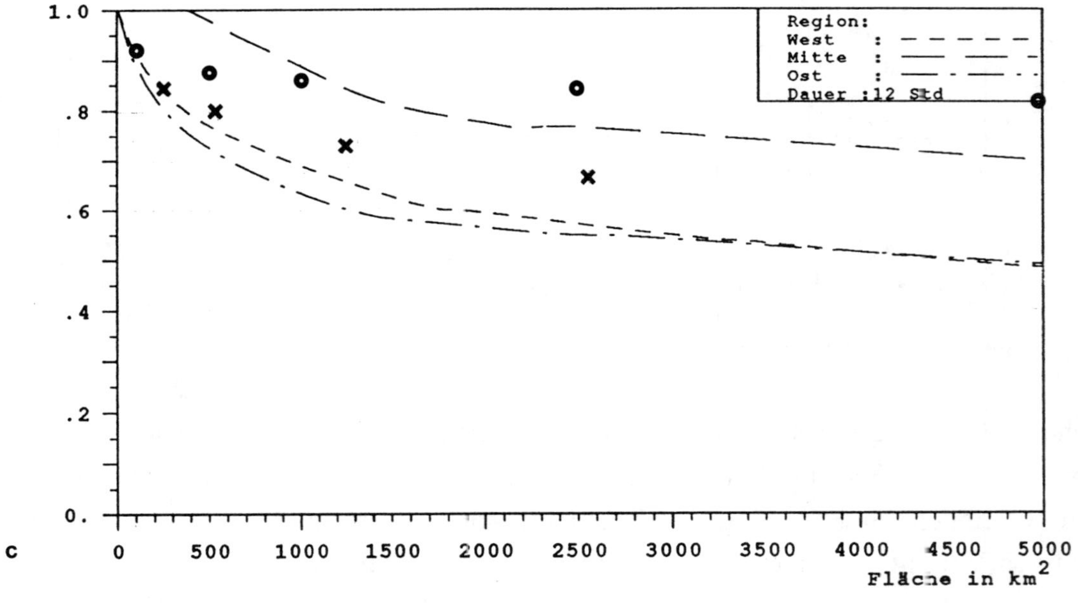

Abb. 6.13 b und c: Wie Abbildung 6.13 (a), zusätzlich mit Ergebnissen von Hershfield (1960; Kreuze) für die Niederschlagsdauern von (b) 6 und (c) 12 Stunden.

N_i^* vielfach identisch sind, lässt eine zu flache Abminderung erwarten. In gleicher Weise wirkt sich aus, dass es sich um eine ortsfeste Faktor-Ermittlung handelt. Der Einfluss durch die Verwendung unterschiedlich grosser Einzugsgebiete in unterschiedlichen Regionen Grossbritanniens anstelle einer graduellen Erfassung von Niederschlagsfeldern in einem einheitlichen Gebiet ist ohne entsprechende Untersuchung nicht zu beurteilen.

Aufgrund der erwähnten Eigenschaften hängt bei der Anwendung dieser Flächenreduktionsfaktoren die Abschätzung des gesuchten Gebietsniederschlags sehr von der zu wählenden Referenzstation ab. Im Fall der oben beschriebenen Bestimmungsmethode sind die resultierenden Faktoren auf das Mittel aus den Stationswerten in einem Gebiet während eines betrachteten Niederschlags anzuwenden. Auf den Einfluss der Stationsanzahl sowie deren Veränderung in einer Referenzperiode liegt kein Hinweis vor.

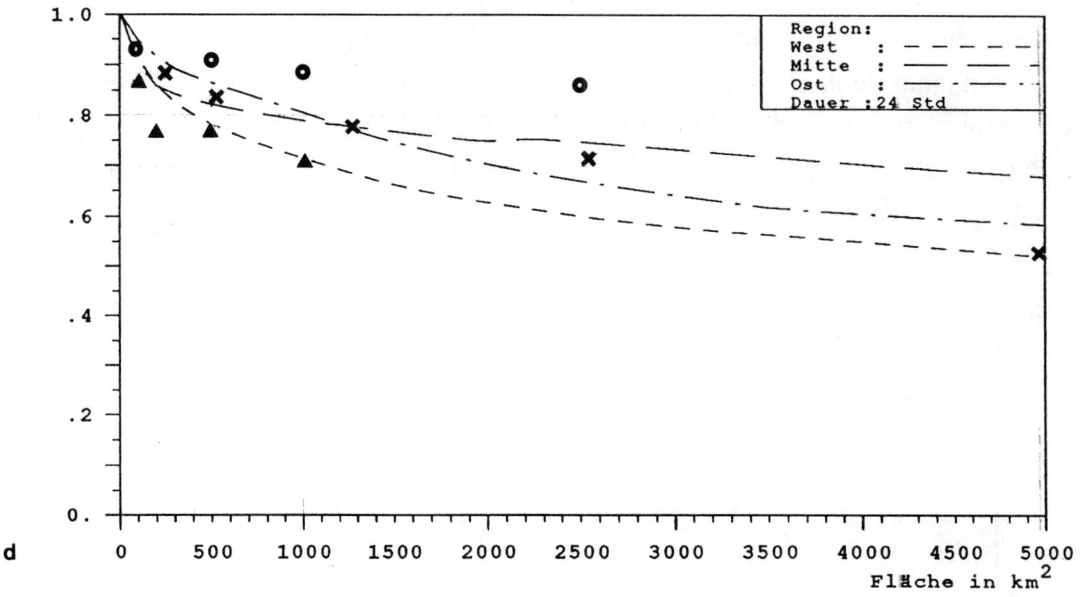

Abb. 6.13 d: Wie Abbildung 6.13 (b), zusätzlich mit Ergebnissen nach Rodriguez-Iturbe und Mejia (Omolayo, 1993; Dreiecke) für die Niederschlagsdauer von 24 Stunden. Die eingezeichneten Werte sind das Mittel über die Ergebnisse der 6 von Omolayo bearbeiteten Testflächen mit je 1000 km² (Stadtgebiete australischer Grossstädte).

Die vorliegenden Beispielswerte nach der Methode von Rodriguez-Iturbe und Mejia (Kap. 3.1) beziehen sich nur auf Tagesniederschläge (Omolayo, 1993). Da es sich bei den Faktoren aber um relative Grössen handelt, ist ein Vergleich mit den bei der vorliegenden Analyse 24stündigen Abminderungskurven ohne entscheidende Einschränkungen zulässig (Abb. 6.13 d). Die Resultate des auf 6 orographisch wenig beeinflusste Stadtgebiete mit je 1000 km² in Australien angewendeten Korrelationsansatzes schwanken gegeneinander z.T. beträchtlich. Das in Abbildung 6.13 (d) eingezeichnete Mittel deckt sich jedoch annähernd mit der Abminderungskurve den nordalpin ebenfalls weniger von der Orographie betroffenen Ereignissen der Region West. Der von 100 bis 200 km² übermässig abfallende Faktor ist schwer zu begründen. Sofern Datenfehler ausgeschlossen werden können, lassen sich seitens der Methode zwei mögliche Ursachen erkennen. Einerseits ist die Wahl des im charakteristischen Abstand liegenden Stationspaares unklar. Eine Entscheidung bei der aktuellen Anwendung der Methode kann sich als ungeeignet erweisen. – Dies kann auch eine Erklärung für die Faktor-Unterschiede zwischen den 6 Testgebieten sein (Omolayo, 1993). – Anderseits ist der charakteristische Abstand fehlerbehaftet und nicht orientierungsunabhängig, sofern die Voraussetzung der Isotropie nicht erfüllt ist (Kap. 3.1).

Die Herleitung der Flächenreduktionsfaktoren von Hershfield (1960) gleicht derjenigen der vorliegenden Untersuchung: systembezogen und Verwendung planimetrierter Niederschlagsfelder. Wesentlicher Unterschied zwischen beiden Arbeiten ist die erheblich höhere verwendete Stationsdichte auf dem Gebiet der Alpennordseite der Schweiz. Setzt man die zur Abbildung 2.2 erwähnten Konsequenzen einer geringeren Stationsdichte voraus, sind damit die im Vergleich zu den schweizerischen Resultaten – vor allem in den kürzeren Dauerstufen – zu geringen (in einem Flächenverhältnis von etwa 1:2.5 verschobenen) Steigungen der Faktorkurven weitgehend erklärt (Abbn. 6.13 b und c). Mit zunehmender Dauer nähern sich die Ergebnisse einander deutlich an (Abb. 6.13 d). Es ist noch zu erwähnen, dass Hershfield die relativen Abminderungen nicht auf maximale Stationen bezieht, sondern auf 10 mi^2. Dabei ist unklar, ob damit nur eine repräsentative Stationsfläche oder ein effektiver Gebietsniederschlag gemeint ist.

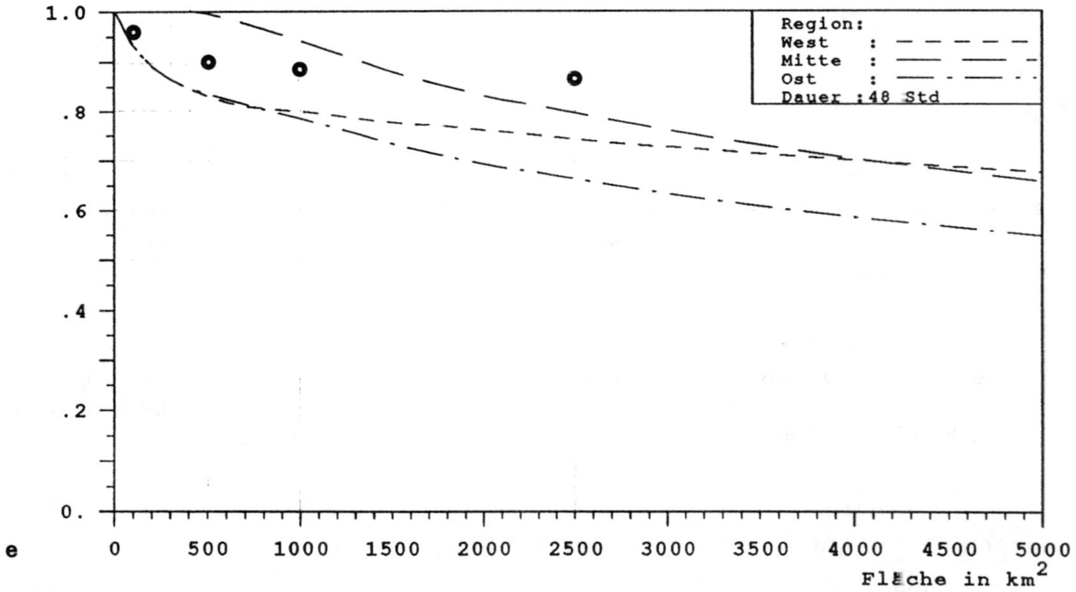

Abb. 6.13 e: Wie Abbildung 6.13 (a) für die Niederschlagsdauer von 48 Stunden.

Der Vergleich zeigt, die nordalpine Analyse weist über Flächen bis ca. 1000 km^2 eine erheblich grössere Flächenabhängigkeit der Reduktionsfaktoren auf als die übrigen Untersuchungen, ausgenommen die Faktoren nach Rodriguez-Iturbe und Mejia. Die Resultate für die nordalpine Schweiz geben aufgrund der gewählten physikalischen Herleitung sowie der

Stationsdichte und der Datensätze auf Stundenbasis weitgehend die natürlichen Verhältnisse wieder, im Gegensatz zu den physikalisch nicht ganz durchschaubaren statistischen Faktoren auf der Basis ortsfester Erfassung der Niederschlagsfelder. Aus dem Vergleich wird u.a. ersichtlich, dass die Anwendung von Flächenreduktionsfaktoren unbedingt deren Herleitungsmethode entsprechen muss.

Die zum Teil erheblichen Abweichungen der vorgelegten von den hier verglichenen Resultaten anderer Bearbeitungen legen aber auch nahe, dass bei der Übertragung von Flächenreduktionsfaktoren, abgesehen von den methodischen Hintergründen, stärker auf klimatische Einflüsse geachtet werden muss. Dies machen die Unterschiede auf bereits sehr kurzen Distanzen zwischen den Regionen West und Ost bzw. innerhalb der Region Ost deutlich.

7 Diskussion, Schlussfolgerung und Ausblick

Die vorliegende Analyse ist ein Versuch, mit der gegenwärtig zur Verfügung stehenden Datenlage systematische Eigenschaften sowie anwendungsgerechte Charakteristiken von Gebietsniederschlägen in der nordalpinen Schweiz zu ermitteln. Zielvorstellung ist dabei, eine vom Tagesmessschritt unabhängige Auflösung der Resultate auf Stundenbasis zu erreichen. Diesbezüglich stellt die von den verfügbaren Datensätzen ausgehende Begrenzung der verwendbaren Referenzperiode die einschneidenste Randbedingung dar, die sich auf alle Grössenordnungen von Flächen und Dauern gleichermassen auswirkt.

Mit der zeitlichen Auflösung selbst sind zwei Fehlereinflüsse verbunden. Der kürzeste Zeitschritt im Datensatz der hochauflösenden Messstationen (ANETZ der Schweizerischen Meteorologischen Anstalt) beträgt zeitfixiert 10 Minuten. Aus operationellen Gründen drängte sich jedoch die Verwendung von ganzen Uhrzeitstunden auf. Die gleitende Suche nach dem Maximum während eines Niederschlagsereignisses für eine bestimmte Dauer kann also nur in Schritten von einer Stunde erfolgen. Dies bedeutet, dass das erfassbare Maximum pro Dauer i.a. kleiner als das reale Maximum ist, ein Effekt wie er vom Unterschied zwischen Tages- und 24stündigen Niederschlagsmengen hinreichend bekannt ist. Der Fehler ist um so grösser, je grober die zeitliche Auflösung bezüglich dem zu untersuchenden Dauerintervall ist. Er verliert sich aber anderseits im Fall stündlicher Messwerte bei Niederschlagsdauern über 3 Stunden rasch.

Der zweite Fehlereinfluss tritt auf, indem die Untersuchung nicht mit dem hochauflösenden Messnetz allein durchgeführt werden kann, sondern aus Gründen der Messnetzdichte die Tagesmessstationen miteinzubeziehen sind. Die erforderliche Aufteilung der Tagesniederschläge in stündliche Beträge aufgrund von umgebenden hochauflösenden ANETZ-Stationen kann abgeflachte oder eventuell auch übersteigerte Intensitäten simulieren. Da sich die Analyse nur mit quasi-unterbrechungsfreien Starkniederschlägen beschäftigt, ist die zweite Möglichkeit jedoch praktisch ausgeschlossen. Die Intensitätsabflachung, d.h. das 'Verschmieren' des Niederschlags durch Anwendung mehrerer (distanzgewichteter) ANETZ-Stationen ist allerdings ebenfalls nur bei sehr kurzen Zeitintervallen riskant. Starke Dauerniederschläge haben örtlich geringere Verschiebungen der zeitlichen Variabilität, bei gleichzeitig i.a. schwächeren stündlichen Intensitätsänderungen. Aufgrund der Fehler durch zeitfixierte Stundenschritte sowie durch Verzerrungen bei der Auflösung der Tages- in Stundenbeträge schien das 3stündige Intervall die vertretbar kürzeste Ereignisdauer.

Die Problematik der räumlichen Interpolation ist hinreichend bekannt. Darüber hinaus sind, trotz des verwendeten einfachen Verfahrens, aufgrund des letztlich dichten Stationsnetzes im Prinzip keine wesentlichen Einschränkungen auf die Resultate zu erwarten. Im Detail ist aber die Analyse mit der üblichen Schwäche aufgrund der zum Alpenkamm abnehmenden Stationsdichte bei gleichzeitig abnehmender Repräsentativität, d.h. Informationsreichweite einer Station, durch die orographische Gliederung behaftet. Allerdings ist davon auszugehen, dass diese Mängel bei Extremereignissen nur in geringem Mass wirksam ist. Bei der Anwendung der Abminderungskurven zur Beurteilung der Unwetter von 1987 entfällt sie ganz, da die Ereigniserfassung und die Grundlagenerfassung identisch sind.

Verfälschungen durch Verwendung von südalpinen Stationen zur Interpolation bis zum Alpenkamm als Grenze des Untersuchungsgebietes werden nicht angenommen, da damit prinzipiell der Gradient des Niederschlagsfeldes zumindest in der Tendenz richtig erfasst wird. Dies gilt insbesondere bei alpenübergreifenden Niederschlagsverteilungen in der Region Ost, bzw. deren inneralpiner Zone. Erheblich grössere Schwierigkeiten wurden anfänglich von der willkürlichen Beschränkung durch die Landesgrenze erwartet. Aufgrund verschiedener Überprüfungen von individuellen Abnahmekurven liess sich dieser Einfluss bis 5000 km^2 und auch darüber hinaus nicht erkennen. Die Konstruktion von Hüllkurven mindert zusätzlich mögliche einzelne Auswirkungen.

Das Misslingen von definitionsgerechten Abminderungskurven in der Region Mitte wirft natürlich die Frage nach der Eignung der gewählten Einteilung auf. Prinzipiell hat sich die Gliederung in West und Ost primär zur Beurteilung der Ereignisse von 1987 bewährt. Für eine geeignetere Anordnung der als Übergangszone vorgesehenen Region Mitte lagen keine ausreichenden Kriterien vor. Die ungeeignete Ereignisauswahl ist nachträglich als vermeidbar zu beurteilen. Die Ergebnisse erlauben es jedoch, die Region Mitte in einen Bereich mit Ost- und einen mit Westcharakteristik aufzuteilen und den beiden entsprechenden Anschlussregionen zuzuordnen.

Ein letzter einschränkender Aspekt ist die ausschliessliche Bearbeitung der sommerlichen, d.h. möglichst schneefreien Monate Mai bis Oktober. Er wirkt sich auf die Repräsentativität der Analysenergebnisse in den beiden Regionen unterschiedlich aus. In der Region Ost wird mit den untersuchten Monaten durchaus eine auf das Jahr übertragbare Niederschlagscharakteristik erreicht. In der Region West hingegen können zwar mit dem Ereignis vom September 1987 die Hüllkurven im 1. Rang von 12 bis 48 Stunden Dauer als repräsentativ für das ganze Jahr angesehen werden. Für die höheren Ränge und auch für die Dauern 60 und 72 Stunden wären aber in den Monaten November durchaus noch wesentliche Fälle enthalten.

Insbesondere die Einschränkungen seitens der Referenzperiode als Randbedingung konnten durch methodische Eigenschaften verringert werden. Wesentlich trägt dazu die systembezogene Analyse der Niederschlagsfelder bei. Weitere Vorteile bietet auch hier die Verwendung von Hüllkurven (Kap. 2.3). Unter Beschränkung auf Starkniederschläge ist das resultierende Abminderungsverhalten im jeweiligen Untersuchungsgebiet flächendeckend anwendbar. Die Aufteilung des Gebietes in Regionen grenzt darüber hinaus klimatische Unterschiede im Verhalten von Gebietsniederschlägen der Regionen ab.

Der direkte Bezug auf die Niederschlagsfelder anstatt parametrischer Ansätze sowie die graduelle, nicht automatisierte Ereignisauswahl sichern die Ereigniskollektive und sorgen für physikalische Transparenz. Zwischenresultate boten stets Kontrollmöglichkeiten.

Die Resultate der Untersuchung können aus drei Blickwinkeln betrachtet werden. Der Zusammenhang zwischen Fläche, Menge und Dauer von Gebietsniederschlägen in jedem der angesprochenen Teilgebiete der Alpennordseite der Schweiz wurde bereits beschrieben (Kap. 6.3 und 6.4) und stellt jeweils für sich ein Charakteristikum dar. Im weiteren ergeben sich spezifische Schlussfolgerungen einerseits beim gegenseitigen Vergleich der verschiedenen Teilgebiete und anderseits aus der Gegenüberstellung mit Abminderungsfaktoren von anderen Verfahren und anderen Untersuchungsgebieten.

Durch den Vergleich der Eigenschaften starker Gebietsniederschläge der Teilgebiete hebt sich der mögliche Einfluss eines Gebirges im allgemeinen und die tatsächliche Auswirkung der Alpen im besonderen hervor. Ihre vor allem auch niederschlagsklimatisch spezifische Eigenschaft ergibt sich aus ihrer zonalen Lage als Trennung zwischen mediterran-subtropischen und nordalpin-aussertropischen Atmosphärenbedingungen. Eine bemerkenswerte Folge sind thermodynamische Entwicklungen – Entstehung, Schichtung, vertikale Erstreckung, Position und Verlagerungseigenschaften – auf der Alpensüdseite, die im Fall einer geeigneten Position alpenübergreifend nordalpin, d.h. in solchen Fällen auf der Leeseite der niederschlagsrelevanten Strömung zu den ergiebigsten Niederschlagsereignissen zählen. Sieht man von den unbestritten stark klimaabhängigen absoluten Abminderungskurven ab, so ist offensichtlich auch die Verwendung von relativen Flächenreduktionsfaktoren nicht universell zulässig, zumindest nicht in orographisch beeinflussten Gebieten.

Zwangsläufig sind zwischen den Abminderungsfunktionen des vor- und ausseralpinen Gebietes Mittelland und der Region West ebenfalls Unterschiede zu beobachten. Allerdings ist aufgrund der kurzen Referenzperiode eine klimabezogene Kausalaussage noch nicht möglich. Die in der Literatur verwendete Annahme der Klimaunabhängigkeit ist aber ebenfalls und aufgrund anderer Untersuchungen nicht gesichert.

Ein Ergebnisvergleich mit anderen Analysen hebt vor allem die Folgen methodischer Eigenschaften heraus. Mögliche Klimaauswirkungen werden dadurch überdeckt. Bei diesem Vergleich ergeben sich mit einer Ausnahme erhebliche Unterschiede in den Flächenreduktionsfaktoren. Sie lassen sich zwar weitgehend auf die Eigenschaften der angewendeten Verfahren zurückführen. Vorteil des hier gewählten Vorgehens – Aufbereitung einer bestmöglichen, gebietsüberdeckenden Messnetzdichte, Systembezug, graduelle Verwendung individueller Niederschlagsfelder und Hüllkurvenkonstruktion – sind, trotz der knappen Referenzperiode, repräsentative, durchschaubare Charakteristiken, auch in absoluter Form, erstmals verbunden mit der Abgrenzung des Gebirgs-, in diesem Fall des alpinen Einflusses.

Ohne auf die ergänzend erstellten Frequenzanalysen näher einzugehen, bieten die dafür ermittelten Verhältnisfaktoren für Gebietsniederschläge zur Transformation der Tages- in mehr- und vielstündige Ereignisse als Zwischenergebnis zusätzlich einen aufschlussreichen Einblick in den Beitrag des Niederschlagstyps – konvektiv oder advektiv –, in Abhängigkeit von der Dauer und der Fläche.

Abschliessend sei noch erwähnt, dass eine systematische Untersuchung von Gebietsniederschlägen nicht nur den verschiedenen aktuellen Interessen entgegenkommt, sondern ausserdem aufgrund der integralen Eigenschaft von Gebietsniederschlägen eine gegenüber lokalen Messstellen-Eigenheiten wenig empfindliche Vergleichsbasis für Klimatrends bildet.

Die für die Alpennordseite der Schweiz vorgelegten Untersuchungen sollen auch in den übrigen Gebieten mit dem inzwischen bis 1993 erweiterten Datensatz durchgeführt werden. Die orographische Gliederung des Landes gibt dabei die weitere anzuwendende Regionseinteilung vor. Es handelt sich um das Wallis, das Tessin, das Engadin und das Puschlav. Durch diese natürliche Gliederung wird allerdings im Wallis und im Engadin der ursprüngliche Ansatz der Unabhängigkeit von Einzugsgebieten verlassen, da es sich um die Flussgebiete der Rhône und des Inn handelt.

Beim gegenwärtigen Stand der Analysen zeigt sich auch in diesen Gebieten eine zusätzliche interne Unterteilung als erforderlich, wie bereits in der nordalpinen Region Ost. Diesen Bedürfnissen stehen allerdings zum Teil erhebliche Beschränkungen durch die Messnetze entgegen. Dies trifft ganz besonders bei der Abtrennung des Val Poschiavo vom Engadin und Tessin zu.

Nach Abschluss der Gesamtbearbeitung ist ein möglichst praktikabler Modus für die operationelle Anwendung der Abminderungskurven vorgesehen. Gegenwärtig werden verschiedene Konzepte zur Abschätzung von Gebietsniederschlägen in Betracht gezogen. In jedem Fall ist jedoch von der Station mit dem Niederschlagsmaximum des zu bearbeitenden Gebietes auszugehen. Wie bereits erwähnt, konnten in der Literatur keine derartigen Ansätze aufgefunden werden.

Die Abminderungskurven stellen in der gegenwärtigen Form Blockregen dar, sowohl in Bezug auf die Fläche als auch auf die Dauer. Es wurde dazu bereits am Schluss der Einleitung festgehalten, dass insbesondere seitens der Modellsimulation systematische Variabilitäten innerhalb eines solchen Blocks ein wesentlicher Informationsbedarf sind, nicht nur in den kleinen Scales. Auch dafür bestehen erste Untersuchungsvorstellungen; u.a. sind Ansätze zu prüfen, wie sie in jüngster Zeit im Rahmen der Niederschlagsanalysen in urbanen Gebieten angewendet werden. Die Bearbeitung dieses Fragenkomplexes setzt jedoch ein umfassenderes Projekt voraus.

Die landesweite Bearbeitung der Flächen-Mengen-Dauer-Beziehungen sind u.a. auch Grundlage für ein Projekt zur Grenzwertabschätzungen von Gebietsniederschlägen. Die möglichen Niederschlagsgrenzwerte (probable maximum precipitation: PMP) werden mit meteorologisch synoptischen Ansätzen abgeschätzt. Die damit maximierten Punktniederschläge sind dann unter bestimmten Annahmen mit Hilfe der Flächenreduktionsfaktoren auf Gebiete übertragbar. Beide Untersuchungen werden im Rahmen des Nationalen Forschungsprogramms 'Klimaänderungen und Naturkatastrophen' (NFP 31) vom Schweizerischen Nationalfonds unterstützt, und die Resultate sind für den Hydrologischen Atlas der Schweiz vorgesehen.

8 Literatur

Allerup, P.; Madsen, H. and Riis, J. (1982): Methods for calculating areal precipitation - Applied to the Susa-Catchment. Nordic Hydrlogy, Vol. 13, Nr. 5 (263-278).

Amorocho, J; Brandstetter, A and Morgan, D. (1968): The effects of density of recording rain gauge network on the description of precipitation patterns. IAHS Publication Nr. 78 (189-202).

Aschwanden, H. und Schädler, B. (1988): Hochwasserereignisse im Jahr 1987 in der Schweiz. Landeshydrologie und -geologie. Mitteilungen Nr. 10 (140 S.).

Baumgartner, A.; Reichel, E. und Weber, G. (1983): Wasserhaushalt der Alpen. R. Oldenbourg Verlag, München, Wien, 343 S. und Kartenteil.

Bastin, G.; Lorent, B.; Duqué, C. and Gevers, M. (1984): Optimal estimation of the average areal rainfall and optimal selection of rain gauge location. Water Res. Res. Nr. 4 (463-470).

Becker, A. (1992): Methodische Aspekte der Regionalisierung. In: Regionalisierung in der Hydrologie; Ergebnisse von Rundgesprächen. Deutsche Forschungsgemeinschaft. Mitteilung XI der Senatskommission für Wasserforschung (16-32).

Bell, F.C. (1976): The Areal Reduction Factor in Rainfall Frequency Estimation. Natural Environment Research Council, Institut of Hydrology, Institute of Hydrology, Wallingford. Report No 35 (58 p.).

Billwiller, R. (1927): Klimatologie; Bibliographie der Schweizerischen Landeskunde. Bern, Fasz. IV 4. (140 S.).

Braun, L.N. und Rohrer, M.B. (1990): Einige Gesichtspunkte bei der Regionalisierung der Schneedeckenverteilung im mikro- bis mesoskaligen Bereich. Deutsche Forschungsgemeinschaft DFG; Rundgespräch "Regionalisierung hydrologischer Parameter"; 1./2. Februar 1990, Bonn-Bad Godesberg.

Browning, K.A. (1990): Organization of Clouds and Precipitation in Extratropical Cyclones. In: Newton Ch.W. and Holopainen, E.O. (ed.): Extratropical Cyclones; The Erik Palmén Memorial Volume. Am. Met. Soc., Boston (242p.).

Bundesrat (1987): Botschaft über ausserordentliche Massnahmen zur Behebung der Unwetterschäden 1987; (Grebner, D.: Meteorologische Verhältnisse, S. 5-6). Botschaft des Schweizerischen Bundesrates, 87.077.

BWW / LHG (1991a): Ursachenanalyse der Hochwasser 1987; Ergebnisse und Untersuchungen. Mitteilung des Bundesamtes für Wasserwirtschaft, Nr.4; Mitteilung der Landeshydrologie und -geologie, Nr.14; 192 S. Eidgen. Drucksachen- und Materialzentrale, Ch 3000 Bern, Form 804'304.

BWW / LHG (1991b): Ursachenanalyse der Hochwasser 1987; Schlussbericht. Mitteilung des Bundesamtes für Wasserwirtschaft, Nr.5; Mitteilung der Landeshydrologie und -geologie, Nr.15; 192 S. Eidgen. Drucksachen- und Materialzentrale, Ch 3000 Bern, Form 804'305d.

Caflisch, A. (Ed., jährlich): Bibliographia scientiae naturalis Helvetica, (vormals Bibliographie der schweizerischen naturwissenschaftlichen und geographischen Literatur, 1925-1947). Schweizerische Landesbibliothek Bern.

Chow, V.T. (1953): Discussion of Huff and Stout. Trans. Am. Geophys. Union,34, (628-630).

Chow, V.T. (1964): Statistical and Probability Analysis of Hydrologic Data. Part I. Frequency Analysis. In: Chow, V.T. (ed.): Handbook of Applied Hydrology, (8-1/42). McGraw-Hill Book Company, London.

Chow, V.T. (1964): siehe GILMAN

Court, A. (1961): Area-depth rainfall formulas. Journ. of Geophys. Research, Vol. 66, Nr. 6 (1823-1831).

Courvoisier, H.W.; Gensler, G.A.; Primault, B. und Rösli, H.P. (1979): Das Unwetter vom 7./8. August 1978 in der Schweiz. Arbeitsberichte der Schweizerischen Meteorologischen Anstalt, Nr. 85, Schweizerische Meteorologische Anstalt, Zürich, 36 S. und Anhang.

Creutin, J.D. and Obled, C. (1982): Objective analyses and mapping techniques for rainfall fields: An objective comparison. Water Res. Res. , Vol. 18, Nr. 2 (413-431).

Dall'O, A. (1990): Gebietsniederschläge im Thurgebiet und ihre Abhängigkeit von meteorologischen Faktoren. Diplomarbeit, Geographisches Institut ETH Zürich, (95 S.).

DIN (1979): DIN 4049 Teil 1, Hydrologie; Begriffe, quantitativ: Deutsches Institut für Normung e.V.; Normenausschuss Wasserwesen (NAW). Beuth Verlag GmbH; 1 Berlin 30 (54 S.).

DVWK (1983): Fachwörterbuch für Bewässerung und Entwässerung. Englisch, Deutsch, Französisch, Spanisch. (2. Auflage). Deutscher Verband für Wasserwirtschaft und Kulturbau e.V. Bonn (1009 S.).

Dyck, S. et al. (1980): Angewandte Hydrologie. Teil 1: Berechnung und Regelung des Durchflusses der Flüsse. 2. Auflage. Verlag Wilhelm Ernst & Sohn, Berlin (528 S.).

Dyck, S. und Peschke, G. (1989): Grundlagen der Hydrologie. VEB Verlag für Bauwesen, Berlin, 2. bearbeitete Auflage (408 S.).

Eagleson, P.S. (1984): The distribution of catchment by stationary rainstorms. Water Res.Res., Vol. 20, Nr. 5 (581-590).

Farago, T. and Vértessy, M. (1989): Precipitation field and area-averaged precipitation amounts. In: Precipitation measurement; WMO/IAHS/ETH Workshop, St. Moritz 3.7. Dec. 1989, Proceed. (237-243).

Fletcher, R.D. (1950): A relation between maximum observed point and areal rainfall values. Transactions, Am. Geoph. Union, Vol. 31, Nr. 3 (344-348).

Fliri, F. (1974): Niederschlag und Lufttemperatur im Alpenraum. Wissenschaftliche Alpenvereinshefte, Heft 24, Hrsg. Hauptausschüsse des Deutschen und Oesterreichischen Alpenvereins, (111 S.).

Flood Studies Report (1975): siehe NERC

Forland, E.J. and Kristoffersen, D. (1989): Estimation of Extreme Precipitation in Norway: Nordic Hydrology, 20 (257-276).

Frühling, A. (1894): Über Regen- und Abflussmengen für städtische Entwässerungskanäle. Der Civilingenieur (Leipzig), ser.2, 40 (541-558, 623-643).

Galli, G. (1982): Das Radarcomposit. In: Wetterradar der Schweiz; Möglichkeiten und Grenzen des künftigen Radarcomposits. Wissenschaftliches Kolloquium der Schweizerischen Meteorologischen Anstalt, 3. Nov. 1982 (92-94).

Geiger, H. (1975): Extremwertstatistik. Interner Bericht der Eidgenössischen Anstalt für das forstliche Versuchswesen. Birmensdorf.

Geiger, H.; Stehli, A. und Castellazi, U. (1986): Regionalisierung der Starkniederschläge und Ermittlung typischer Niederschlagslinien. In: Beiträge zur Geologie der Schweiz - Hydrologie, Nr. 33. (141 - 194).

Geiger, H.; Stehli, A.; Röthlisberger G. und Zeller, J. (1992): Extreme Punktregen unterschiedlicher Dauer und Wiederkehrperioden. - In: Hydrologischer Atlas der Schweiz, Tafel 2.4.

GHO (1982): Verzeichnis hydrologischer Fachausdrücke mit Begriffserklärung. Arbeitsgruppe für operationelle Hydrologie; Sekretariat Landeshydrologie, Bern (86 S.).

Giesecke, J.; Schmitt; P. und Meyer, H. (1983): Vergleich von Rechenmethoden für Gebietsniederschläge. Wasserwirtschaft, Jg. 73, Heft 1 (7 S.).

Gilman, Ch. (1964): Effect of network density on areal rainfall average. In Chow, V.T. (ed.): Handbook of Applied Hydrology, (9-29/31). McGraw-Hill Book Company, London.

Grebner, D. (1980): Starkregensituation vom 7./8. August 1978 im Schweizer Alpenraum; Entwicklung, Bewertung und Vorhersagbarkeit. Tagungspublikation 'Interprävent 1980', Bad Ischl, Band 1 (215-224).

Grebner, D. (1990): Starkniederschlag: Zum Spektrum des Begriffes. Gas - Wasser - Abwasser, 70. Jg., Nr. 12 (870-873).

Grebner, D. (1992): Flächen-Mengen-Dauer-Beziehungen von Starkniederschlägen und mögliche Niederschlagsgrenzwerte. Projekt im Rahmen des Nationalen Forschungsprogramms: Klimaänderungen und Naturkatastrophen (NFP 31).

Grebner, D. (1993 a): Synoptische Zirkulationen während Extremniederschlägen in der nordalpinen Schweiz. In: Grebner, D. (Ed.), Aktuelle Aspekte in der Hydrologie; Festschrift zum 60. Geburtstag von Herbert Lang. Zürcher Geographische Schriften, Heft 53, (39-48). Verlag Geographisches Institut ETH Zürich.

Grebner, D. (1993 b): Die Flutkatastrophen in Asien und den USA; Stationärer Tiefdrucktrog über den USA. Neue Zürcher Zeitung, 27. Juli 1993 (Seite 9).

Grebner, D. (1994): Meteorologische Analyse des Unwetters im Unterlauf von Thur, Limmat, Reuss und Aare vom 18. und 19. Mai 1994. Bericht im Auftrag des Bundesamtes für Wasserwirtschaft, Bern. (19. S.).

Grebner, D. und Jensen, H. (1979): Der räumlich-zeitliche Ablauf von Niederschlagsfeldern im schweizerischen Rheingebiet. Versuchsanstalt für Wasserbau, Hydrologie und Glaziologie, Eidg. Techn. Hochschule, Zürich, Mitteilungen Nr. 41 (45-57).

Grebner, D.; Jensen, H.; Kobelt, F.; Lang, H. und Naef, F. (1980): Untersuchungen über extreme Gebietsniederschläge und Hochwasser im Gebiet der Thur. Interner Bericht, Versuchsanstalt für Wasserbau, Hydrologie und Glaziologie, ETH Zürich (55 S.).

Grebner, D. und Göldi, Ch. (1983): Niederschlagskarten für den Kanton Zürich. Schweizer Ingenieur und Architekt, Heft 48, (1141-1150).

Grebner, D. und Richter, K.G. (1989): Gebietsniederschlag; Meteorologische Analysen zum Sommer 1987. Forschungsprojekt A3 zur "Ursachenanalyse Hochwasser 1987"; Zwischenbericht. (240 S.).

Grebner, D. und Richter, K.G. (1991 a): Flächen-Mengen-Dauer-Beziehungen für Starkniederschläge. Ursachenanalyse der Hochwasser 1987, Projekt Gebietsniederschlag, Teil 2. Berichte und Skripten, Nr. 45. Geographisches Institut der ETH, Zürich (290 S.).

Grebner, D. und Richter, K.G. (1991 b): Gebietsniederschlag; Ereignisanalysen 1987 und Abhängigkeitscharakteristiken. In: Ursachenanalyse der Hochwasser 1987; Ergebnisse der Untersuchungen, Mitt. des Bundesamtes für Wasserwirtschaft, Bern, Nr. 4, Mitt. der Landeshydrologie und -geologie. Bern, Nr. 14 (23-40).

Grebner, D. und Roesch, Th. (1994): Analyse der Niederschläge während des Unwetters im Tessin, September/Oktober 1993. Bericht im Auftrag des Bundesamtes für Wasserwirtschaft, Bern. (9 S.).

Grobe, B. (1974): Niederschlagsgebiete in Abhängigkeit von Niederschlagshöhe und Eintrittswahrscheinlichkeit. Wasserhaushalt und Bodennutzung; Schriftenreihe des Sonderforschungsbereichs 150 der Technischen Universität Braunschweig; Heft 3.

Gutknecht, D. (1982): Zur Ermittlung der zeitlichen und räumlichen Verteilung von Niederschlägen anhand von Standardbeobachtungsdaten. Mitteilungen des Hydrographischen Dienstes in Oesterreich, Wien, Nr. 50 (1-26).

Hershfield, D.M. (1962): Extreme Rainfall Relationships. Journal of the Hydraulics Division, Proc. of the Am. Soc. of Civil Eng., Vol. 92 (73-92).

Hershfield, D.M. and Wilson, W.T. (1960): A Comparison of Extreme Rainfall Depths from Tropical and Nontropical Storms. Journal of Geophysical Research, Vol 65, No. 3 (959-982).

Hörler, A. (1960): Die Intensitäten der Starkregen in der Schweiz und ihre Anwendung in der Kanalisationstechnik. Verbandsbericht Nr. 70/2 des VSA Zürich.

Hörler, A. und Rhein, H.R. (1962): Die Intensitäten der Starkregen in der Schweiz. Zeitschrift für Hydrologie, Vol. XXIV, Fasc. 2.

Hörler, A. (1977): Die Intensitäten von Starkregen längerer Dauer für verschiedene Ortschaften der Schweiz. Gas - Wasser - Abwasser, Jg. 77, Nr. 12 (853-860).

Horton, R.E. (1924): Discussion of 'The distribution of intense rainfall and some other factors in the design of storm-water drains', by Frank A. Marston. Journal of the Hydraulics Division, Proc. of the Am. Soc. of Civil Eng., Vol. 50 (660-667).

Jeanneret, F. (1975): Grundlagen zum Klima der Schweiz: Klimatologische Bibliographie 1921-1973. Beiheft zu den Annalen der Schweizerischen Meteorologischen Zentralanstalt, Heft 15. (124 S.).

Jennings, A.H. (1952): Maximum station precipitation for 1, 2, 3, 6, 12, and 24 hours. Part III. US Dep. Commerce, Weather Bur. Tech. Pap., 15, Washington.

Jensen, H. (1985): Interpolationsverfahren und Gebietsniederschlag. In: Beiträge zur Geologie der Schweiz - Hydrologie, Nr. 31 (Ed.: Sevruk, B.). Hydrologische Kommission der Schweizerischen Naturforschenden Gesellschaft. (165 - 169).

Jensen, H. (1986): Regionalisierung der Verteilungsfunktion des jährlichen Maximums des Tagesniederschlages im Kanton Zürich. Zürcher Geographische Schriften, Heft 27. (154 S.).

Jensen. H. (1989): Räumliche Interpolation der Stundenwerte von Niederschlag, Temperatur und Schneehöhe. Zürcher Geographische Schriften. Verlag der Fachvereine, Zürich, Heft 35 (70 S.).

Jensen, H. (1993): Regionalisierung des T-jährlichen Niederschlages bei ungleichen Messperioden. In: Aktuelle Aspekte in der Hydrologie; Festschrift zum 60. Geburtstag von Herbert Lang.(Ed.: Grebner, D.). Zürcher Geographische Schriften, Heft 53, (49-51). Verlag Geographisches Institut ETH Zürich.

Joss, J. und Gutermann, Th. (1987): Niederschlagsmessung mit Radar: Verfahren zur Bestimmung von Gebietsniederschlägen. Wissenschaftliches Kolloquium der Schweizerischen Meteorologischen Anstalt, 1. Juli 1987 (192-200).

Joss, J. and Waldvogel, A. (1989): Areal precipitation measurement and vertical reflectivity profile corrections. Conference on Radar Meteorology, March 27-31 1989, Tallahassee, (9 p.).

Kahlig, P. (1991): Extreme Rainfall Formula Derived by Similarity Theory. Wetter und Leben; Zeitschrift für angewandte Meteorologie. Jg. 43, Heft 1-3 (91-98).

Kaufmann, P. (1990): Regenkataloge - ein ideales Arbeitsmittel bei der Simulation von Regenabflüssen und Entwässerungsnetzen. Gas - Wasser - Abwasser, 70. Jahrg., Nr. 3 (198-203).

Kirchhofer, W. und Defila, C. (1984): Klimaatlas der Schweiz, Blätter 10.1 -10.4. Schweizerische Meteorologische Anstalt Verlag des Bundesamtes für Landestopographie, Wabern-Bern.

Kleeberg, H.B. und Cemus, J. (1992): Regionalisierung hydrologischer Daten – Definitionen. In: Regionalisierung in der Hydrologie; Ergebnisse von Rundgesprächen. Deutsche Forschungsgemeinschaft. Mitteilung XI der Senatskommission für Wasserforschung (1-15).

Koleva, E. (1989): Accuracy of mean areal precipitation estimates. In: Precipitation measurement; WMO/IAHS/ETH Workshop, St. Moritz 3.7. Dec. 1989 (271-273).

Laborde, J.-P. (1982): Cartographie automatique des caractéristiques pluviométriques: Pris en compte des relations pluviométrie-morphométrie. La Houille Blanche, Nr 4 (331-338).

Lang, H.; Jensen, H. and Grebner, D. (1987): Short-range runoff forecasting for the River Rhine at Rheinfelden: Experiences and present problems. Hydrological Sciences Journal 32, 3 (385-397).

Lebel, T.; Bastin, G.; Obled, C. and Creutin, J.D. (1987): On the accuracy of areal rainfall estimation: A case study. Water Res. Res. , Vol. 23, Nr. 11 (2123-2134).

Mäder, F. (1985): Niederschlagskarten und Regionalisierung. In: Beiträge zur Geologie der Schweiz - Hydrologie, Nr. 31 (Ed.: Sevruk, B.). (57 - 64).

Mendel, H.G. (1977): Die Berechnung von Gebietsniederschlägen. Deutsche Gewässerkundliche Mitteilungen, Heft 6 (129-141).

Meyer, H. (1986): Gebietsniederschlag. In: DVWK-IHP/OHP-Workshop, Mai 1986, Andernach. Bundesanstalt für Gewässerkunde, Koblenz (31-70).

Montmollin, F.A. de; Olivier, R.J.; Simard, R.G. and Zwahlen, F. (1980): A new regionalization of the water balance elements related to physiographic parameters - applied to the Mentue (Switzerland) representative basin. IAHS Publication Nr. 130 (409-413).

Myers, V.A. and Zehr, R.M. (1980): A Methodology for Point-to-Area Rainfall Freuqency Rations. NOAA Technical Report NWS 24, Silver Spring, Md. (178p.).

NERC (1975): Flood Studies Report, Vol. 2; Meteorological Studies. Natural Environment Research Council (NERC), London (38-41).

Nguyen, V.-Th.-V. (1983): A Probabilistic Method for the Transformation of Point Rainfall to Mean Areal Rainfall. Canadian Soc. for Civil Eng., 6th Canadian Hydrotechnical Conference, June 2 and 3, 1983, Ottawa, Ontario (37-54).

Nicks, A.D. and Igo, F.A. (1980): A Depth-Area-Duration Model of Storm Rainfall in the Southern Great Plains. Water Resources Research, Vol. 16, No. 5 (939-945).

Omolayo, A.S. (1993): On the transposition of areal reduction factors for rainfall frequency estimation. Journal of Hydrology, 145 (191-205).

Osborn, H.B.; Shirley, E.D.; Davis, D.R. and Koehler, R.B. (1980): Model of Time and Space Distribution of Rainfall in Arizona and New Mexico. US Dep. of Agriculture, Science and Educ. Admin., Agricultural Reviews and Manuals, ARM-W-14/May. Oahland, Calif.

Rainbird, A.F. (1967): Methods of estimating areal average precipitation. Reports on WMO/IHD Projects, Rep. Nr. 3 (45 p.).

Rinderknecht, J. (1992): Untersuchung von räumlichen Niederschlagsverteilungen im Raum Obertoggenburg/Werdenberg mittels optimaler Interpolation. Diplomarbeit am Geogr. Inst. ETH, Zürich (148 S.).

Rodriguez-Iturbe, I. and Mejia, J.M. (1974): On the Transformation of Point Rainfall to Areal Rainfall. Water Resources Research, Vol. 10, No. 4 (729-735).

Röthlisberger, G.; Geiger, H. und Zeller, J. (1991, 1992): Starkniederschläge des Schweizerischen Alpen- und Alpenrandgebietes. Band 8 und 9. Eidgenössische Anstalt für das forstliche Versuchswesen, Ch-8903 Birmensdorf.

Schädler, B. (1985): Gebietsniederschläge. In: Beiträge zur Geologie der Schweiz - Hydrologie, Nr. 31 (Ed.: Sevruk, B.). Hydrologische Kommission der Schweizerischen Naturforschenden Gesellschaft. (171 - 186).

Schüepp, M.; Bouët, M.; Primault, B.; Pini, E. und Escher, H. (1970): Wetter und Klima III. In: Atlas der Schweiz (Ausgabe: 1965 bis 1978), Blatt 13 'Gewitter- und Hagelhäufigkeit'. Eidgenössische Landestopographie, Bern.

Sevruk, B. (1981): Methodische Untersuchungen des systematischen Messfehlers der Hellmann-Regenmesser im Sommerhalbjahr in der Schweiz. Versuchsanstalt für Wasserbau, Hydrologie und Glaziologie, Eidg. Techn. Hochschule, Zürich, Mitteilungen Nr. 52.

Sevruk, B. (1983): Correction of measured precipitation in the Alps using the water equivalent of new snow. Nordic Hydrology, 1983, (49-58).

Sevruk, B. (1985): Conversion of snowfall depth to water equivalents in the Swiss Alps. Zürcher Geographische Schriften, Heft 23, (81-88).

Sevruk, B. and Geiger, H. (1981): Selection of distribution types for extremes of precipitation. WMO-Nr. 560, Geneva (64 p).

SMA (a): Annalen der Schweizerischen Meteorologischen Anstalt (jährlich).

SMA (b): Beihefte zu den Annalen der Schweizerischen Meteorologischen Anstalt.

Streit, U. (1984): Angleichverfahren für geschätzte Teilgebiets-Niederschläge bei bekanntem Gesamt-Gebietsniederschlag. Deutsche Gewässerkundliche Mitteilungen, Heft 1 (11-16).

Toebes, C. and Ouryvaev, V. (1970): Representative and experimental basins. Studies and Reports in Hydrology 4, UNESCO (348 S.).

Treiber, B. (1983): Der Einfluss der Stationsdichte und der Berechnungsmethode auf die Bestimmung des Gebietsniederschlages für ausgewählte Starkregen im Sulmgebiet. Institut für Wasserwirtschaft, Hydrologie und Landwirtschaftlichen Wasserbau, Univ. Hannover, Mitteilungen Heft 52 (115-131).

UNESCO/WMO (1992): International Glossary of Hydrology (2. ed.). United Nations Educational, Scientific and Cultural Organization, Paris; World Meteorological Organozation, Geneva (413 p.).

Uttinger, H. (1967): Niederschlagskarte der Schweiz. Atlas der Schweiz, Klima und Wetter, Tafel 12. Eidgenössische Landestopographie, Bern.

Vahl, H. (1970): Erforderliche Stationsdichte von Niederschlagsmessstationen für Wasserwirtschaftliche Planungen bei Verwendung neuerer Berechnungsverfahren. Leichtweiss-Institut für Wasserbau und Grundbau, Techn. Univ. Braunschweig; Mitteilungen Nr. 29.

Vahl, H. (1971): Computerized calculation of areal precipitation and its accuracy. Symp. on Distribution of Precipitation in Mountainous Areas. Geilo, Aug. 1972, Proceed. Vol.II, WMO Nr. 326 (510-524).

WMO (1969): Manual for Depth-area-duration analysis of storm precipitation. World Meteorological Organization, WMO-Nr. 237, TP. 129, Geneva (113 p).

WMO (1974 a): Guide to hydrological practices. World Meteorological Organization, WMO-Nr. 168; Geneva.

WMO (1974 b): International Glossary of Hydrology. World Meteorological Organization, WMO-Nr. 385; Geneva (393 p.).

WMO (1985): Review of requirements for area-averaged precipitation data. World Meteorological Organization, WCP-100; Geneva.

WMO (1986): Manual for estimation of probable maximum precipitation. World Meteorological Organization, WMO-Nr. 332 (sec. ed.); Geneva (269 p).

WMO (1992): International Meteorological Vocabulary (2. ed). World Meteorological Organization, Geneva, Nr. 182 (784 p.).

Wussow, U. (1922): Untere Grenzwerte dichter Regenfälle. Meteorologische Zeitschrift, Jahrg. 39 (S. 173).

Zeller, J. und Röthlisberger, G. (1988): Unwetterschäden in der Schweiz im Jahr 1987. Wasser, Energie, Luft, 80. Jg., Heft 1/2 (29-42).

Zeller, J.; Geiger, H. und Röthlisberger, G. (1976-1983): Starkniederschläge des Schweizerischen Alpen- und Alpenrandgebietes. Band 1-6. Eidgenössische Anstalt für das forstliche Versuchswesen, Ch-8903 Birmensdorf (siehe auch Röthlisberger et al.).

9 Anhang

Abschätzung der Wiederkehrperioden von Flächen-Mengen-Verhältnissen

Die 8jährige Referenzperiode mit stündlich aufgelösten Niederschlagsmessungen ist für eine Frequenzanalyse zweifellos zu kurz. Die Verlängerung anhand der Jahre 1969-1980 mit Hilfe von Reduktionsfaktoren (siehe Kap. 5.6 und 6.2) besitzt anderseits nur eine begrenzte Genauigkeit und führt zu einer Gesamtperiode von nur 20 Jahren. Die Abschätzung der Jährlichkeiten von Flächen-Mengen-Verhältnissen, insbesondere bezüglich höherer Wiederkehrdauern von z.B. 50 Jahren und mehr, ist auf dieser Datengrundlage lediglich als tendenzielle Näherung zu betrachten, mit dem Ziel, die Ausprägung der Starken Gebietsniederschlagsereignisse von 1987 (Juli, August, September) zumindest grob bemessen zu können. Für die vorlegende Darstellung seien die resultierenden Frequenzdiagramme lediglich ergänzend beigefügt. In den Diskussionen der Kapitel 6.2 und 6.3 wird vereinzelt auf den Informationsgehalt der nachfolgenden Abbildungen verwiesen.

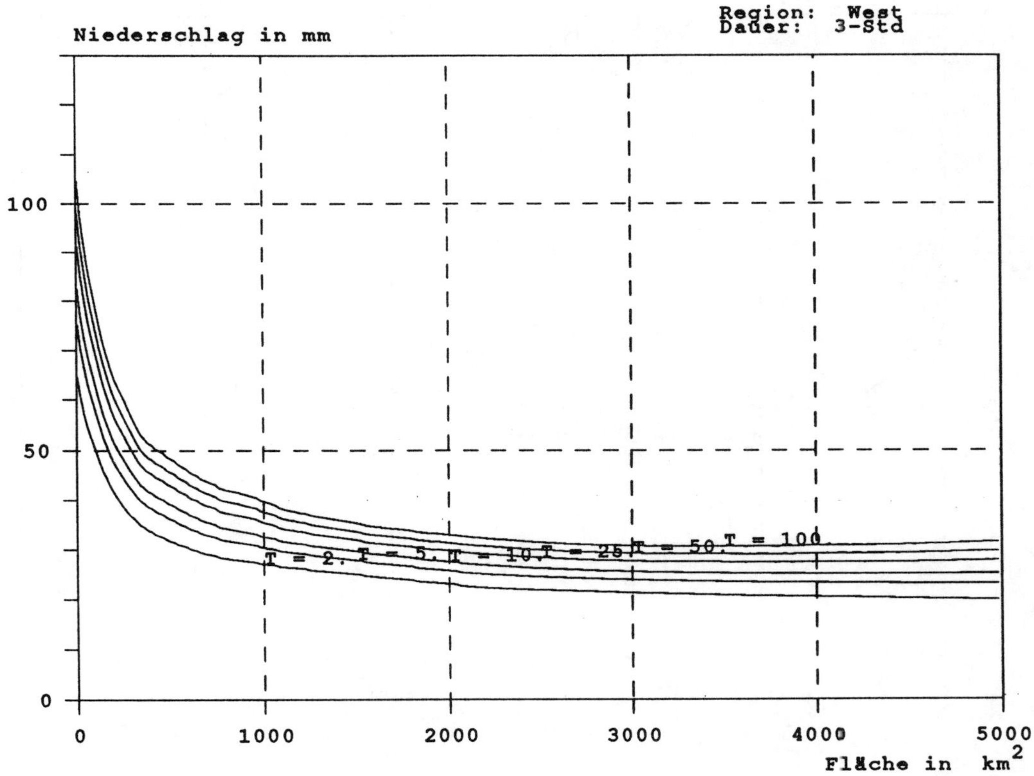

Abb. 9.1 a: Region West: Jährlichkeiten von Niederschlagmengen in Abhängigkeit der Niederschlagsfläche für 3stündige Niederschlagsdauern. Referenzperiode 1969-1988.

Wie bereits erwähnt (z.B. Kap. 6.2) war die Frequenzanalyse nur in den Regionen West (Abb. 9.1 a bis h) und Ost (Abb. 9.2 a bis h) sinnvoll, d.h. die Region Mitte ist in den nachfolgenden Abbildungen nicht vertreten. Für die vor- bzw. ausseralpinen Zonen wurden keine entsprechenden Analysen durchgeführt. Die Abminderungshüllkurven von 3stündigen Ereignissen bis zu Flächengrössen von 1000 km^2 oder maximal 1500 km^2 werden von den voralpinen Bedingungen dominiert (Abb. 6.11 a). Entsprechend können die Frequenzdiagramme für Gebietsniederschläge dieser Ausdehnung dem vor- und ausseralpinen Raum zugeordnet werden, sofern man von der Verallgemeinerung des in den hinteren Rängen (schwächere Ereignisse) nicht mehr generell gültigen Dominanzverhältnisses von Rang 1 (stärkste Ereignisse) ausgeht. Komplementär gilt dann, dass die 3stündigen Frequenzdiagramme über 1500 km^2 die Eigenschaften der inneralpinen Zone der Region Ost bis zum Alpenkamm (Hinterrhein) repräsentieren. Ab Niederschlagsdauern von 6 Stunden beschreiben die Diagramme weitgehend und ab 12 Stunden fast vollständig die inneralpinen Verhältnisse.

Die Diagramme sind wie alle Abminderungsabbildungen der vorangehenden Kapitel bis zu Flächen von 5000 km^2 dargestellt (Abszisse). Die Skalierung der Niederschlagsmengen (Ordinate) stimmt erst ab 24stündiger Dauer mit den früheren Abbildungen überein. Für die Dauern 3, 6 und 12 Stunden sind andere Auflösungen gewählt. Die Koordinaten sind nachfolgend jedoch für beide Regionen identisch.

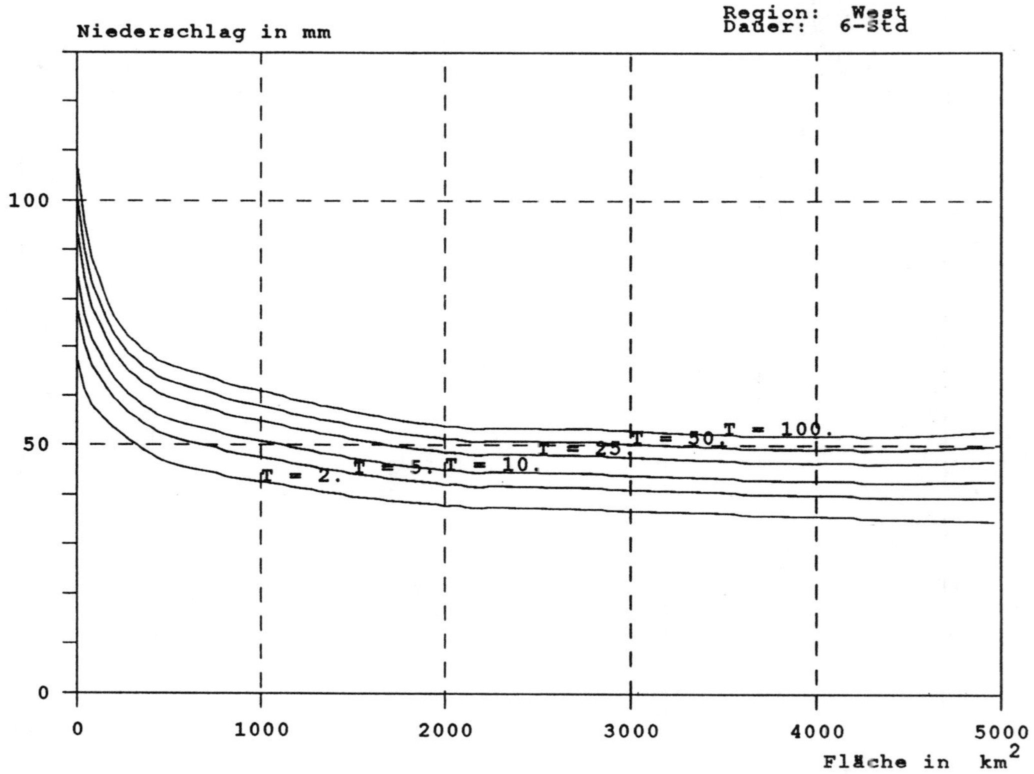

Abb. 9.1 b: Wie Abbildung 9.1 (a) für 6stündige Niederschlagsdauern.

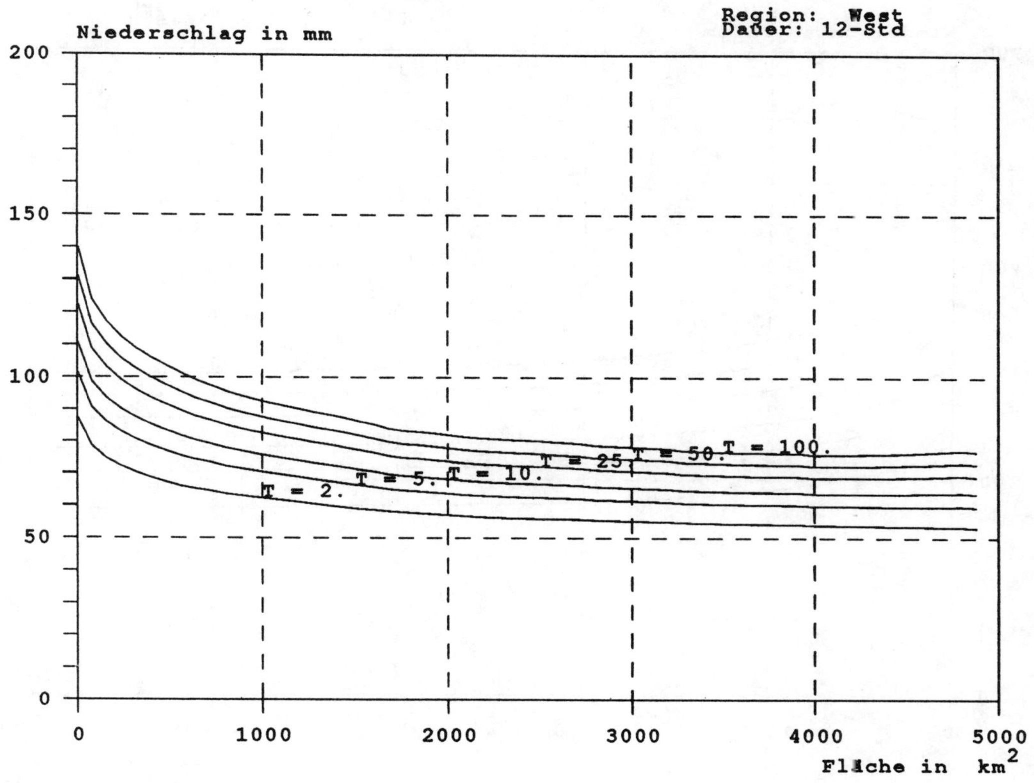

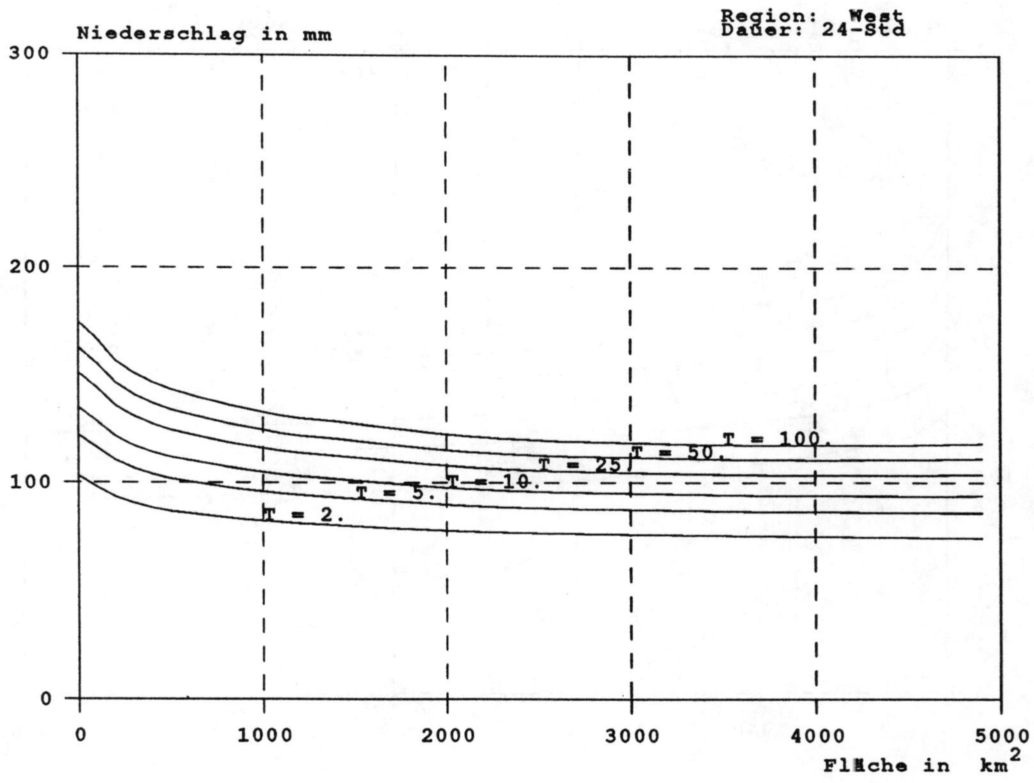

Abb. 9.1 c, d: Wie Abbildung 9.1 (a) für 12- und 24stündige Niederschlagsdauern.

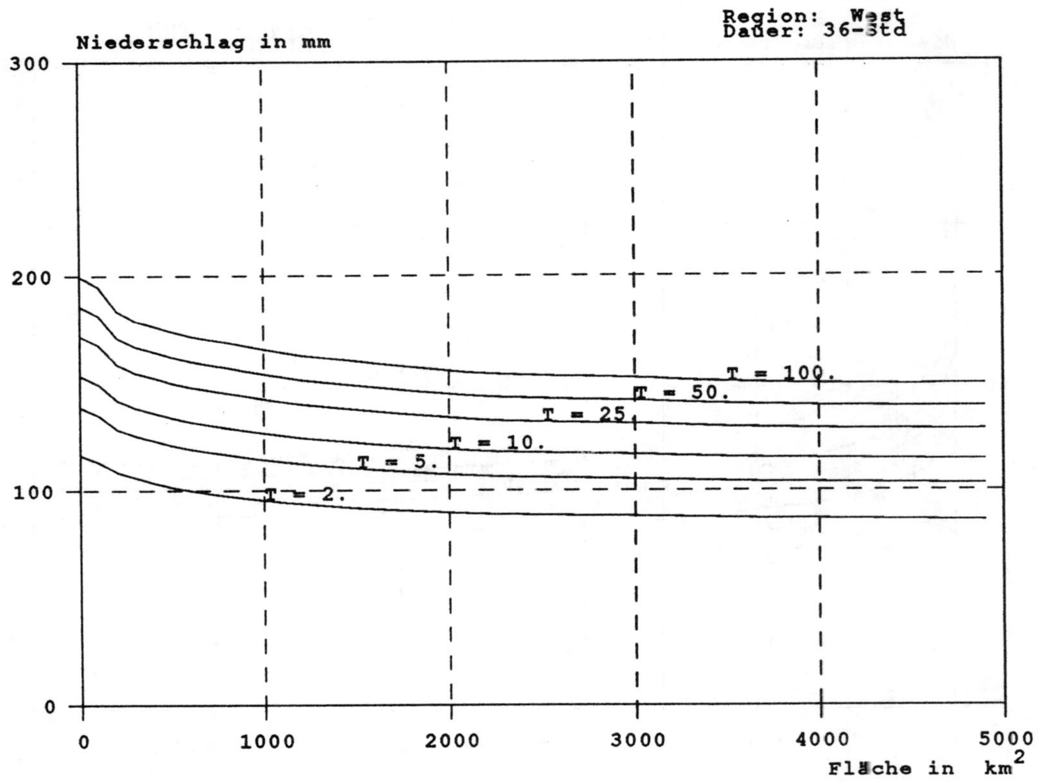

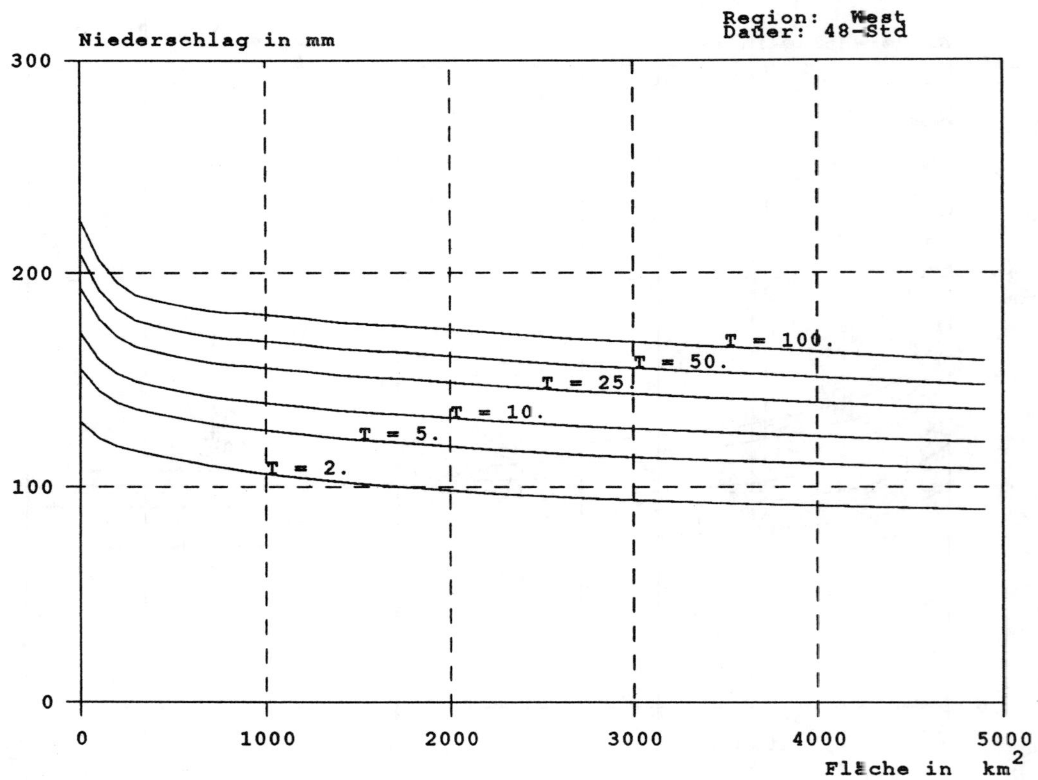

Abb. 9.1 e, f: Wie Abbildung 9.1 (a) für 36- und 48stündige Niederschlagsdauern.

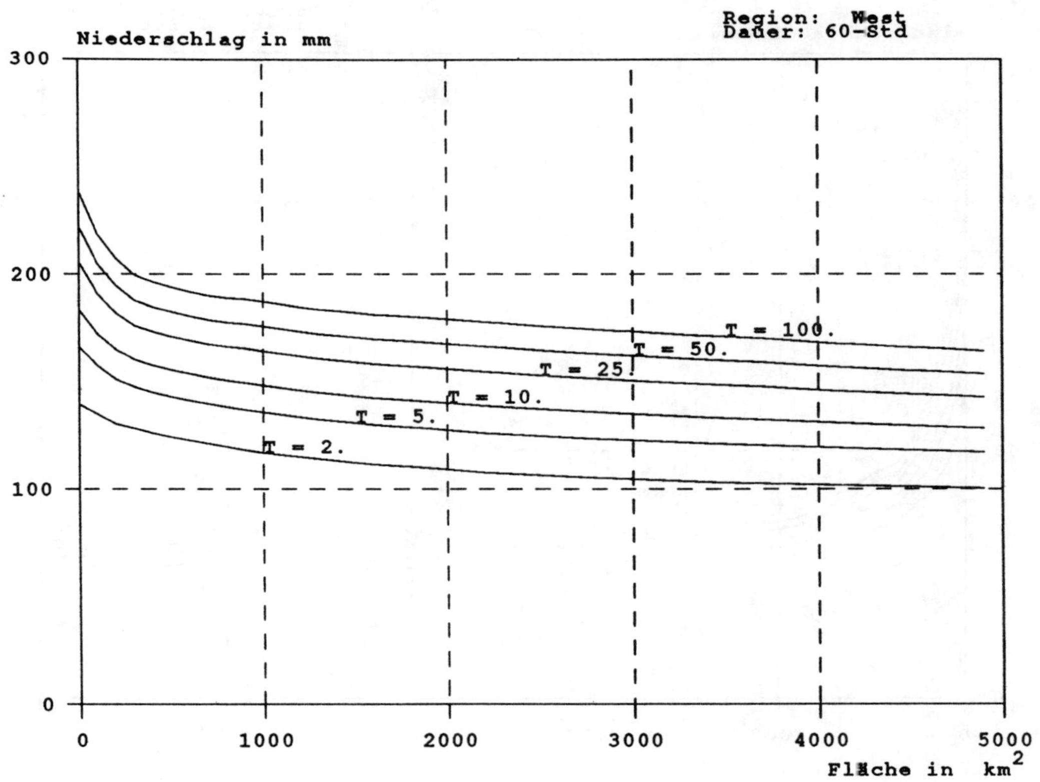

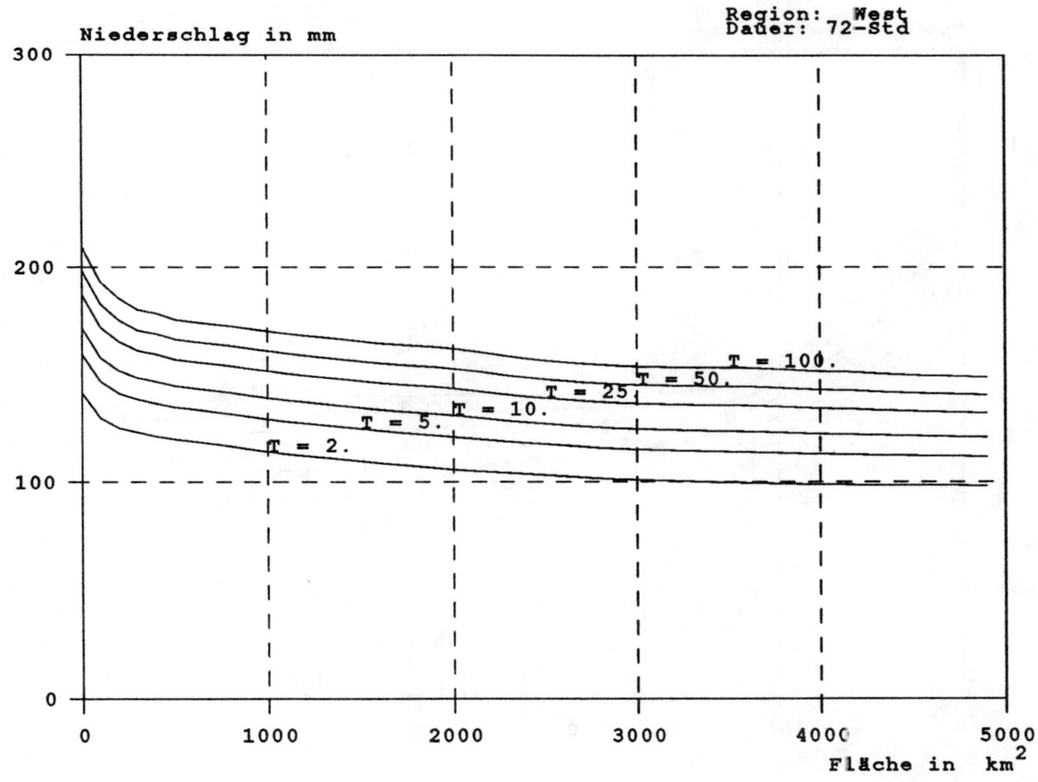

Abb. 9.1 g, h: Wie Abbildung 9.1 (a) für 60- und 72stündige Niederschlagsdauern.

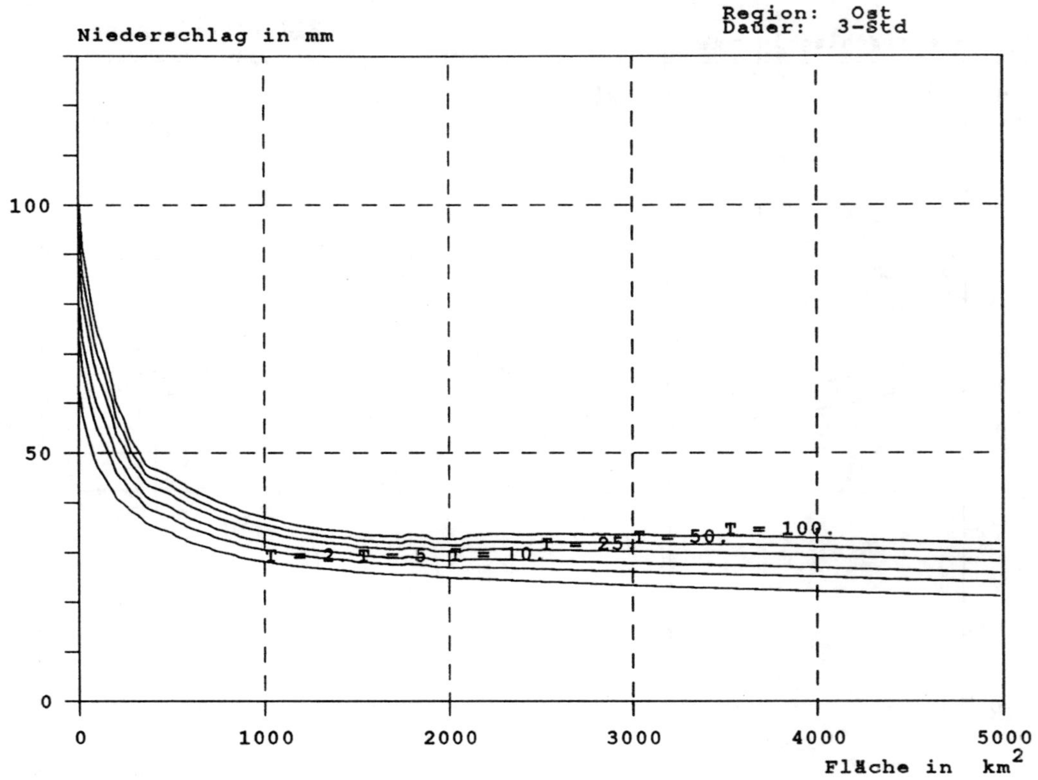

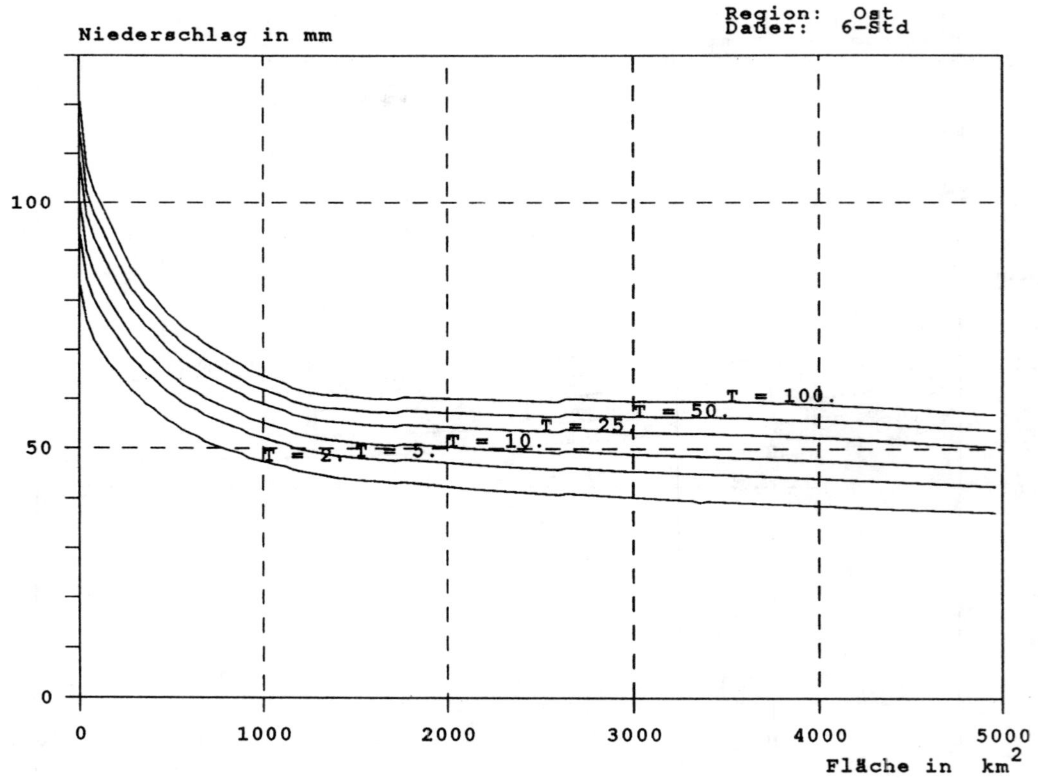

Abb. 9.2 a, b: Region Ost: Jährlichkeiten von Niederschlagmengen in Abhängigkeit der Niederschlagsfläche für 3stündige Niederschlagsdauern. Referenzperiode 1969-1988.

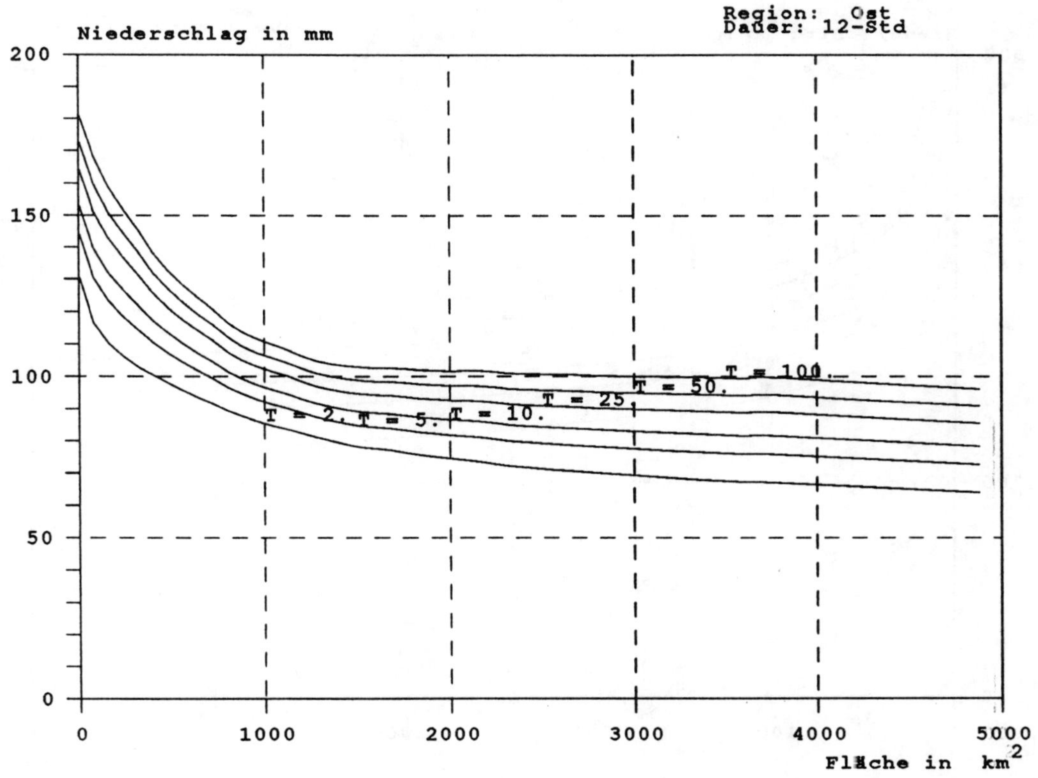

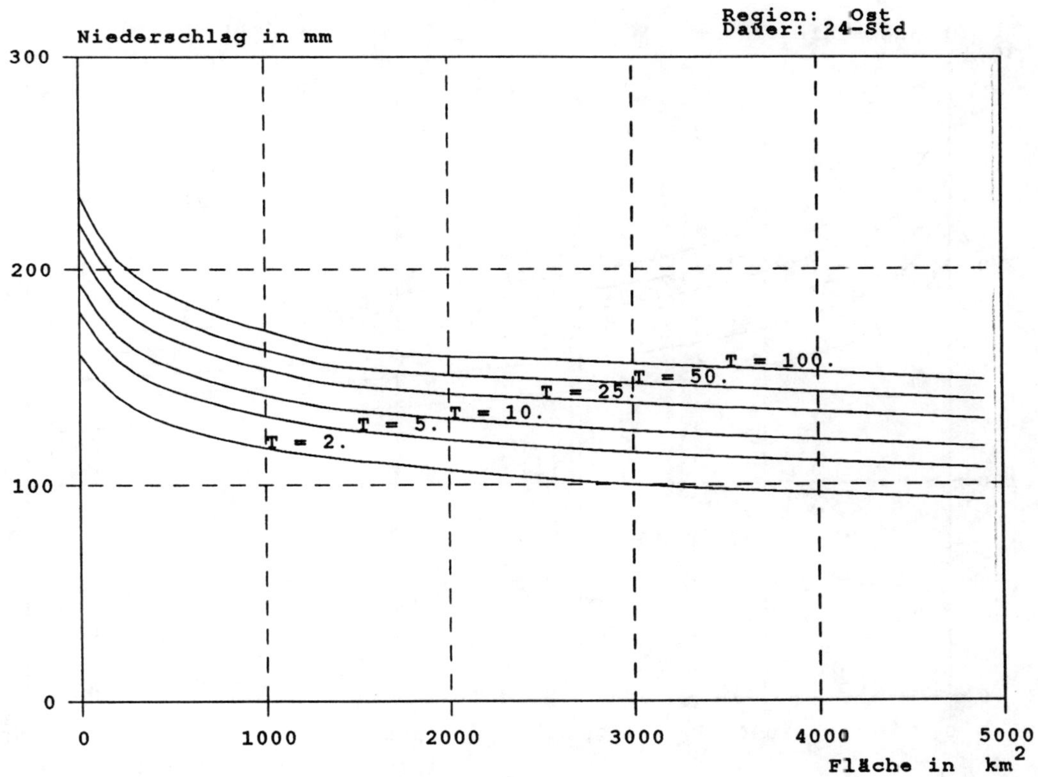

Abb. 9.2 c, d: Wie Abbildung 9.2 (a, b) für 12- und 24stündige Niederschlagsdauern.

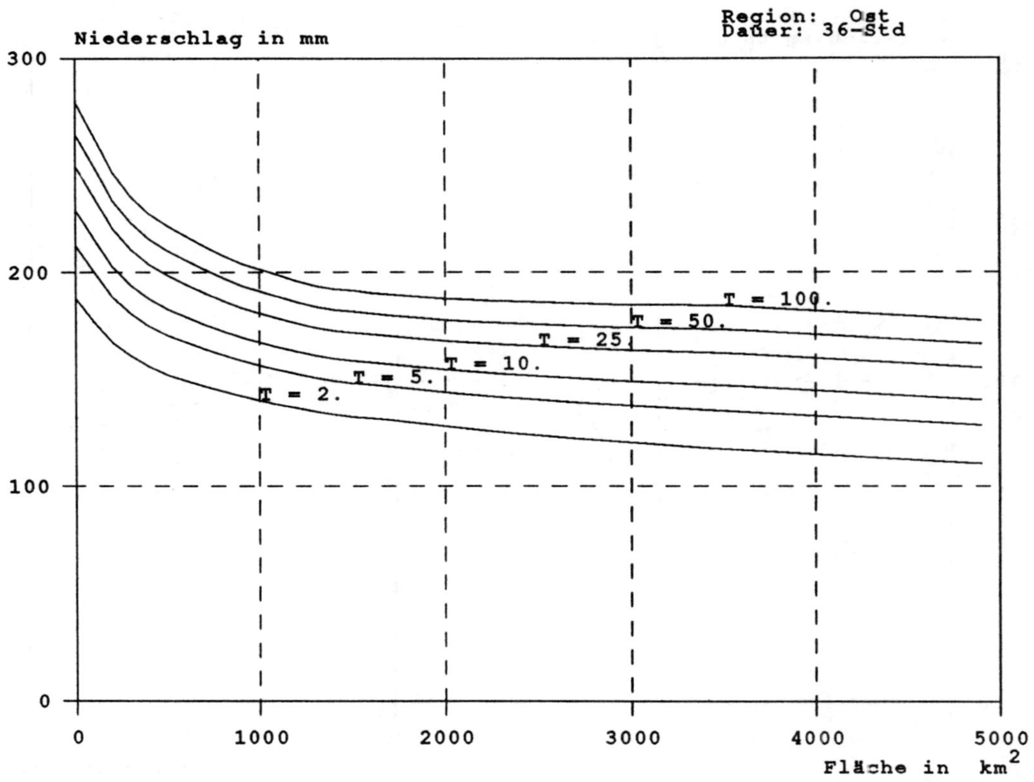

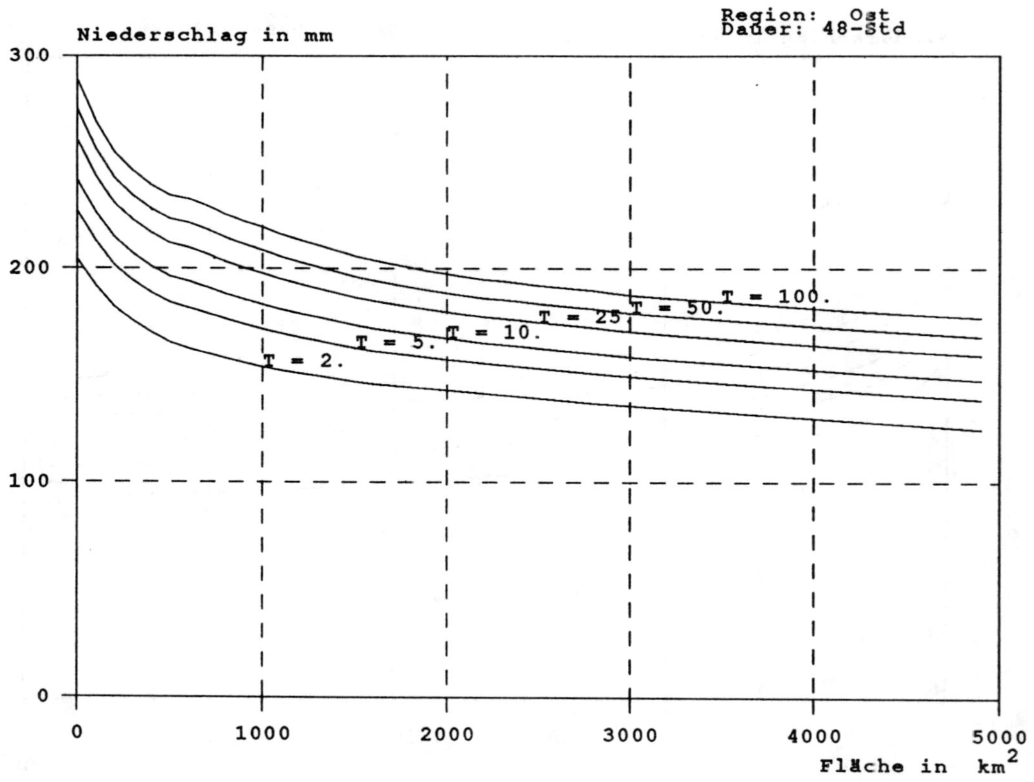

Abb. 9.2 e, f: Wie Abbildung 9.2 (a, b) für 36- und 48stündige Niederschlagsdauern.

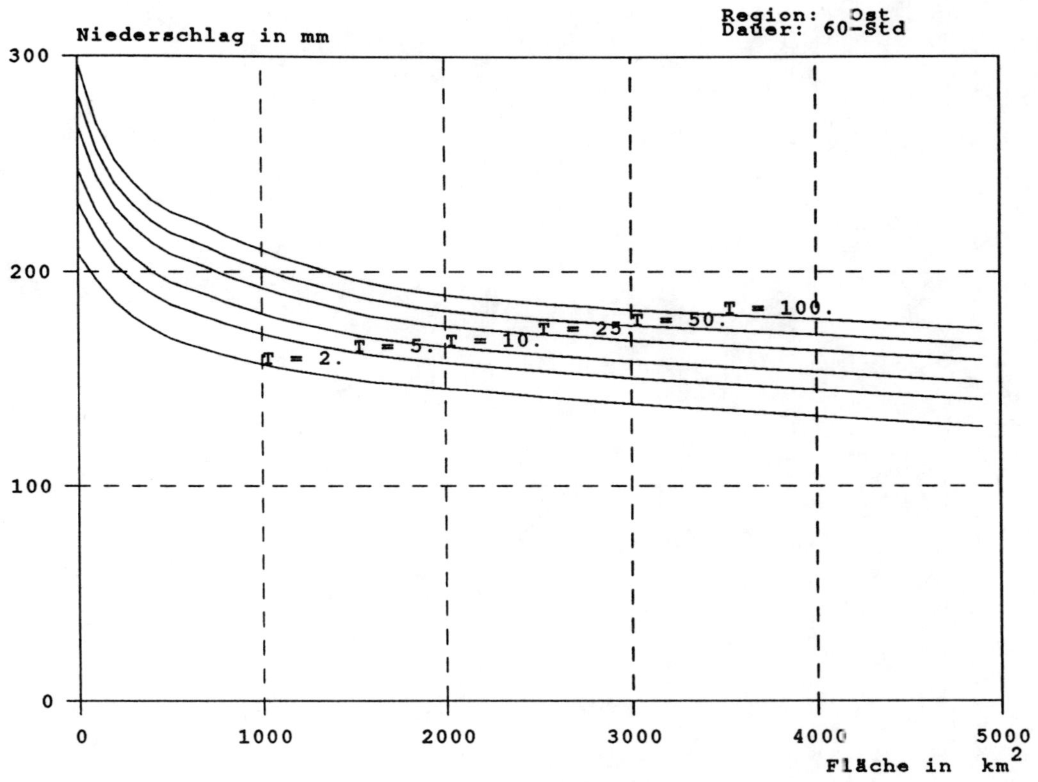

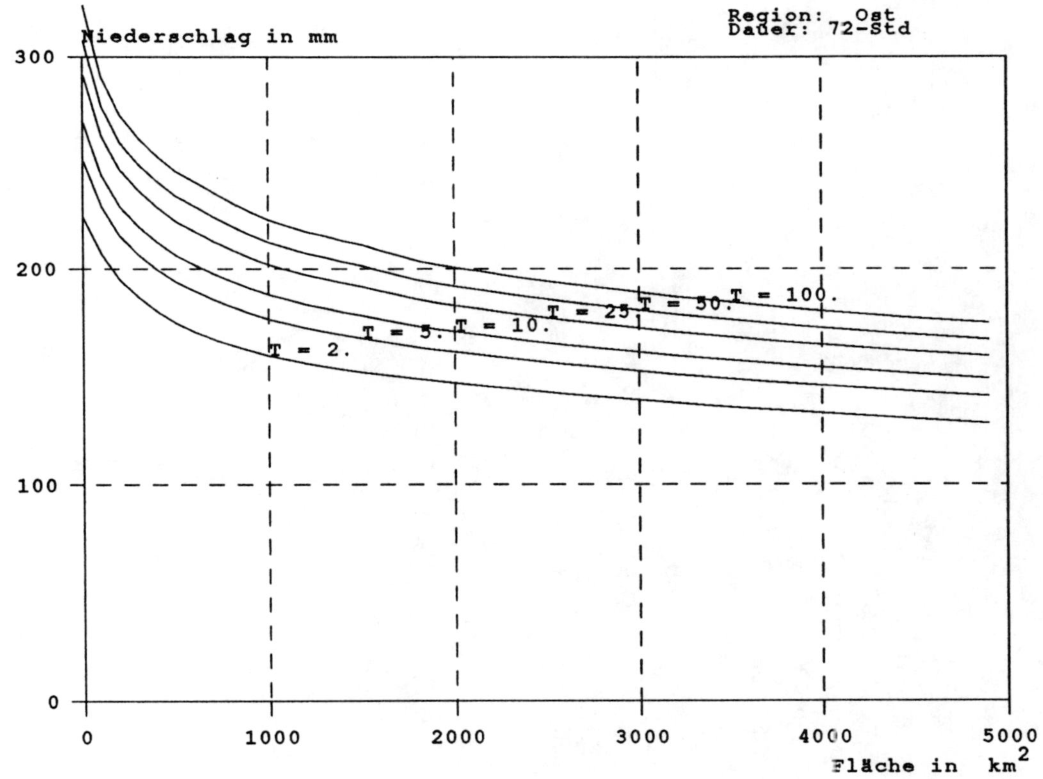

Abb. 9.2 g, h: Wie Abbildung 9.2 (a, b) für 60- und 72stündige Niederschlagsdauern.

Zürcher Geographische Schriften

Heft 7 | Hajime Ito
Sea Ice Atlas of the Northern Baffin Bay. 142 Seiten mit 16 Photos und 126 Karten, 1982. SFr. 21.-

Heft 8 | Stephan Marty
Optimale Siedlungsabgrenzung. Anwendung der Clusteranalyse am Beispiel des Kantons Zürich. 77 Seiten mit 35 Abbildungen, 1982. SFr. 10.- (vergriffen)

Heft 9 | Pavel Kraus
Glacier Inventory of Southeast Ellesmere Island, N.W.T., Canada and its Application for Estimating the Annual Run-Off. 103 Seiten mit 36 Abbildungen, 11 Tabellen, 5 Karten und 1 Photo, 1983. SFr. 9.50 (vergriffen)

Heft 10 | Heinz Blatter, Martin Funk and Atsumu Ohmura
Atlas of Solar Climate. 174 Seiten mit 153 Abbildungen und 130 Tabellen, 1984. SFr. 26.-

Heft 11 | Monika Ostheider, Theo Ginsburg (Hrsg.)
Lateinamerika - Kontinent am Scheideweg. 120 Seiten,1985. SFr. 16.50 (vergriffen)

Heft 12 | Ueli Geilinger
Ausmass, Ursachen und Folgen der funktionalen Arbeitsteilung zwischen Regionen in der Schweiz. 138 Seiten mit 21 Abbildungen, 57 Tabellen und 4 Karten. Diss. ETH 7477, 1984. SFr. 10.50 (vergriffen)

Heft 13 | Hans Elsasser, Dieter Steiner (Hrsg.)
Räumliche Verflechtungen in der Wirtschaft. Seminartagung in Zürich, 9. Dezember 1983. 111 Seiten mit 20 Abbildungen und 17 Tabellen, 1984. SFr.11.50 (vergriffen)

Heft 14 | Walter Kirchhofer, Atsumu Ohmura, Heinz Wanner (eds.)
Applied Climatology. 25th International Geographical Congress; Symposium No. 18: Applied Geography, Zürich, August 21, 1984, 107 Seiten, 1984. SFr.11.50

Heft 15 | Peter Felix Rutishauser
Funktionale Stadt-Umland-Beziehung. Untersuchung ihrer Raumwirksamkeit und ihrer Bestimmungsfaktoren. 311 Seiten mit 10 Abbildungen, 30 Tabellen und 45 Karten. Diss.ETH 7591, 1984. SFr. 25.- (vergriffen)

Heft 16 | Hans Peter Schmid
The Horizontal Windfield in the Zurich area. 100 Seiten mit 64 Abbildungen und 5 Tabellen, 1984. SFr. 12.50 (vergriffen)

Heft 17 | Peter Schumacher
Windprofil über dem Stadtzentrum von Zürich. 40 Seiten mit 18 Abbildungen, 1984. SFr. 8.- (vergriffen)

Heft 18 | Dietmar Grebner, Wilfried H. Brutsaert (eds.)
The EVAPEX-ALPEX Campaign 1982. Hydrological and Meteorological Studies in the Pre-Alpine Research Basin Rietholzbach. Report of Atmospheric Data. 203 Seiten mit 15 Abbildungen, 2 Tabellen und Datenanhang (123 S.), 1984. SFr. 19.-

Heft 19 | Konrad Steffen
Surface Temperature and Sea Ice of an Arctic Polynya: North Water in Winter. 193 Seiten mit 84 Abbildungen, 19 Tabellen und 3 Photos, 1985. SFr. 16.50 (vergriffen)

Heft 20 | Konrad Steffen
Atlas of Sea Ice Types, Deformation Processes and Openings in the Ice; (North Water Project). 55 Seiten mit 1 Abbildung und 43 Photos, 1986. SFr.40.-

Heft 21 Ludwig N. Braun
Simulation of Snowmelt-Runoff in Lowland and Lower Alpine Regions of Switzerland. 166 Seiten mit 71 Abbildungen und 19 Tabellen. Diss. ETH 7684, 1985. SFr. 16.50 (vergriffen)

Heft 22 Heinz Blatter
On the Thermal Regime of Arctic Glaciers. A Study of the White Glacier, Axel Heiberg Island, and the Laika Glacier, Coburg Island, Canadian Arctic Archipelago. 107 Seiten mit 42 Abbildungen und 17 Tabellen. Diss.ETH 7596, 1985. SFr. 12.50 (vergriffen)

Heft 23 Boris Sevruk (ed.)
Correction of Precipitation Measurements. ETH/IASH/WMO Workshop on the Correction of Precipitation Measurements. Zürich, April 1-3, 1985. Ed. 1986, 238 Seiten. SFr. 36.- (vergriffen)

Heft 24 Martin Funk
Räumliche Verteilung der Massenbilanz auf dem Rhonegletscher und ihre Beziehung zu Klimaelementen. 183 Seiten mit 64 Abbildungen und 48 Tabellen, 1985. SFr. 19.- (vergriffen)

Heft 25 Axel Müller
La musique dans l´enseignement de la géographie au niveau secondaire. (Possibilités d´utilisation et pratique actuelle en Suisse). 158 Seiten mit 15 Abbildungen und 29 Tabellen. Diss.ETH 7937, 158 Seiten, 1986. SFr. 16.50

Heft 26 Markus Ilg
Digital Processing of Map Data in Raster Format. 222 Seiten mit 45 Abbildungen und 9 Tabellen. Diss.ETH 7973, 1986. SFr. 21.- (vergriffen)

Heft 27 Holger Jensen
Regionalisierung der Verteilungsfunktion des jährlichen Maximums des Tagesniederschlages im Kanton Zürich. 154 Seiten mit 20 Abbildungen, 1 Tabelle und Anhang mit 217 graphischen Darstellungen, 1986. SFr. 16.50 (vergriffen)

Heft 28 Dieter Steiner, Ben Wisner (eds.)
Humanökologie und Geographie. Human Ecology and Geography. Vortragsreihe in Zürich, 1984; Lecture Series in Zurich, 1984. 232 Seiten, 1986. SFr. 21.- (vergriffen)

Heft 29 Hans Gilgen (Hrsg.)
DV-Systeme für die geographische Datenanalyse. 4 Beiträge. 110 Seiten mit 19 Abbildungen (2 in Farbe) und 10 Tabellen, 1986. SFr.20.-

Heft 30 Huib Ernste
Büro-Standorte und Informationstechnik. 224 Seiten mit 36 Abbildungen und 28 Tabellen. Diss.ETH 8262, 1987. SFr. 21.-

Heft 31 J. Neill Marshall
The Changing Organisation of Modern Western Society. A Geographical Appraisal of Service Activities. 79 Seiten mit 3 Abbildungen und 11 Tabellen, 1988. SFr. 12.50

Heft 32 Pavel Kraus
Politischer, wirtschaftlicher und sozialer Hintergrund der Wahrnehmungsräume im Zürcher Oberland. 255 Seiten mit 22 Abbildungen und 8 Tabellen. Diss. ETH 8593, 1988. ISBN 3 7281 1677 7. SFr. 40.-

Heft 33 Gregor Dürrenberger
Menschliche Territorien. Geographische Aspekte der biologischen und kulturellen Evolution. 169 Seiten mit 9 Abbildungen. Diss.ETH 8483, 1988. ISBN 3 7281 1676 9. SFr. 36.-

Heft 34 Atsumu Ohmura, Hans Gilgen, Martin Wild
Global Energy Balance Archive GEBA. World Climate Program - Water; Project A7. Report I: Introduction. 62 Seiten mit 15 Abbildungen und 5 Tabellen, 1989. ISBN 3 7281 1679 3. SFr. 25.-

Heft 35 Holger Jensen
Räumliche Interpolation der Stundenwerte von Niederschlag, Temperatur und Schneehöhe. 70 Seiten mit 34 Abbildungen, 1988. ISBN 3 7281 1678 5. SFr. 26.-

Heft 36 Guido Müller
Methodische Untersuchungen zur Bestimmung der Verdunstung im voralpinen Raum. Ausgeführt im Rahmen des hydrologisch - klimatologischen Forschungsprojektes Rietholzbach und der ALPEX - EVAPEX - Kampagne im Sommer 1982. 224 Seiten mit 46 Abbildungen, 16 Tabellen und Datenanhang. Diss. ETH 8525, 1989. ISBN 3 7281 1716 1. SFr. 38.-

Heft 37 Kolumban Hutter, Heinz Blatter and Atsumu Ohmura
Climatic Changes, Ice Sheet Dynamics and Sea Level Variations. 83 Seiten mit 38 Abbildungen und 8Tabellen, 1990. ISBN 3 7281 1753 6. SFr. 26.-

Heft 38 Atsumu Ohmura, Herbert Lang, Felix Blumer and Dietmar Grebner (eds.)
Glacial Climate Research in the Tianshan. Research Report on Project Glacier No. 1, 1985 - 1987. 181 Seiten mit 52 Abbildungen, 37 Tabellen und Anhang, 1990. ISBN 3 7281 1796 X. SFr. 34.-

Heft 39 Atsumu Ohmura, Guido Müller, Karl Schroff and Thomas Konzelmann
Radiation, Annual Report ETH, No. 1, 1987 - 1989. 305 pages with 5 Figures, 3 Tables and Appendix, 1990. ISBN 3 7281 1763 3, SFr. 42.-

Heft 40 Hans Müller und Giovanni Kappenberger
Claridenfirn-Messungen 1914 - 1984. Daten und Ergebnisse eines gemeinschaftlichen Forschungsprojektes. 79 Seiten mit 22 Abbildungen, 2 Flussdiagramme und 11 Tabellen; 1991, ISBN 3 7281 1810 9. SFr. 25.50

Heft 41 Heinz Blatter:
Effect of Climate on the Cryosphere. Climatic Conditions and the Polythermal Structure of Glaciers. 98 pages with 16 Figures and 5 Tables; 1991, ISBN 3 7281 1811 7, SFr. 26.50

Heft 42 Hiroyuki Enomoto
Kinematics of Sea Ice and Atmospheric Conditions in the Antarctic. 185 pages with 81 Figures, 9 Tables and Appendix. Diss. ETH 8823, 1990. ISBN 3 7281 1812 5, SFr. 33.50

Heft 43 André Bernath
Zum Wasserhaushalt im Einzugsgebiet der Rhône bis Gletsch. Untersuchungen zu Niederschlag und Abfluss in einem teilweise vergletscherten Einzugsgebiet. 383 Seiten mit 179 Abbildungen und 111 Tabellen. Diss. ETH 9025, 1990, ISBN 3 7281 1813 3, SFr. 46.00

Heft 44 Atsumu Ohmura and Hans Gilgen
Global Energy Balance Archive GEBA. World Climate Program - Water; Project A7. Report 2: The GEBA Database: Interactive Applications, Retrieving Data. 66 pages with 21 Figures and 7 Tables, 1991. ISBN 3 7281 1859 1. SFr. 25.50

Heft 45 Mathias W. Rotach:
Turbulence within and above an urban Canopy. 245 pages with 98 Figures and 15 Tables, Diss. ETHZ 9439, 1991, ISBN 3 7281 1866 4, SFr. 39.50

Heft 46 Jiyang Chen:
Changes of Alpine climate and glacier water resources. 196 pages with 47 Figures and 54 Tables, Diss. ETHZ 9243, 1991, ISBN 3 7281 1870 2, SFr. 35.50

Heft 47 Peter Schuhmacher
Messung und numerische Modellierung des Windfeldes über einer Stadt in komplexer Topographie. 92 Seiten mit 2 Abbildungen und Tabellen- und Abbildungsanhang (123 Seiten), Diss. ETH Z9390, 1991, ISBN 3 7281 1883 4, SFr. 37.00

Heft 48 Pavel Kraus
Irrigation Ecology. 108 pages with 37 Figures, 8 Tables and 7 Maps, 1992, ISBN 3 7281 1897 4, SFr. 29.50

Heft 49 Mario Rohrer
Die Schneedecke im Schweizer Alpenraum und ihre Modellierung.178 Seiten mit 66 Abbildungen und 39 Tabellen. Diss. ETHZ 9452, 1992. ISBN 3 7281 1901 6, SFr. 34.50

Heft 50 Terence V. Gronowski
Die natürliche Grundwasserneubildung in einem urban beeinflussten Einzugsgebiet im Voralpenraum. 157 Seiten mit 58 Abbildungen und 34 Tabellen. Diss. ETHZ 9451, 1992, ISBN 3 7281 1916 4, SFr. 34.00

Heft 51 Wouter Greuell
Numerical Modelling of the Energy Balance and the Englacial Temperature at the ETH Camp, West Greenland. 81 pages with 24 Figures and 11 Tables, 1992, ISBN 3 7281 1929 6, SFr. 28.00

Heft 52 Guido Müller and Atsumu Ohmura
Radiation, Annual Report ETH, No. 2, 1990 and 1991. 422 pages with 4 Figures, 5 Tables and Appendix, 1993, ISBN 3-906148-00-9, SFr. 54.00

Heft 53 Dietmar Grebner (Ed.)
Aktuelle Aspekte in der Hydrologie / Current Issues in Hydrology. Festschrift zum 60. Geburtstag von Herbert Lang. 259 Seiten, 1993, ISBN 3-906148-01-7, SFr. 41.80

Heft 54 Ayako Abe-Ouchi
Ice Sheet Response to Climate Changes. A Modelling Approach. 134 pages with 79 Figures and 12 Tables, Diss. ETHZ 10222, 1993, ISBN 3-906148-02-5, SFr. 30.00

Heft 55 Pierluigi Calanca
The Atmospheric Water Vapour Budget Over Greenland. 115 pages with 26 Figures and 1 Table, Diss. ETHZ 10243, 1994, ISBN 3-906148-03-3, SFr. 29.50

Heft 56 Thomas Konzelmann
Radiation Conditions On the Greenland Ice Sheet. 124 pages with 43 Figures and 27 Tables, Diss. ETHZ 10310, 1994, ISBN 3-906148-04-1, SFr. 30.00

Heft 57 Ersi Kang
Energy - Water - Mass Balance and Hydrological Discharge. 178 pages with 70 Figures and 32 Tables, Diss. ETHZ 9755, 1994, ISBN 3-906148-05-X, SFr. 34.00

Heft 58 Peter Koenig
Abflussprozesse in einem kleinen voralpinen Einzugsgebiet. 164 Seiten mit 79 Abbildungen and 20 Tabellen, Diss. ETH Z10'473, 1994, ISBN 3-906148-06-8, SFr. 33.00

Heft 59 Dietmar Grebner
Klimatologie und Regionalisierung starker Gebietsniederschläge. 149 Seiten mit 31 Abbildungen and 9 Tabellen, Diss. ETHZ 11'003, 1995, ISBN 3-906148-07-6, SFr. 34.00

Preisänderungen vorbehalten

Bestellung: Verlag Geographisches Institut ETH Zürich
D. Grebner
Winterthurerstr. 190
CH 8057 Zürich

Tel. 01/257 52 11 oder 31
Fax. 01/362 51 97